Frauenpower in Finanzfragen

CORIN BALLHAUS

FRAUENPOWER
in Finanzfragen

Souverän planen für alle Lebenslagen

Beobachter EDITION ■ ■ ■ EIN RATGEBER AUS DER BEOBACHTER-PRAXIS ■ ■ ■

Dank

Ein herzliches Dankeschön geht an meine Interviewpartnerinnen, die sich alle vier in ihren jeweiligen Bereichen für die Finanzkompetenz von Frauen stark machen und hier mit den Leserinnen ihre Erfahrungen, Ansichten und Tipps teilen.

Verlag und Autorin danken Martin Müller vom Beobachter-Beratungszentrum für sein Fachlektorat.

Stand Gesetze und Rechtsprechung: Januar 2021

Beobachter-Edition
© 2021 Ringier Axel Springer Schweiz AG, Zürich
Alle Rechte vorbehalten
www.beobachter.ch

Herausgeber: Der Schweizerische Beobachter, Zürich
Lektorat: Heike Specht, Zürich
Umschlaggestaltung: fraufederer.ch
Umschlagillustration: Brigitta Garcia Lopez, Zürich
Fotos: iStock.com
Reihenkonzept: buchundgrafik.ch
Layout und Satz: Bruno Bolliger, Gudo
Herstellung: Bruno Bächtold
Druck: Grafisches Centrum Cuno GmbH & Co. KG, Calbe

ISBN 978-3-03875-323-0

Zufrieden mit den Beobachter-Ratgebern?
Bewerten Sie unsere Ratgeber-Bücher im Shop:
www.beobachter.ch/shop

Mit dem Beobachter online in Kontakt:

 www.facebook.com/beobachtermagazin

 www.twitter.com/BeobachterRat

 www.instagram.com/beobachteredition

Inhalt

4 Berufliche Zielgerade und das neue Alter 161

Vorwort

Unser Leben gleicht einer Reise. Einige Ziele steuern wir bewusst an oder lassen sie auch bewusst aus. Manches auf unserem Lebensweg passiert uns einfach. Auf einige Ereignisse fiebern wir lange hin, und am einen oder anderen Ort würden wir gerne länger verweilen. Auf andere könnten wir gerne verzichten und wollen sie möglichst schnell hinter uns lassen.

Allen Wegmarken gemeinsam ist, dass sie nicht nur unser Leben prägen, sondern dass sie immer auch etwas mit Geld zu tun haben – mal mit erfreulicher und wegweisender Wirkung, mal mit unerfreulicher und unerwünschter. Je nachdem, in welcher Lebenssituation wir uns gerade befinden, stellen sich ganz konkrete Fragen. Und genau hier setzt das Buch an. Es beleuchtet Geld als Lebens-Mittel und geht Finanzthemen lebensnah und ganzheitlich an.

Warum sich das Buch explizit an Frauen richtet? Verschiedene Studien zeigen, dass sich Frauen in Geldfragen oft weniger zutrauen, dass sie zuweilen finanzielle Entscheide ihrem Partner überlassen, sich so unbewusst finanzielle Nachteile einhandeln oder in eine finanzielle Abhängigkeit begeben, ohne sich über die möglichen Konsequenzen im Klaren zu sein.

Das Buch will Frauen Mittel an die Hand geben, um sich auf ihrem Lebensweg selbstbestimmt mit Geldfragen auseinanderzusetzen. Es will ihnen elementares Finanzwissen zu den einzelnen Lebensstationen, praktische Tipps und Denkanstösse vermitteln. Kurzum: Es will die Leserinnen befähigen, ihre eigene Finanzpower zu entdecken.

Corin Ballhaus
März 2021

Frauen und Geld

1

Geld ist Lebens-Mittel. Es ist unabdingbar, um unser Dasein zu bestreiten. Vom Erreichen der Volljährigkeit bis ans Lebensende sind wir mit Geldfragen konfrontiert. Immer wieder gilt es, Weichen für die Zukunft zu stellen. Frauen mit Weitsicht sind sich darüber im Klaren, sie verstehen den Umgang mit Geld als Lebensaufgabe, übernehmen Verantwortung und treffen Entscheidungen in diesem Bewusstsein.

Von Geldtypen und Glaubenssätzen

Am besten beginnen Sie damit, das eigene Verhältnis zu Geld zu klären. Was Ihnen Geld bedeutet, welche Erfahrungen Sie bis anhin damit gemacht haben und welche Werte Sie damit verbinden, prägt Ihre Einstellung zu Geld und Ihren Umgang damit. Sich dessen bewusst zu sein und den einen oder anderen prägenden Aspekt auch mal kritisch zu hinterfragen, hilft Ihnen, sich mutig und neugierig den Geldfragen und finanziellen Herausforderungen auf Ihrem Lebensweg zu stellen.

Was schiesst Ihnen als Erstes durch den Kopf, wenn Sie an Geld denken? Kommen Ihnen die verschiedenen Erscheinungsformen in den Sinn? Die Münzen und Noten in Ihrem Portemonnaie? Ihre Kreditkarte? Das Geld auf Ihrem Konto? Oder denken Sie eher an das, was Sie alles mit Geld tun können oder müssen? Shoppen? Miete, Krankenkasse und Steuern bezahlen? Geld sparen? Geld anlegen? Geld verschenken oder vererben?

Ist Geld für Sie Mittel zum Zweck? Oder ist es etwas Abstraktes, Komplexes, mit dem Sie sich eher ungern beschäftigen? Ist es etwas, das Sie belastet, weil ständig zu wenig davon da ist? Oder verbinden Sie es mit etwas Positivem, weil Sie über ein komfortables Finanzpolster verfügen und sich keine Geldsorgen zu machen brauchen?

Ein Leben ohne Geld kann sich jedenfalls kaum jemand von uns vorstellen. Ob Sie es wollen oder nicht: Egal, in welcher Lebenssituation Sie sich gerade befinden oder auf welche Sie gerade zusteuern, Geld spielt dabei immer eine Rolle. Die Krux ist, dass in der Gesellschaft immer noch so Glaubenssätze hochgehalten werden wie «Über Geld spricht man nicht», «Geld macht nicht glücklich» oder «Geldangelegenheiten sind ein lästiges Übel». Das führt dazu, dass wir das Thema eher vermeiden, als uns bewusst damit auseinanderzusetzen.

 ACHTUNG *Wer Geldfragen aus dem Weg geht, läuft Gefahr, der eigenen Finanzsituation zu schaden.*

Das Verhältnis zu Geld hat viel mit den eigenen Werten zu tun. Was sind Sie sich in Ihrem Beruf wert? Was sind Sie sich in einer Beziehung wert? Was ist Ihnen Ihre Haus- und Betreuungsarbeit wert? Geld ist nicht einfach da. Ob Sie es nun selbst erwirtschaften, ob Sie einen Lohn beziehen, ob Sie Geld durch geschicktes Anlegen vermehren, ob Sie es erben oder ob da jemand ist, der es mit Ihnen teilt. Geld hat immer einen Ursprung. Geld schafft Freiheiten, kann aber auch zu Abhängigkeiten führen. Zu wenig Geld kann Angst um die eigene Zukunft auslösen. Viel Geld kann Furcht schüren, es zu verlieren. Sich über seine eigene Einstellung zu Geld klar zu werden, ist ein guter Start in unser Thema.

Was für ein Geldtyp sind Sie?

Die nachfolgende Typologie hat das deutsche Finanzinstitut Commerzbank vor über zehn Jahren für eine Studie zur Psychologie des Geldes entwickelt.[1]

- **Die Pragmatische** kümmert sich um ihre finanziellen Angelegenheiten. Aber erst der zunehmende Druck von aussen bewegt sie, aktiv zu werden und beispielsweise etwas für ihre Altersvorsorge zu tun. Geld ist für sie Mittel zum Zweck, über das sie weder besonders gerne noch besonders häufig spricht.
- **Die Sicherheitsorientierte** zeigt sich aufgeschlossen gegenüber Geldthemen. Materiell ist sie meist gut gestellt. Sie legt Wert darauf, ihr Geld zu erhalten und massvoll zu vermehren. Geld hat für sie etwas Beruhigendes. Damit es so bleibt, geht sie auf Nummer sicher. Risiken, die sie nicht einschätzen kann, meidet sie.
- **Die Bescheidene** ist dem Thema Geld nicht abgeneigt. Zur Wahrung des persönlichen Lebensstandards legt sie eine klassische Sparmentalität an den Tag – egal, ob es um die nächsten Ferien geht, die Familiengründung und das Eigenheim oder die Zeit nach der Pensionierung. Sie ist in Gelddingen eher passiv und wünscht sich, dass ihr Staat und Arbeitgeber noch mehr Verantwortung im Umgang mit der Altersvorsorge abnehmen würden. Geld ist für sie etwas Privates, über das sie nur im engsten Familien- und Freundeskreis spricht.

---

[1] «Die Psychologie des Geldes – Die acht Geldtypen und ihre Verteilung in Deutschland», 2004.

- **Die Souveräne** beschäftigt sich engagiert mit ihren Finanzen, hat Spass an Geldthemen und will in Finanzdingen fit sein. Sie verfügt in der Regel über eine höhere Bildung und liest regelmässig den Wirtschaftsteil der Zeitung. Ihre Kompetenz sichert ihr einen unabhängigen Lebensstil.
- **Die Ambitionierte** zeigt sich von allen Typen am stärksten an ihren persönlichen Finanzen interessiert. Sie ist ausserordentlich gut informiert und bereit, Risiken einzugehen. Geld ist für sie Mittel zur Selbstbestätigung, zentraler Gradmesser für den persönlichen Erfolg und wichtige Voraussetzung für ihre Lebensqualität. Geld hat für sie einen uneingeschränkt positiven Stellenwert. Sie neigt manchmal aber auch etwas zur Selbstüberschätzung.
- **Die Sorglose** setzt sich nicht konstruktiv mit ihren privaten Finanzen auseinander und spürt beim Thema Sparen und Altersvorsorge keinen Handlungsdruck. Sie lebt im Hier und Jetzt nach der Devise «Geld ist zum Ausgeben da» – auch wenn der finanzielle Spielraum klein ist oder gar mal gesprengt wird.
- **Die Delegiererin** ist für das Thema Geld sensibilisiert. Sie nimmt die Dinge aber nicht selbst in die Hand, weil sie meint, ihre Finanzangelegenheiten nicht selbst meistern zu können. Sie überlässt sie darum lieber anderen, die sich «damit besser auskennen». Sie vertraut mit einer gewissen Unbekümmertheit darauf, dass sich ihr Partner oder Fachleute um ihre Gelddinge kümmern, meist aber ohne sich Gedanken darüber zu machen, ob dies in ihrem besten Interesse passiert.
- **Die Resignierte** ignoriert Geldangelegenheiten oder fühlt sich davon rasch überfordert. Ihre eigene prekäre finanzielle Situation geht mit einem hohen Frustrationsgefühl einher. Sie grenzt sich bewusst zu Bessergestellten ab und sieht sich als Opfer finanzieller Ungerechtigkeiten. Sie nimmt ein unterdurchschnittliches Einkommen oder die Aussicht auf eine geringe Rente hin, ist aber auch Ratschlägen gegenüber, wie sie ihre Situation verbessern könnte, ablehnend eingestellt.

Erkennen Sie sich in einem dieser acht Geldtypen wieder? Man muss übrigens keineswegs zeitlebens der gleiche Typ bleiben. Mit zunehmender Lebenserfahrung und Geldkompetenz sowie dem nötigen Ansporn oder Ehrgeiz kann man sich auch verändern.

Der Umgang mit Geld will gelernt sein. Je früher Sie damit beginnen, desto selbstverständlicher wird es für Sie, die verschiedenen Stationen des eigenen Lebens vorausschauend immer auch durch die Geldbrille zu betrachten, sich realistisch die finanziellen Anforderungen und Auswirkungen vor Augen zu führen und sich gezielt darauf vorzubereiten. Das kann durchaus bedeuten, auch einmal einen Traum aufgeben zu müssen, wenn sich dessen Umsetzung finanziell als unrealistisch erweist. Es kann genauso heissen, einen lang verfolgten Plan umzustossen, wenn die finanziellen Nachteile überwiegen. Umgekehrt können sich aber genauso neue Chancen und angenehme Nebeneffekte aus dieser Betrachtung ergeben. Und ja, auf dem Lebensweg können einem auch immer einmal Fehler unterlaufen, die ins Geld gehen. Wenn Sie daraus die nötigen Schlüsse ziehen, lässt sich aber in vielen Fällen noch gegensteuern.

Sich Geldkompetenz anhand der eigenen Lebensstationen anzueignen, macht viel Sinn, weil Sie auf diese Weise ganzheitlich an das Thema herangehen. Und das Beste daran: Mit jeder Lebensstation, die Sie bewusst durchlaufen, gewinnen Sie an Finanzkompetenz dazu.

Seien Sie sich bewusst, dass Sie selten von einer Stelle Antworten auf alle Ihre mit der jeweiligen Lebensstation verbundenen Finanzfragen bekommen. Auch deshalb, weil sich beispielsweise viele Banken und Versicherungen vor allem auf die Situationen beschränken, zu denen sie ein passendes Produkt oder eine passende Dienstleistung im Angebot haben. Die Bankberaterin oder der Versicherungsagent wird Ihr Anliegen darum auch weniger durch Ihre Brille betrachten als mehr aus einer Produkt- oder Dienstleistungsperspektive. Darum beschränken sich die Geldseminare, die Banken und Versicherungen für Frauen anbieten, meist auch auf Themen wie Kauf von Wohneigentum, Altersvorsorge, Anlegen, Pensionierung oder Nachlassregelung. Wenn Sie dagegen mit Ihrem Partner ein Konkubinat bilden, eine Familie gründen, sich scheiden lassen wollen, eine neue Stelle antreten, Ihren Job verlieren oder die Betreuung von Angehörigen übernehmen, wird Ihre Bank oder Ihre Versicherung nicht die erste Anlaufstelle sein, um die damit verbundenen Finanzfragen zu klären.

Frauen und ihr Geld:
ein paar Fakten

In Studien zur finanziellen Situation von Frauen werden überwiegend die finanzielle Benachteiligung, die Lohnunterschiede oder
der Rückstand bei der Vermögensbildung gegenüber Männern
hervorgehoben. Ja, diese Ungleichheiten bestehen noch. Angesichts
der Tatsache aber, dass Frauen über Jahrhunderte auch finanziell
kaum Rechte hatten, sind gewaltige Fortschritte zu verzeichnen.
Und Finanzerfahrung und Geldkompetenz wachsen mit jedem Jahr.

Für junge Frauen heute ist kaum mehr vorstellbar, dass der Mann im Ehegesetz bis 1988 das Oberhaupt der Familie und als solches gesetzlich
verpflichtet war, «in gebührender Weise für den Unterhalt von Weib und
Kinde» zu sorgen, während die Frau die Pflicht hatte, den Haushalt zu
führen. Wollte die Frau eine berufliche Tätigkeit ausüben, brauchte sie
dazu die ausdrückliche oder stillschweigende Zustimmung ihres Mannes.
Verweigerte er ihr diese, musste sie die Zustimmung gerichtlich einfordern
und dazu beweisen, dass ihre Tätigkeit im Interesse der ehelichen Gemeinschaft oder der Familie geboten war. Bis zur Einführung des Zivilgesetz-
buchs 1912 hatte die Ehefrau sogar unter der Vormundschaft des Ehemanns gestanden, was bedeutete, dass sie keine Verfügungsmacht über ihr
eingebrachtes Vermögen und ihre Einkünfte hatte. Gesetzliche Gleich-
stellung erlangten die Frauen erst 1996 mit der Einführung des Gleich-
stellungsgesetzes, das strukturelle Benachteiligungen im Erwerbsleben
zumindest auf dem Papier beseitigen sollte. Und nach wie vor gibt es
Gesetze wie die AHV – die Verfassungsgrundlage dazu wurde 1925 geschaffen –, die auch nach mehreren Revisionen immer noch auf einem
längst überholten Lebensmodell basieren, das weder Unterbrüchen bei
den Beitragsjahren noch Teilzeitarbeit Rechnung trägt.

Solch tradierte Rollenmuster, die sich über Jahrzehnte, ja Jahrhunderte
tief in der Gesellschaft verankert haben, lassen sich nicht so schnell aus
den Köpfen und dem Alltag der Frauen und Männer vertreiben. Aber die
Vielfalt an Lebensentwürfen wächst. Berücksichtigt man, dass zwischen

1991 und 2018 sechs Generationen auf dem Arbeitsmarkt vertreten waren (BFS SAKE) und erst zwei Generationen unter modernerer Gesetzgebung, muten die aktuellen Zahlen des Bundesamts für Statistik zur Erwerbs-, Haus- und Familienarbeit (Stand 2018) schon beinahe progressiv an.

- Bei Frauen in Partnerschaften ohne Kinder beträgt die Erwerbsquote 93,2 Prozent.
- In rund 40 Prozent der Haushalte ohne Kinder wird die Hausarbeit hauptsächlich von der Frau erledigt.
- In Familien, wo das jüngste Kind unter 3 Jahre alt ist, sind knapp 80 Prozent der Frauen erwerbstätig. Mit dem Heranwachsen der Kinder steigt die Quote auf knapp 90 Prozent. Allerdings arbeiten 60 Prozent der erwerbstätigen Mütter nur Teilzeit.
- In knapp 70 Prozent der Familienhaushalte mit Kindern unter 25 Jahren wird die Hausarbeit hauptsächlich von der Frau erledigt.
- In über 30 Prozent der Familienhaushalte mit Kindern unter 13 Jahren helfen beide Eltern den Kindern bei den Hausaufgaben, in knapp 9 Prozent dieser Haushalte übernehmen Väter diese Aufgabe alleine.
- In knapp 40 Prozent dieser Haushalte teilen sich Mütter und Väter die Aufgabe, ihre Kinder in die Krippe oder die Schule zu bringen, in über 9 Prozent der Haushalte ist dies alleinige Aufgabe der Väter.

Mit immer besserer Bildung, der zunehmenden Beteiligung am Arbeitsmarkt und einer noch stärkeren Teilung der Haus- und Betreuungsarbeit stehen die Chancen gut, dass sich längerfristig auch die Einkommens- und Vermögenssituation von Frauen verbessern wird.

Frauen und Finanzwissen

Das grundsätzliche Finanzwissen der Bevölkerung wird üblicherweise anhand von drei Basisfragen getestet. Sind Sie bereit?

- **Zinseszinseffekt:** Angenommen, Sie haben 100 Franken auf Ihrem Konto und das Guthaben würde jedes Jahr mit 2 Prozent verzinst werden. Wie hoch wäre dann das Guthaben nach fünf Jahren, wenn Sie es in dieser Zeit anwachsen lassen?
  - ☐ Mehr als 102 Franken
  - ☐ Genau 102 Franken

☐ Weniger als 102 Franken
☐ Ich weiss es nicht

■ **Teuerung:** Stellen Sie sich vor, dass Ihr Sparkonto mit 1 Prozent pro Jahr verzinst wird und die Teuerung 2 Prozent pro Jahr beträgt. Was könnten Sie nach einem Jahr mit dem Geld auf Ihrem Konto kaufen?
☐ Mehr als heute
☐ Genau gleich viel wie heute
☐ Weniger als hcutc
☐ Ich weiss es nicht

■ **Diversifikation:** Ist die nachfolgende Aussage richtig oder falsch? «Der Kauf einer einzelnen Aktie bietet in der Regel die besseren Ertragschancen als ein Anlagefonds, der gleichzeitig in verschiedene Aktien investiert.»
☐ Richtig
☐ Falsch
☐ Ich weiss es nicht

Die Auflösung: Mit dem Zinseszinseffekt wächst das Guthaben auf Ihrem Konto auf über 102 Franken (siehe Seite 104). Da die Teuerung höher ist als der Zins des Sparkontos, verliert Ihr Gcld an Kaufkraft. Nach der Devise «Nicht alle Eier in einen Korb legen» verteilt der Anlagefonds das Anlagerisiko auf mehrere Titel, was auf lange Sicht die besseren Ertragschancen bietet, als auf eine einzelne Aktie zu setzen.

Gehören Sie zu den 60 Prozent der Schweizerinnen und Schweizer, die alle drei Fragen korrekt beantworten konnten? Im Vergleich unter zehn europäischen Ländern gehört die Schweiz zusammen mit Österreich (67 Prozent) und Deutschland (63 Prozent) zu den Spitzenreitern in Sachen Finanzwissen. Dies ergab die bevölkerungsrepräsentative Studie «Wann fällt der Groschen?» des deutschen Versicherungskonzerns Allianz («When will the penny drop?», 2017). Frauen schnitten bei diesem Test über alle Alters- und Bildungsstufen hinweg rund 15 Prozent schlechter ab als Männer. Die Studie vermutet, dass sich Frauen in Finanzangelegenheiten weniger zutrauen. Zu diesem Schluss kommen die Autorinnen, weil Frauen doppelt so oft wie Männer die Option «Ich weiss es nicht» gewählt haben und wohl nicht riskieren wollten, die falsche Antwort zu geben.

Diese Annahme deckt sich mit einer Studie der Anlage- und Vorsorge-spezialisten AXA Investment Managers (Studie «Die Schweizer und ihr Wissen über Fonds», 2017). Dort bezeichnen sich über 60 Prozent der Frauen als Laiinnen, während sich nur 40 Prozent als Expertinnen einstufen. Knapp 30 Prozent wären bereit, für die Verbesserung ihrer Finanzkenntnisse zu zahlen. Bei den Männern sind es knapp 40 Prozent. Nur knapp ein Viertel der Frauen traut sich zu, eigene Anlageentscheidungen zu treffen, 70 Prozent würden lieber eine Vermögensberaterin oder einen Vermögensberater zuziehen. Knapp 40 Prozent der Männer bevorzugen es, ihre Anlageentscheide selbst zu übernehmen, während über die Hälfte eine Beratung in Anspruch nimmt. Die Beraterinnen und Berater von Banken, Versicherungen und unabhängigen Stellen sind für Frauen wie Männer die weitaus wichtigste Informationsquellen für Finanzwissen (78 Prozent). Am zweitwichtigsten sind für beide der Freundes- und Verwandtenkreis (21 Prozent). Ausserdem werden Websites, Onlinediskussionsforen, Anlegerseminare von Banken sowie Zeitungen konsultiert, haben aber einen untergeordneten Stellenwert.

Rund 80 Prozent der Frauen, so ermittelte UBS Investor Watch (2020), glauben, dass ihr Ehepartner mehr weiss als sie, und überlassen darum Finanzentscheide ihm. In nahezu 80 Prozent der Beziehungen ist der Ehepartner der Haupternährer der Familie. Bei den 9 Prozent der Ehepaare, die ihre Finanzentscheide gemeinsam treffen, machen sich Frauen weniger Sorgen über die Finanzen und ihre finanzielle Zukunft, als wenn sie der Partner nicht an den Finanzentscheiden beteiligt oder sie diese ganz alleine treffen müssen.

Frauen und Vorsorge

Frauen, die heute pensioniert werden, erhalten durchschnittlich über ein Drittel weniger Rente als Männer, wie die Neurentenstatistik des Bundes belegt. Hauptgrund dafür ist ihre Erwerbsbiografie, die weiterhin mehr Unterbrüche und geringere Arbeitspensen aufweist. Beides wirkt sich in unserem Vorsorgesystem, das von einer durchgängigen Vollbeschäftigung ausgeht, negativ aus. In der beruflichen Vorsorge akzentuiert sich der Nachteil zusätzlich, weil das AHV-Einkommen der Frauen oft nicht die Eintrittsschwelle für die 2. Säule von aktuell 21 510 Franken (Stand 2021) erreicht und ihnen damit der Anschluss an die Pensionskasse verwehrt bleibt. So stammen über 90 Prozent der Rentendifferenz aus der beruflichen Vorsorge.

Eine Studie der Swiss Life zu den Vorsorgelücken von Frauen («Gender Pension Gap», 2019) stellte jedoch fest, dass inzwischen eine grosse Mehrheit der bei ihrer Sammelstiftung angeschlossenen KMU auf den fixen Koordinationsabzug von 25 095 Franken (Stand 2021) verzichtet oder ihn an das Arbeitspensum koppelt und damit längerfristig einen Beitrag zur Reduktion der Vorsorgelücke leistet.

DOPPELTE PRÄMIE, GLEICHE LEISTUNG?

Es ist zwar erfreulich, dass offenbar immer mehr Arbeitgeber auf einen Koordinationsabzug verzichten oder ihn zumindest an den Beschäftigungsgrad anpassen. Leider macht die Studie keine Aussage dazu, ob dies mit einer Anpassung der Prämien für die Risiken Tod und Invalidität einhergeht. Denn bis zu einer Lohnhöhe von 25 095 Franken (Koordinationsabzug, Stand 2021) sind diese Risiken bereits in der AHV versichert. Zahlt die Versicherte nun in der beruflichen Vorsorge auf demselben Lohnanteil nochmals Prämien, zahlt sie diese doppelt, generiert aber per definitionem dieselbe Leistung, wie wenn dieser Lohnteil nur in der AHV versichert wäre. Die zweite Prämienzahlung schmälert dagegen den Sparbeitrag. ∎

In der Studie wird auf die grosse Rentendifferenz bei verheirateten Paaren hingewiesen. Frauen seien aber in diesen Rentnerhaushalten finanziell tendenziell besser abgesichert als viele alleinstehende Frauen. Die Sicherheit sei aber trügerisch, warnen die Autoren, da das Risiko einer Scheidung im Verlauf des Lebens sehr hoch sei. Hinzu kommt, dass Frauen früh in ihrem Rentnerinnenleben verwitwen können.

Die aktuellen Vorsorgelücken sind gemäss der Studie nach wie vor stark von traditionellen familiären Rollenmodellen geprägt. Demzufolge waren die heutigen Rentnerinnen, wenn überhaupt, weniger lang berufstätig. In diesem Punkt erwarten die Autoren der Studie eine Reduktion der Rentendifferenz, da Frauen inzwischen deutlich stärker im Arbeitsmarkt präsent sind und sich die Lohndifferenz zwischen Frauen und Männern reduziert hat, auch wenn sie nach wie vor gross sei, insbesondere bei den über 40-Jährigen. Die Autoren gehen zwar davon aus, dass das Berufspensum der Frauen noch lange Zeit niedriger sein wird als dasjenige der Männer. Gemäss der Studie sei aber trotzdem mit einer Reduktion der Rentendifferenz zu rechnen, da sich Gesetzesreformen wie das AHV-Splitting, die Erziehungsgutschriften und der Vorsorgeausgleich bei Scheidungen noch nicht vollständig in den Statistiken spiegeln.

Ermutigend ist, dass sich inzwischen gegen 80 Prozent der Bevölkerung selbst in der Verantwortung sehen, dass ihnen nach der Pensionierung genügend finanzielle Mittel zur Verfügung stehen. Gleichzeitig sinkt das Vertrauen in die 1. und insbesondere in die 2. Säule, während mittlerweile über 40 Prozent auf die Zukunftsfähigkeit und die Finanzkraft der 3. Säule, die sie selbst aufbauen, setzen. Dies kommt im Vorsorgebarometer 2020, das die Raiffeisenbank mit der Zürcher Hochschule für Angewandte Wissenschaften ZHAW erarbeitet hat, zum Ausdruck. Einzig die Gruppe der 18- bis 30-Jährigen sieht den Staat noch stärker in der Verantwortung. Die Studie führt dies auf das deutlich tiefere Vorsorgewissen dieser Altersgruppe zurück. Insgesamt geben gegen 50 Prozent aller Befragten an, dass sie sich mit dem Thema Vorsorge nicht auskennen oder nur über gewisses Basiswissen verfügen. Im Vergleich zu Männern beurteilen Frauen auch ihr Vorsorgewissen als weniger gut.

Ein Renteneintrittsalter von 65 Jahren für Frauen wie für Männer hält ein Drittel der Bevölkerung für richtig. Dies ist auch bei den Frauen als Betroffene dieser Angleichung akzeptiert. Beinahe gleich viele könnten sich aber auch vorstellen, dass es kein fixes Rentenalter mehr gibt, sondern dass es automatisch an die steigende Lebenserwartung angepasst wird, wie dies in Schweden der Fall ist.

Die Erkenntnis, dass ein höheres oder flexibles Rentenalter die Ansparphase verlängert und sich damit positiv auf die Rentenhöhe auswirkt, drückt sich auch darin aus, dass sich gegen 70 Prozent vorstellen können, nach Erreichen des ordentlichen Rentenalters punktuell oder in Teilzeit weiterzuarbeiten. Dementsprechend sinkt der Anteil derjenigen, die vor Erreichen des Rentenalters in Pension gehen wollen. Bei den Frauen ist es nicht einmal mehr ein Fünftel, während es bei den Männern noch über ein Drittel ist.

«Finanzplanung ergibt für jede Lebenssituation Sinn»

Ein Gespräch mit Christina Tremonte, Mitinhaberin und -gründerin
CMK advice GmbH, Zürich.

Als Finanzplanerin beraten Sie Ihre Kundinnen in Finanz- und Vorsorgefragen. Was ist Ihr eigenes Verhältnis zu Geld?

Ich würde sagen, ich habe ein positives Verhältnis zu Geld und konnte meine finanziellen Ziele bisher gut erreichen. Ich setze mich überzeugt dafür ein, Frauen bewusst zu machen, wie wichtig es ist, einen Finanzplan für sich zu haben und umzusetzen. Als Mutter von drei Kindern, die als Mitgründerin und Mitinhaberin eines Unternehmens Teilzeit arbeitet, spreche ich dabei eine ähnliche Sprache wie viele meiner Kundinnen und kann ihnen auf Augenhöhe begegnen.

Wie nehmen Sie in Ihrer Beratungstätigkeit das Verhältnis von Frauen zu ihrem Geld wahr?

Ihr Verhältnis zum Geld ist höchst individuell. Genauso individuell sind die Ziele, die sie damit verfolgen. Entsprechend gehen Frauen auch unterschiedlich mit Risiken um. Einige sind mutiger, andere risikoaverser. Ein wichtiger Faktor ist die Liquidität, die zur Verfügung steht. Dieser bestimmt, welche Ziele sich kurz-, mittel- und langfristig definieren lassen. Studien zeigen, dass Frauen im Umgang mit Geld erfolgreicher sind, weil sie risikobewusster damit umgehen und sich weniger überschätzen.

Was müssen sich die Frauen unter einer Finanzplanung vorstellen?

Ein wichtiger Teil ist die Budgetplanung. Zuerst überprüfen wir gemeinsam, welche Einnahmen und Ausgaben bestehen. Das, was unter dem Strich bleibt, kann für die Erreichung der jeweiligen Ziele eingesetzt werden. Dies kann der Aufbau von Liquidität sein, eine Weiterbildung, die Familiengründung, der Erwerb von Wohneigentum oder die Pensionierung. Dabei unterscheiden wir, ob das Ziel kurz-, mittel- oder langfristig erreicht werden soll. Auf dieser Basis lässt sich dann bestimmen, für welches Ziel welche Strategie Sinn macht. Es gilt aber auch, die Absicherung im Fall einer Krankheit oder eines Unfalls in die Finanzplanung miteinzubeziehen. Dabei überprüfen wir die Leistungen aus der 1. und der 2. Säule und berechnen allfällige Versicherungslücken.

Was unterscheidet eine unabhängige Finanzplanung, wie Sie sie anbieten, von einer kostenlosen Beratung bei einer Bank oder Versicherung?

Die unabhängige Finanzplanung erfolgt ganzheitlich und ist losgelöst von Produkten bestimmter Anbieter. Wir besprechen mit der Kundin die bestehenden Policen und analysieren allfällige Deckungslücken im Invaliditäts- oder Todesfall. Wenn es darum geht, bestehende Lücken zu schliessen oder Sparstrategien aufzugleisen, vergleichen wir die verschiedenen am Markt verfügbaren Lösungen und schlagen der Kundin die für sie beste Lösung vor.

Was sollten Frauen bei der Auswahl einer Finanzplanerin oder eines Finanzplaners beachten?

Ein Augenmerk sollten sie zunächst darauf richten, ob die beratende Person gut ausgebildet ist, die notwendigen Registrierungen vorweisen kann und Mitglied eines Berufsverbands ist. Sind diese Voraussetzungen gegeben, ist es vor allem entscheidend, dass die Chemie zwischen Beraterin oder Berater und Kundin stimmt. Nur wenn eine Vertrauensbasis besteht, ist eine offene und langfristige Zusammenarbeit möglich. Zu uns kommen Kundinnen und Kunden meist aufgrund persönlicher Empfehlung. Ein guter Anknüpfungspunkt können auch Fachbeiträge oder Informationsanlässe sein.

Was ist der konkrete Nutzen einer Finanzplanung?

Die Finanzplanung gibt einem eine detaillierte Übersicht über die aktuelle Situation und zeigt auf, wie sich die persönlichen Ziele erreichen lassen. Frauen sind aufgrund der Berufswahl und Lohnungleichheiten sowie Teilzeitpensen oft benachteiligt und erleiden finanzielle Einbussen. Sie haben deshalb im Alter oft weniger Geld zur Verfügung als Männer. Hinzu kommt die höhere Lebenserwartung. Genau darum ist eine langfristige Finanzplanung für Frauen sehr wichtig. Ebenso ermutigen wir unsere Kundinnen, sich praktisches Finanzwissen anzueignen und sich Klarheit über ihre Finanzsituation zu verschaffen, insbesondere auch im Hinblick auf die finanzielle Sicherheit im Alter.

Was sind die häufigsten Finanzfragen, mit denen Frauen in das Beratungsgespräch kommen?

Sehr oft geht es um die gegenseitige Absicherung in der Paarbeziehung, um die Absicherung der Kinder, um allgemeine Versicherungsfragen, um die Finanzierung von Immobilien oder um Fragen zum Vorsorgekapital. Ein häufiges Thema ist auch die finanzielle Gleichberechtigung bei unverheirateten Paaren mit Kindern. Wenn wir Firmen beraten, sprechen wir bewusst an, wie die Firmeninhaberinnen und -inhaber privat abgesichert sind respektive ihre Familie abgesichert haben. Generell gilt, je früher eine Finanzplanung erfolgt, desto mehr Flexibilität besteht hinsichtlich der Zielerreichung.

In welcher Lebenssituation ist eine Finanzplanung besonders wichtig?

Finanzplanung macht für jede Lebenssituation Sinn, egal, ob single oder verheiratet, jünger oder älter. Bei Familien erachten wir es als essenziell, die Finanzplanung nicht auf ein einzelnes Familienmitglied zu beschränken, sondern die Situation der Familie gesamthaft zu betrachten. Finanzplanungen sind für Frauen und für Männer grundsätzlich gleich aufgebaut. Uns ist es wichtig, dass kein Unterschied gemacht wird, wer sein Pensum reduziert und auf die Kinder schaut. Wichtiges Ziel der Finanzplanung ist, das Budget immer so zu planen, dass auch Unvorhergesehenes wie Krankheiten, Unfälle oder Scheidung berücksichtigt wird und dass jeder auf eigenen Beinen stehen kann, falls etwas passieren sollte.

Welchen zeitlichen Horizont deckt eine Finanzplanung ab? Oder anders gefragt: Wie oft sollte die finanzielle Situation erneut zusammen mit einer Finanzplanerin angeschaut werden?

Die Überprüfung der laufenden Finanzplanung ist angezeigt, wann immer sich im Leben etwas verändert, das sich finanziell auswirkt – sei es die Heirat, die Geburt von Kindern, der Hauskauf, die Trennung vom Partner, eine Erbschaft, die Lohnerhöhung oder der Wechsel des Arbeitgebers, ein beruflicher Wechsel ins Ausland oder die Firmengründung.

Welchen Anspruch kann eine Finanzplanung nicht erfüllen?

Grenzen sind der Finanzplanung dort gesetzt, wo sich Kundinnen oder Kunden unrealistische Ziele setzen, die sich mit ihren Mitteln nicht erreichen lassen. Ebenso wenig kann eine Finanzplanung Marktgesetze aushebeln, also zum Beispiel Renditen garantieren oder Krisen vorhersehen.

Welchen Tipp möchten Sie Frauen zum Schluss mit auf den Weg geben?

Wichtig ist, dass man die eigene Situation kennt. Nur dann kann man entscheiden, ob man gewisse Risiken zusätzlich absichern möchte oder bewusst auf eine zusätzliche Absicherung verzichtet. Es ist nie zu spät, sich mit seiner Finanzplanung auseinanderzusetzen.

Vom unbeschwerten Leben bis zur Familiengründung

Endlich volljährig! Der Start ins Erwachsenenleben lockt mit vielen Freiheiten: Ob es das Abschliessen des Handyvertrags ist, das Onlineshoppen, das Autofahren, die erste eigene Wohnung, das Reisen in ferne Länder oder später die Gründung einer eigenen Familie. Allerdings will all das im wahrsten Sinne des Wortes verdient sein. Denn mit der Abnabelung vom Elternhaus kommen auch jede Menge finanzielle Verpflichtungen auf Sie zu.

Der smarte Umgang mit Geld in der Ausbildungszeit

Mit der Ausbildung legen Sie den Grundstein zu Ihrer späteren beruflichen (Erwerbs-)Laufbahn. Die begrenzten finanziellen Mittel, die Ihnen in dieser Phase zur Verfügung stehen, lassen erfahrungsgemäss keine grossen Sprünge zu. Mit einem vernünftigen Budget schaffen Sie ein solides Fundament, behalten jederzeit die Oberhand über Ihre Finanzen und können Schuldenfallen aus dem Weg gehen.

Hurra, selbst bestimmen können, was man mit dem selbst verdienten Geld macht! Die neusten Sneaker, das angesagte Outfit, der Ausgang mit den Freundinnen, die Städtereise und so vieles mehr. Die Konsumreize sind vielfältig. Aber sie haben in aller Regel ein Preisschild. Wenn am Ende des Gelds noch viel Monat und unbezahlte Rechnungen bleiben, holt Sie die Realität rasch ein.

Der smarte Umgang mit dem eigenen Geld will gelernt sein. Wem dies gelingt, der darf zu Recht stolz darauf sein, seinen Lebensunterhalt je länger je unabhängiger gestalten zu können. Stolz dürfen Sie auch sein, wenn Sie die eigenen Finanzen im Griff haben. So reihen Sie sich nicht in die wachsende Zahl an Jugendlichen ein, die mehr ausgeben, als ihnen zur Verfügung steht, und so immer stärker in eine Verschuldung geraten.

Die Balance zu halten zwischen dem, was an Geld reinkommt, und dem, was an Auslagen auf Sie zukommt, ist nicht ohne. Je früher Sie sich hier einen Überblick verschaffen, desto einfacher wird es Ihnen fallen, ein Budget einzuteilen – auch in späteren Lebensphasen. Lassen Sie sich dabei ruhig helfen. Wichtige Ratgeber können die Eltern oder ältere Geschwister sein. Rat bekommen Sie aber auch in Ihrem Freundeskreis und bei verschiedenen Fachstellen. Unkomplizierte Unterstützung bieten zudem verschiedene Apps (siehe Seite 211).

Ausgangspunkt ist das, was an Geld reinkommt respektive, was Ihnen darüber hinaus gegebenenfalls an Mitteln zur Verfügung steht. Als Startkapital haben Sie unter Umständen einen Sparbatzen, den Sie selbst oder

FINANZIELL FLÜGGE WERDEN

Die Unterstützungspflicht der Eltern. Rechtlich gesehen sind Ihre Eltern verpflichtet, Sie bis zum Abschluss Ihrer Erstausbildung finanziell zu unterstützen. Maximal gilt diese Pflicht bis zu Ihrem 25. Geburtstag, und zwar unabhängig davon, ob Ihre Eltern verheiratet oder geschieden sind. Mit Erreichen der Volljährigkeit sind Sie berechtigt, die Kinderalimente des einen Elternteils selbst zu beziehen, um damit Ihren Lebensunterhalt zu bestreiten. Der Umfang des Anspruchs hängt von den finanziellen Möglichkeiten Ihrer Eltern ab. Idealerweise haben Sie sich schon vor Beginn Ihrer Ausbildung mit Ihren Eltern zusammengesetzt, um zu besprechen, welche Kosten sie übernehmen und welche Sie selbst bestreiten.

Das Kostgeld. Mit dem Erwachsenwerden wird das «Hotel Mama» zur Familien-WG. Und wie das in einer WG üblich ist, macht es auch hier Sinn, am Familientisch die Beteiligung aller auszuhandeln. Spätestens wenn die Unterstützungspflicht der Eltern endet, haben selbige das Recht, von Ihnen einen Teil an Kost und Logis einzufordern, ob Sie diesen nun in Form von Mitarbeit im Haushalt erbringen oder ob Sie einen Teil Ihres Einkommens abgeben. Die Budgetberatungsstellen helfen dabei, einen gangbaren Weg zu finden (siehe Seite 210). So bekommen Sie schon mal eine Idee, was an Kosten auf Sie zukommt, wenn Sie einmal ausziehen. Und soviel lässt sich sagen: Günstiger als die eigene Wohnung ist die Familien-WG allemal. ■

Ihre Eltern, Verwandten oder Paten für Sie angesammelt haben. Mit Erreichen der Volljährigkeit geht das Guthaben an Sie über. Wenn Sie eine Berufslehre machen, erhalten Sie einen Lehrlingslohn. Die Statistik zeigt, dass sich dieser durchschnittlich zwischen 800 und 1300 Franken pro Monat bewegt. Anders sieht es aus, wenn Sie studieren. In diesem Fall kann es ratsam sein, sich nach einem Neben- respektive Teilzeitjob umzusehen, um einen Teil Ihrer Auslagen aus eigenen Mitteln bestreiten zu können. Die meisten Hochschulen oder studentischen Selbsthilfeorganisationen bieten dafür eine Jobbörse an.

FINANZ-FRAUENPOWER

Die Ausbildung finanzieren. Erfahrungswerte zeigen, dass sich die jährlichen Ausbildungs- und Lebenshaltungskosten auf 20 000 bis 30 000 Franken belaufen, wenn Sie nicht mehr zu Hause wohnen. Dort, wo die finanziellen Mittel Ihrer Eltern nicht ausreichen, Sie während

Ihrer Erstausbildung zu unterstützen, stehen Ihnen verschiedene ausserfamiliäre Alternativen in Form von Stipendien oder Darlehen offen. Die Unterstützung erfolgt entweder einmalig oder jährlich wiederkehrend.

- Erste Anlaufstelle ist die Stipendienstelle Ihres Wohnkantons. Stipendien müssen in den meisten Kantonen nicht zurückbezahlt werden, während Darlehen nach Abschluss des Studiums zurückzuzahlen sind.
- Daneben gibt es eine ganze Reihe privater Stiftungen und Fonds, die Stipendien oder Darlehen für Studierende gewähren.
- Ausbildungskredite bieten heute teilweise auch Banken. Je nach Bank ist der Kreis der Hochschulen eingeschränkt und/oder der Kredit mit bestimmten Voraussetzungen bezüglich des Alters verknüpft.

Aufgepasst: Beim Vergleich der Finanzierungsmöglichkeiten ist es ratsam, nach dem Motiv der Darlehensgeber zu fragen. Während die Kreditgewährung für die Kantone und Förderstiftungen ein Dienst oder ein Förderprogramm ist, an dem sie nichts verdienen müssen, ist das Kreditgeschäft für die Banken Teil ihres Geschäftsmodells. Insofern können sich auch die Konditionen unterscheiden, vor allem hinsichtlich der Höhe des Schuldzinses, allfälliger Gebühren und der Rückzahlungsmodalitäten.

Der finanzielle Ernst des Lebens

Mit dem Erreichen der Volljährigkeit und dem Erlangen der vollen Handlungsfähigkeit kommen auch finanzielle Pflichten auf Sie zu, die zum Teil erstmal recht abstrakt erscheinen. Nehmen wir die AHV- und die BVG-Pflicht. Was soll das denn? Jetzt sind Sie gerade mal volljährig geworden und in den Startlöchern für ein spannendes Berufsleben. Und da werden Sie jetzt schon für die Altersvorsorge zur Kasse gebeten? Die eigene Pensionierung scheint doch Lichtjahre entfernt. Allerdings: Unserem Vorsorgesystem liegt ein Lebensmodell zugrunde, das davon ausgeht, dass Sie mit 18 Jahren ins Berufsleben einsteigen und dann 46 Jahre lang Vollzeit und ohne jegliche Unterbrüche erwerbstätig sind.

Tönt das für Sie wie ein Modell aus einer anderen Zeit? Ist es auch. Die AHV als 1. Säule unseres Vorsorgesystems wurde 1948 eingeführt, soll als staatliche Vorsorge der Existenzsicherung dienen und reicht zurück ins ausgehende 19. Jahrhundert. Zur selben Zeit entstand die 2. Säule, die als berufliche Vorsorge der Fortführung des gewohnten Lebensstandards im Alter dient und seit 1985 obligatorisch ist. Die beiden Vorsorgesysteme passen schlecht oder gar nicht zu dem bunten Strauss an Lebensentwürfen und Arbeitsmodellen, wie wir sie heute kennen und wie sie sich in Zukunft noch weiter ergeben werden. Der studienbedingte spätere Berufseinstieg, ein vorübergehender Ausstieg für Reisen, Weiterbildung oder Familienzeit, die Selbständigkeit in allen Facetten sind für uns selbstverständlich, für das Vorsorgesystem aber Ausnahmezustände und dementsprechend suboptimal gelöst.

Bedenken Sie das, wann immer Sie auf Ihrem Lebensweg an derartige Kreuzungen kommen. Ignorieren Sie die noch immer herrschenden Realitäten, so unzeitgemäss diese auch sein mögen, handeln Sie sich handfeste finanzielle Nachteile ein, die erst viele Jahre später spürbar werden und sich dann kaum mehr ausbügeln lassen. Fehlende Beitragsjahre führen gezwungenermassen zu Rentenkürzungen.

Fixe Pflichtkosten – ein Überblick

Ein besonderes Augenmerk sollten Sie in Ihrer Budgetplanung den fixen finanziellen Verpflichtungen schenken.

- **Die AHV-Pflicht.**
  - Bei Lernenden taucht auf dem Januar-Lohnausweis in dem Jahr, in dem sie ihren 18. Geburtstag feiern, erstmals der Lohnabzug für die AHV auf. Ab diesem Zeitpunkt zieht Ihnen der Lehrbetrieb monatlich einen Lohnanteil von 5,3 Prozent (Stand 2021) von Ihrem Lernendenlohn ab. Was Ihnen vielleicht nicht bewusst ist: Der Lehrbetrieb zahlt nochmals ebenso viel wie Sie und überweist das Geld an die zuständige AHV-Ausgleichskasse. Aus all den AHV-Einzahlungen werden unmittelbar die Renten der heutigen Pensionierten, also z. B. die Ihrer Grosseltern, bezahlt. In der Fachsprache nennt sich das Umlageverfahren. Die AHV beruht auf einem sogenannten Generationenvertrag, also der Solidarität zwischen den Generationen. Wenn Sie dann selbst einmal pensioniert werden, werden es die dannzumal Erwerbstätigen sein, die mit ihren AHV-Einzahlungen Ihre Rente finanzieren werden.

– Studierende sind ebenso beitragspflichtig, auch wenn sie nicht erwerbstätig sind. Allerdings erst ab dem Jahr, in dem sie ihren 21. Geburtstag feiern. Bis zu dem Jahr, in dem sie 25 Jahre alt werden,
müssen sie jährlich einen AHV-Beitrag von 503 Franken (Stand 2021)
zahlen. Sollten Sie auch im Folgejahr noch nicht erwerbstätig sein,
bemisst sich der Beitrag an Ihrem Vermögen. Studierende, die einer
Erwerbstätigkeit nachgehen, sind dagegen AHV-pflichtig, wenn ihr
Jahreseinkommen mehr als 4701 Franken beträgt, sie mehr als neun
Monate im Kalenderjahr erwerbstätig sind oder sie in einem Pensum
von mehr als 50 Prozent arbeiten.

■ **Die BVG-Pflicht.** Mit dem Erreichen des 18. Lebensjahrs beginnt auch
die BVG-Pflicht. Die berufliche Vorsorge als 2. Säule des Vorsorgesystems ist ebenfalls an ein Erwerbseinkommen geknüpft. Die Einzahlungen in die Pensionskasse des Arbeitgebers setzen sich wie bei der
AHV aus Ihren Beiträgen und den Beiträgen des Arbeitgebers zusammen. Im Gegensatz zur AHV kann der Arbeitgeber aber auch mehr als
50 Prozent der Beiträge übernehmen. Die Pensionskasse Ihres Arbeitgebers führt für Sie ein individuelles Konto. Wenn Sie die Stelle wechseln, wird das Vorsorgeguthaben, das Sie dort ansparen, an die Pensionskasse Ihres neuen Arbeitgebers transferiert.

– Der Beitrag, der Lernenden vom Monatslohn abgezogen wird, finanziert bis zum Ende des Jahres, in dem sie ihren 24. Geburtstag feiern,
lediglich die Risikoprämien, die sie gegen Invalidität und Tod versichern. Der Aufbau Ihres persönlichen BVG-Altersguthabens beginnt
erst ab dem 25. Lebensjahr respektive wenn Ihr Einkommen über die
Eintrittsschwelle von 21 510 Franken steigt (Stand 2021). Je nach
dem Vorsorgereglement der betreffenden Pensionskasse kann dies
aber auch schon früher der Fall sein. Erkundigen Sie sich am besten
bei der Personalabteilung danach.

– Für Studierende gilt die BVG-Pflicht erst mit dem Eintreten ins Erwerbsleben. Da davon auszugehen ist, dass Sie mit dieser Ausbildung
eine Stelle mit einem höheren Einkommen antreten werden, können
Sie hier von einem gewissen Ausgleich ausgehen.

■ **Die Krankenversicherungspflicht.** Mit dem Erreichen der Volljährigkeit stellt die Krankenversicherungspflicht, bei der Sie bisher angeschlossen waren, Ihre Police automatisch vom Kinder- auf Erwachsenen-
tarif um. Teilweise wird zwischen 19 und 25 Jahren ein sogenannter

Jugendrabatt von plus/minus 30 Prozent gewährt. Bis anhin mussten Ihre Eltern für Sie keinen Selbstbehalt auf die Behandlungskosten zahlen. Neu werden Sie in der niedrigsten Franchisestufe von 300 Franken eingeteilt, müssen also Arztkosten bis zu diesem Betrag selbst übernehmen. Wichtig ist auch, dass Sie die monatlichen Krankenkassenprämien pünktlich bezahlen. Planen Sie also auch diese Kosten in Ihrem Budget ein. Bei Unfällen in der Freizeit sind Sie übrigens über die Nichtbetriebsunfallversicherung Ihres Arbeitgebers abgesichert. Die entsprechenden Prämien werden Ihnen ebenfalls vom Lohn abgezogen. Studierende, die weniger als acht Stunden pro Woche einer Erwerbstätigkeit nachgehen, sollten dagegen das Unfallrisiko in der Krankenversicherung einschliessen lassen.

> **BUCHTIPP**
> Baumgartner, Gabriela:
> **Clever mit Geld umgehen. Budget, Sparen, Wege aus der Schuldenfalle.** Beobachter-Edition, Zürich 2019
> www.beobachter.ch/buchshop

- **Die Steuerpflicht.** Gesetzlich sind Sie mit dem Erreichen der Volljährigkeit uneingeschränkt steuerpflichtig. Zu deklarieren sind der Lehrlingslohn, sonstige Einkommen und Vermögen. Nicht steuerbar sind dagegen die Unterhaltsbeiträge der Eltern. Beim erstmaligen Ausfüllen der Steuererklärung lassen Sie sich am besten von Ihren Eltern helfen oder nutzen die Web-Applikation, die die kantonalen Steuerverwaltungen für junge Erwachsene zur Verfügung stellen (siehe Seite 211).
- **Die Haftungspflicht.** Nachdem Sie jetzt voll handlungsfähig sind, dürfen Sie auch alleine jegliche Verträge abschliessen – ob es um den Mietvertrag, Leasing- oder Kaufverträge, das Handyabo, Versicherungsverträge oder sonstige Verträge geht. Unterschreiben Sie solche Verträge aber nie leichtfertig, sondern seien Sie sich bewusst, dass Sie damit auch grosse finanzielle Verantwortung übernehmen respektive mit Ihrer Unterschrift auch eine dementsprechende Haftung übernehmen. Entgegen der landläufigen Meinung gibt es in der Regel kein gesetzliches Rücktrittsrecht.

Wo Schuldenfallen lauern

Abgesehen von diesen gesetzlichen Verpflichtungen sollten Sie einige Kostenpunkte im Auge behalten, die leicht aus dem Ruder laufen und Sie in eine ungemütliche Lage manövrieren können. Gerade zwischen 18 und 25 Jahren ist das Verschuldungsrisiko am höchsten. Wichtig ist, den Überblick zu behalten:

- **Auto:** Der Erwerb oder das Leasing des ersten eigenen Autos ist reizvoll und verspricht die grosse Freiheit. Die geht aber ganz schön ins Geld. Auch wenn Sie beispielsweise gespart haben, um sich ein Occasionsauto zu kaufen, oder das Auto von den Eltern geschenkt bekommen, geht gerne vergessen, dass zusätzlich Kosten anfallen für Vollkaskoversicherung, Fahrzeugsteuer, Benzin, Reparaturen oder Abgaskontrolle. Sollten Sie anstelle des Kaufs ein Leasing in Betracht ziehen, müssen Sie die monatlichen Leasingraten konsequent finanzieren können, wenn Sie keine Betreibung oder Pfändung riskieren wollen (siehe Seite 122). Und wurde der Restwert zu hoch angesetzt, um die Leasingraten tief zu halten, droht Ihnen nach Ablauf des Leasingvertrags zudem eine hohe Rechnung für die Instandstellungskosten, wenn Sie das Fahrzeug nicht übernehmen.

- **Kleinkredit:** Anbieter von Kleinkrediten verstehen es wunderbar, Ihnen schmackhaft zu machen, dass Sie die Einrichtung der ersten eigenen Wohnung kaufen, Ferien buchen oder sonstige Anschaffungen tätigen können, ohne darauf sparen zu müssen. Bevor Sie leichtfertig auf ein solches Angebot eingehen, sollten Sie unbedingt durchrechnen, ob die monatlichen Raten in Ihrem Budget liegen. Dazu kommen die vergleichsweise hohen Zinsen. Und vermeiden Sie unbedingt, dass Sie gleich den nächsten Kredit brauchen, um den bestehenden zurückzuzahlen.

- **Heute kaufen, später zahlen:** Viele Onlinehändler locken Sie damit, dass Sie die Objekte Ihrer Begierde unmittelbar erwerben können, aber erst später oder in Raten zahlen müssen. Sparen Sie besser auf solche Anschaffungen. Dann können Sie sich uneingeschränkt darüber freuen. Bei «Kauf auf Pump» türmen sich schnell unbezahlte Rechnungen auf. Dasselbe gilt für den Einsatz von Kreditkarten. Setzen Sie diese bewusst und zurückhaltend ein und berücksichtigen Sie, dass Sie in beiden Fällen zusätzlich teure Zinsen zahlen.

- **Die erste eigene Wohnung:** Vor allem, wenn Sie sich nicht schon bis anhin an den Kosten für den Familienhaushalt beteiligen mussten, will der Auszug aus der elterlichen Wohnung oder dem elterlichen Haus wohl geplant sein. Bedenken Sie, dass nicht nur Miete und Nebenkosten anfallen. Zusätzlich kommen beispielsweise Kosten für Strom,

TV-/Radio-/Internetanschlussgebühren, Hausratversicherungen, Putz-mittel, Entsorgung und Kleinreparaturen dazu. Unter Umständen kann es darum auch Sinn machen, erst einmal eine WG-Lösung in Betracht zu ziehen.

Der frühe Sparvogel hat es leichter

Mit einem smarten Budget behalten Sie für sich selbst jederzeit die Über-sicht, was bei den gegebenen Einnahmen und den Fixkosten für weitere Ausgaben drinliegen. So probieren Sie auf spielerische Art und Weise aus, worauf Sie am einfachsten verzichten können, wenn dies vorübergehend nötig sein sollte oder Sie ein bestimmtes Sparziel erreichen möchten. Ist es der Kaffee am Morgen, den Sie am Bahnhofskiosk zum Mitnehmen kaufen? Oder sind Sie eher der Typ, der zwischendurch mal das Mittag-essen von daheim mitnimmt und so auf die kostspieligere auswärtige Ver-pflegung verzichtet? Oder tut es die Winterjacke vom Vorjahr noch, und Sie schieben den Kauf einer neuen noch etwas auf?

Der Ausspruch «Spare in der Zeit, dann hast du in der Not», den Ihnen vielleicht schon Ihre Grosseltern mit auf den Weg gegeben haben, hat auch in der heutigen Zeit nichts von seiner Gültigkeit verloren. Je früher Sie mit dem Sparen beginnen, desto leichter wird es Ihnen fallen, desto eher wird es Ihnen auf dem weiteren Lebensweg in Fleisch und Blut über-gehen. Vielleicht werden Sie nicht immer mit der gleichen Disziplin dran-bleiben können und unter Umständen vorübergehend auch mal bewusst aussetzen oder durch äussere Umstände dazu gezwungen werden. Und vermutlich werden Sie zwischendurch auch einmal für etwas unvernünftig viel Geld ausgeben.

Aber denken Sie immer daran: Wenn Sie sparen, tun Sie dies über wei-te Lebensstrecken für sich selbst, das heisst, Sie sind selbst die Nutznies-serin. Wenn Sie dabei bedenken, dass wir immer länger leben und dass die staatliche und die berufliche Vorsorge das noch nicht ausreichend berücksichtigen, werden wir alle sowieso zunehmend mehr Eigenverant-wortung im Vorsorgesparen übernehmen müssen. Ansonsten geraten wir im Alter tatsächlich in eine Notlage. Je später Sie mit dem Sparen anfangen, desto grösser müssen die Beträge sein, wenn Sie Ihr Sparziel erreichen wollen. Einfacher ist es meist, früher mit kleineren Beiträgen zu beginnen.

FINANZ-FRAUENPOWER

Sie können das Sparen auch mit einem Bonussystem verbinden, indem Sie für jedes selbst definierte Etappenziel eine Belohnung festlegen. Dann können Sie sich doppelt freuen. Oder Sie nehmen sich vor, von der nächsten grösseren Lohnerhöhung jeden Monat die Hälfte auf die hohe Kante zu legen. Dann haben Sie immer noch mehr Geld zur freien Verfügung als mit dem bisherigen Lohn. Eine gute Richtschnur ist, drei bis sechs Monatslöhne auf der Seite zu haben. So können Sie auch unvorhergesehene Ausgaben locker bewältigen.

Alternativen zum Kontosparen

Lassen Sie das Ersparte auf dem Konto liegen, haben Sie auf längere Frist das Nachsehen. Seit geraumer Zeit können Sie kaum mehr mit einem Zins rechnen. Im Gegenteil: Je nach Konto und Guthaben bekommen Sie sogar einen Negativzins aufgebrummt. Das bedeutet, dass Sie der Bank sogar etwas zahlen müssen für Ihren Sparbatzen. Wenn Sie dann noch die Kontoführungsgebühren und eine allfällige Teuerung hinzunehmen, verliert Ihr Geld auf Dauer an Wert. Damit Ihr Sparguthaben nicht nur durch Ihre Einzahlungen wächst, sondern Sie darauf zusätzliche Erträge erzielen können, sollten Sie sich mit dem Wertschriftensparen vertraut machen.

Jetzt mögen Sie einwenden, dass Sie davon nichts verstehen. Aber keine Bange, Sie müssen sich nicht selbst ums Anlegen kümmern. Das übernehmen Profis für Sie. Das ist wie beim Autofahren. Meist haben Sie auch nur ein rudimentäres Verständnis, wie der Automotor funktioniert, und trotzdem setzen Sie sich hinter das Steuer. Wie beim Autofahren gewinnen Sie auch beim Wertschriftensparen mit der Zeit Routine.

■ **Fondssparpläne** sind eine gute Einstiegsmöglichkeit. Bei dieser gemeinschaftlichen Kapitalanlage kümmert sich eine Fachperson um die Verwaltung des Kapitals und investiert es für die Anlegerinnen und Anleger möglichst gewinnbringend an den Börsen. Die Fondsmanagerin kauft die aussichtsreichsten Wertschriften und folgt dabei einer klaren Anlagestrategie. Als Anlegerin gehört Ihnen ein kleiner Teil eines grossen Portfolios an Wertschriften (Ihr Fondsanteil). Würden Sie selbst direkt in Aktien, Obligationen oder weitere Wertschriften investieren, bekämen Sie nur eine geringe Auswahl an Titeln zusammen. So gehört Ihnen von jedem der Titel, in denen der Fonds investiert ist, ein bisschen und Sie können das Anlegen getrost der Fachperson überlassen. Angenommen, die Fondsmanagerin hat Aktien eines Lebensmittelherstellers gekauft und diese Aktie verliert an der Börse vorübergehend an Wert. Dann wirkt sich das im gemeinsamen Portfolio, an dem Sie mit Ihrem Sparguthaben beteiligt sind, weniger negativ aus, als wenn Sie direkt in die Aktie investiert hätten und ansonsten nur in zwei, drei weitere Aktien. Wichtig zu wissen ist, dass sich der Wert nie nur in eine Richtung bewegt. Je langfristiger Sie aber investiert bleiben, desto grösser sind Ihre Chancen, mehr aus Ihrem Sparguthaben zu machen, als es auf dem Sparkonto vor sich hinschlummern zu lassen. Vorübergehend können Anlagefonds allerdings auch mal an Wert verlieren. Solche Phasen sollten Sie im wahrsten Sinne des Wortes aussitzen. Schauen Sie sich die langfristige Wertentwicklung an, sind sie nur noch als kurzfristige Dellen ersichtlich. Das bedeutet aber auch, dass Sie einen möglichst langen Anlagehorizont haben sollten. Verfolgen Sie kurzfristige Sparziele wie Ferien oder Anschaffungen für die Wohnungseinrichtung, ist das Kontosparen geeigneter. Ausserdem sollten Sie darauf achten, dass Sie unter einer möglichst grossen Fondspalette wählen können, die nicht nur bankeigene Fonds enthält. Denn unter Umständen finden sich die rentabelsten und am besten geeigneten Fonds nicht unter den bankeigenen Fonds. Die meisten Fondssparpläne sehen vor, dass Sie monatliche, vierteljährliche oder jährliche Einzahlungen machen können. Den Sparbetrag bestimmen Sie dabei selbst.

- **Säule-3a-Sparen:** Die Säule 3a ist die gebundene Selbstvorsorge für Angestellte und Selbständige. Gebunden darum, weil Sie das Guthaben frühestens fünf Jahre vor Erreichen des ordentlichen Rentenalters beziehen können. Eine vorzeitige Auszahlung ist unter anderem möglich, wenn Sie das Geld für den Einkauf in die Pensionskasse (siehe Seite 109) oder für den Erwerb von Eigentum oder die Rückzahlung von Hypotheken nutzen (Siehe Seite 76). Im Gegensatz zu den Fondsparplänen können Sie in die Säule 3a nur einzahlen, wenn Sie über ein AHV-pflichtiges Erwerbseinkommen verfügen. Darum können Studierende erst mit dem Eintritt ins Berufsleben mit der gebundenen

Vorsorge beginnen, ausser sie gehen in der Phase bereits einem Neben-
job nach und können etwas sparen. Denn es sind weder ein Mindest-
einkommen noch eine Mindesteinzahlung vorgeschrieben. Weitersparen können Sie auch, falls Sie Ihren Job verlieren und vorübergehend
Arbeitslosengeld beziehen, weil dieses ebenfalls AHV-pflichtig ist (siehe
Seite 116). Allerdings bleibt dann ja meist auch nichts zum Sparen
übrig.

Für Angestellte ist die Einzahlung auf jährlich 6883 Franken beschränkt (Stand 2021). Der Maximalbetrag wird alle zwei Jahre vom
Bund neu festgelegt und entspricht 8 Prozent des Lohns, der sich maximal in der 1. und der 2. Säule versichern lässt (86 040 Franken, Stand
2021). Selbständige, die keiner Pensionskasse angeschlossen sind,
können bis zu 20 Prozent ihres AHV-Einkommens und maximal
34 416 Franken einzahlen (siehe Seite 101).

Die Einzahlungen in die Säule 3a sind steuerprivilegiert. Das heisst,
Sie können sie in Ihrer Steuererklärung abziehen. Wenn Sie sich für eine
Säule-3a-Lösung entscheiden, wählen Sie mit Vorteil das Angebot einer
Bank oder eines banknahen Anbieters. Zum einen, weil dort Ihre Einzahlung vollumfänglich dem Sparen dient. Zum anderen, weil Sie bezüglich der Höhe und der Periodizität der Einzahlungen völlig flexibel
sind. Das heisst, Sie sind frei, wie viel Sie pro Jahr in welchen Etappen
einzahlen. So können Sie auch mal aussetzen, wenn Sie zum Beispiel
ein Auslandsjahr oder eine längere Familienzeit planen. Säule-3a-Lö-
sungen werden auch von Versicherungen angeboten. Den Vertrag müssen Sie dort aber auf eine fixe Laufzeit, mindestens bis zum frühesten
Bezugszeitpunkt abschliessen. Und Sie sind verpflichtet, jedes Jahr denselben Beitrag einzuzahlen. Ist Ihnen das nicht möglich, weil Sie beispielsweise Ihr Arbeitspensum reduzieren oder als Mutter nicht erwerbstätig sind, können Sie zwar die Police kündigen, dies aber meist unter
grossem Verlust. Denn gerade zu Beginn der Laufzeit werden Ihre Einzahlungen für Gebühren, Kommissionen und die Versicherungsprämien
verwendet.

Bei den Säule-3a-Lösungen sollten Sie ebenfalls das Wertschriften-
dem Kontosparen vorziehen. Die Verzinsung eines Säule-3a-Kontos ist
nicht wesentlich höher als beim klassischen Konto.

Ihr Lohn – oder was Sie sich wert sind

Kennen Sie Ihren Marktwert? Wissen Sie, ob Sie einen gerechten Lohn für Ihre Arbeit bekommen? Können Sie den Lohnunterschied zu Ihren Arbeitskollegen, falls es einen solchen gibt, erklären? Das Lohnniveau hängt im Wesentlichen von drei Faktoren ab:

- **Vom Beruf,** in dem Sie tätig sind. Ihre Berufswahl werden Sie nicht allein nach den Verdienstmöglichkeiten getroffen haben, sondern vermutlich eher nach den persönlichen Präferenzen und Neigungen. Gleichwohl macht es Sinn, wenn Sie sich mit den Entwicklungsmöglichkeiten in Ihrem Beruf, beispielsweise. auch durch Weiterbildungen, vertraut machen und prüfen, ob dies mit Ihren persönlichen Ansprüchen im Einklang steht.

- **Von der Branche,** die Sie gewählt haben. Wenn Sie einen Lohnvergleich anstellen, sollten Sie dies innerhalb Ihrer Branche tun. Das Lohngefälle für vergleichbare Berufe und Funktionen kann über die Branchen hinweg enorm sein.

- **Von der Funktion,** die Sie wahrnehmen. Wenn Sie einen Lohnvergleich mit Ihren Kollegen anstellen, sollten Sie berücksichtigen, dass Sie dies innerhalb vergleichbarer Funktionen tun. Je mehr Verantwortung mit einer Funktion verbunden ist, desto höher ist in der Regel die entsprechende Entlohnung. Erkundigen Sie sich beim Stellenantritt oder bei einem Stellenwechsel darum auch, was die Kriterien für die Festlegung der Löhne sind und wie die Anforderungen für einen Aufstieg in eine höhere Lohnklasse aussehen. Welche Rolle spielen Aus- und Weiterbildung, Alter oder berufliche Stellung (Kader)? Oder kennt die Firma Funktionslöhne unabhängig von diesen Kriterien?

> **BUCHTIPP**
> Siegrist, Katharina: **Mehr Lohn. Das Einmaleins der Lohnverhandlung.** Beobachter-Edition, Zürich 2020
> www.beobachter.ch/buchshop

Zwischen Frauen und Männern bestehen teilweise immer noch grosse Lohnunterschiede. Während der Durchschnittslohn (arithmetisches Mittel) von Männern in der Privatwirtschaft 7798 Franken beträgt, macht derjenige von Frauen lediglich 6266 Franken aus. Sie verdienen also im Schnitt fast 20 Prozent weniger. Knapp 60 Prozent der Differenz lassen sich damit erklären, dass Frauen tendenziell Berufe wählen, die tiefere

Löhne zahlen, und dass sie in höheren Kaderstufen untervertreten sind. 40 Prozent der Differenz gelten allerdings als unerklärbar. Die Statistiker vermuten hier denn auch eine Lohndiskriminierung, obschon die Lohngleichheit seit 1995 gesetzlich verankert ist. Abhilfe erhoffen sie sich von der per Mitte 2020 eingeführten Pflicht zur Lohnanalyse, der sich alle Unternehmen mit mehr als 50 Mitarbeitenden alle vier Jahre unterziehen müssen. Damit verbunden sind zwar keine Auflagen zur effektiven Schaffung der Lohngleichheit, da dies ja bereits verfassungsrechtlich vorgegeben ist. Allerdings sind die Arbeitgeber verpflichtet, die Ergebnisse der Analyse den Mitarbeitenden zu präsentieren. Damit müssen sie Lohndifferenzen offenlegen und begründen. Der so erzeugte moralische Druck dürfte also letztlich genauso wirksam sein wie gesetzliche Sanktionen.

FINANZ-FRAUENPOWER

Gleicher Lohn für gleiche Arbeit. Mit dieser Forderung auf die Strasse zu gehen, verschafft dem Thema zwar Öffentlichkeit. Die Arbeitgeber, die sich auch ein Vierteljahrhundert nach der Schaffung der Gesetzesgrundlage nicht verpflichtet fühlen, gleiche Löhne zu zahlen, werden solche Protestaktionen allerdings wenig beeindrucken und sie schon gar nicht zum Handeln bewegen. Deutlich effektiver ist es, wenn Sie sich vor Stellenantritt über die Lohnpolitik des Arbeitgebers informieren oder wenn Sie die Lohnanpassung direkt einfordern, sollten Sie eine ungerechtfertigte Ungleichheit feststellen. Das braucht etwas Mut. Aber: Frauen wissen, was sie wert sind!

Ich bin dann mal weg: Reisen und Auslandsaufenthalt

In jungen Jahren zieht es uns in die Ferne: ausgedehnte Reisen, ein längerer Sprachaufenthalt, einige Auslandssemester oder ein Freiwilligeneinsatz bei einer Hilfsorganisation. Wenn Sie für diese Zeit Job und Wohnung aufgeben wollen, sollten Sie frühzeitig mit der Planung Ihrer Auszeit beginnen. Vor allem unter finanziellen Gesichtspunkten gibt es einige wichtige Dinge zu beachten und zu regeln.

Die Planung beginnt lange vor Ihrer Abreise. Denn den Traum vom Auslandjahr gibt es selten gratis. Veranschlagen Sie als Anhaltspunkt ein konkretes Budget: Wo kommen Sie unter? Von welchen Verpflegungskosten gehen Sie aus? Fallen Semestergebühren an, falls Sie in der Zeit eine Uni im Ausland besuchen wollen? Wie sieht es mit Kosten für Flüge, Bahnen, Automiete, Taxifahrten aus? Welche sonstigen Auslagen könnten auf Sie zukommen? Welche Kosten laufen während Ihrer Abwesenheit daheim weiter? Welche entfallen respektive wo müssen Sie etwas vorkehren, um unnötige Kosten zu vermeiden.

Auch wenn Sie unter Umständen im Ausland günstiger leben können als daheim und Sie hier beispielsweise Ihre Wohnung oder Ihren WG-Platz untervermieten können: Meist ist es ja so, dass Sie während des Auslandsjahres kein Einkommen haben. Deshalb sollten Sie frühzeitig mit dem Sparen beginnen, um die Auszeit unbeschwert geniessen zu können. Und planen Sie besser etwas mehr ein als zu wenig. Wenn Sie zurückkommen und in Ihrer Kasse nicht völlige Ebbe herrscht, wird Ihnen das den Start zurück ins Berufsleben erleichtern.

Fernweh – aber sicher!

■ **AHV-Pflicht.** Wenn Sie ein volles Kalenderjahr aus dem Berufsleben aussteigen, empfiehlt es sich, den Mindestbetrag einzuzahlen. So können Sie fehlende Beitragsjahre vermeiden. Denn für jedes Beitragsjahr, das Ihnen am Schluss fehlt, wird Ihre AHV-Rente lebenslänglich um 2,6 Prozent gekürzt. Später aufholen lässt sich das nur bedingt. Das fehlende Beitragsjahr können Sie nämlich nur bis fünf Jahre rückwirkend einzahlen. Wenn Sie beispielsweise von Mitte Jahr bis Mitte des Folgejahrs ausser Landes sind und gleich nahtlos weiterarbeiten, sollten Sie in beiden Jahren den Mindestbeitrag erreichen. Klären Sie das aber zur Sicherheit bei der für Sie zuständigen AHV-Ausgleichskasse ab.

■ **BVG-Pflicht.** Wenn Sie nach dem Auslandjahr in Ihren bisherigen Job zurückkehren können, sollten Sie mit der Pensionskasse Ihres Arbeitgebers vorgängig klären, ob Sie für die Risiken Tod und Invalidität weiterversichert bleiben und Ihr Vorsorgeguthaben in der Pensionskasse belassen können. Da Einzahlungen ein Einkommen bedingen, wächst Ihr Sparguthaben in der 2. Säule nicht weiter. Je nach Vorsorgereglement der Pensionskasse und Ihren verfügbaren Mitteln können Sie sich aber allenfalls auch freiwillig weiterversichern. In diesem Fall zahlen Sie allerdings sowohl die Arbeitgeber- als auch die Arbeitnehmerbeiträge. Ansonsten können Sie die entstandene Lücke nach Ihrer Rückkehr gegebenenfalls durch Einkäufe decken oder aber – was unter Umständen die attraktivere Variante ist – das Geld in die 3. Säule stecken.

Haben Sie Ihren Job gekündigt, um sich nach Ihrer Rückkehr neu zu orientieren, müssen Sie Ihr Vorsorgeguthaben aus der beruflichen Vorsorge auf einem Freizügigkeitskonto bei einem Anbieter Ihrer Wahl parkieren. Nach Ihrem Austritt bleiben Sie noch 30 Tage in der Pensionskasse Ihres Arbeitgebers gegen die Risiken Invalidität und Tod weiterversichert. Unter Umständen kann es Sinn machen, dass Sie sich beraten lassen, ob Sie diese Risiken gegebenenfalls anderweitig absichern sollten.

Wenn Sie das Auslandsjahr in einem Nicht-EU-Land verbringen und sich entscheiden, sich für die Zeit in der Schweiz abzumelden, könnten Sie sich vom Gesetz her das BVG-Guthaben ausbezahlen lassen. Die Auszahlung wird zu einem reduzierten Satz besteuert. Allerdings will der administrative Aufwand, der mit einer Abmeldung und späteren Wiederanmeldung verbunden ist, wohl bedacht sein. Ausserdem soll ja Ihr BVG-Guthaben auch nicht der Finanzierung Ihres Auslandsaufenthalts dienen, sondern dazu, Ihren Lebensunterhalt im Alter zu bestreiten.

- **Steuerpflicht.** Die Steuerpflicht besteht weiter. Grundlage für die Besteuerung ist Ihr effektiv erzieltes Einkommen im jeweiligen Kalenderjahr, unabhängig von der Dauer Ihres Auslandsaufenthalts.
- **Kranken- und Unfallversicherung.** Klären Sie mit Ihrer Krankenkasse, welche Kosten Ihre aktuelle Police für den Fall der Fälle im Ausland abdeckt, und ergänzen Sie sie wenn nötig um entsprechende Zusatzversicherungen. Lassen Sie für die Zeit auch das Unfallrisiko einschliessen. Denn bei Ihrem Arbeitgeber bleiben Sie nur einen Monat über den Beginn Ihrer Auszeit hinaus unfallversichert. Die sogenannte Abredeversicherung, die Ihr Arbeitgeber abschliessen kann, um den Unfallschutz darüber hinaus sicherstellen zu können, lohnt sich in der Regel nur, wenn Ihr Auslandsaufenthalt kürzer als sechs Monate ist, da dies die maximale Vertragsdauer ist. Berücksichtigen Sie in Ihrer Budgetplanung unbedingt, dass die Krankenkassenprämien während Ihrer Abwesenheit weiterzuzahlen sind.

Der gemeinsame Haushalt: Im Konkubinat leben

Das Zusammenziehen mit Ihrem Partner verändert nicht nur Ihren Alltag, sondern auch Ihre Finanzsituation. Wann immer Sie diesen Schritt gehen wollen, ob nach Abschluss von Ausbildung und Studium und den ersten Berufserfahrungen oder auch später im Leben: Tun Sie ihn im vollen Bewusstsein, was es bedeutet, einen gemeinsamen Haushalt zu führen. Planen Sie nicht nur die praktischen Seiten des Wohnprojekts, sondern auch die finanziellen.

Das Zusammenwohnen bringt neue Facetten in Ihr Leben. Sie werden nicht nur an Ihrem Partner nochmals ganz neue Seiten kennenlernen, sondern auch an sich selbst. Die Verschmelzung Ihrer beiden Welten passiert nicht auf Knopfdruck. Dazu braucht es ein Diskutieren und Aushandeln – und das ist ein fortwährender Prozess.

Es fängt damit an, wo Ihr gemeinsamer Wohnsitz sein soll, was Sie für Vorstellungen von der gemeinsamen Wohnung und der Ausstattung haben, wer was in den gemeinsamen Haushalt mit einbringt und was Sie neu anschaffen, ob Sie den Mietvertrag gemeinsam abschliessen oder nur einer von Ihnen. Es geht weiter mit der Organisation der Arbeiten im Haushalt und dem Bestreiten des gemeinsamen Lebensunterhalts – also dem Kauf von Lebensmitteln, dem Umgang mit sonstigen Haushaltskosten, Reparaturen, Ersatzanschaffungen etc. Und es wird nicht nur um angenehme und praktische Dinge gehen, sondern auch um unromantischere, heiklere Themen, nach dem Motto «Was ist, wenn...». In einer Partnerschaft auf Augenhöhe sollten Sie aber über all dies offen sprechen und es für beide Seiten stimmig lösen können. Sprechen Sie frühzeitig über potenziell problematische Aspekte, können Sie unnötige Konflikte vermeiden.

Ein Thema mit hohem Konfliktpotenzial ist Geld – vor allem, wenn Sie es in der Partnerschaft nicht explizit auf die Agenda setzen, ungleiche Einkommens- und Vermögensverhältnisse bestehen und Sie einen unterschiedlichen Umgang mit Geld pflegen (siehe Geldtypen, Seite 15).

FINANZ-FRAUENPOWER

Das liebe Geld um der Liebe willen thematisieren und fair regeln:
Wissen Sie, was Ihr Partner verdient? Weiss er es von Ihnen? Kennen Sie Ihre gegenseitigen Vermögensverhältnisse? Machen Sie bei der Miete und den alltäglichen Ausgaben halbe-halbe, da Sie in etwa gleich viel verdienen? Oder haben Sie eine Kostenbeteiligung ausgemacht, die Ihre jeweiligen Einkommen berücksichtigt? Übernimmt Ihr Partner die Haushaltskosten und Sie die Ferien? Sind Sie die Sparsame und er der Ausgabefreudige? Oder ist es umgekehrt?

Geld sollte in der Partnerschaft kein Tabu sein. Sprechen Sie offen darüber, wie jeder von Ihnen zum Geld steht und wie Ihre Finanzen aussehen. Treffen Sie bezüglich der Kostenbeteiligung faire Abmachungen und Vereinbarungen, die Ihre jeweiligen finanziellen Verhältnisse und Ihre jeweilige Beteiligung an der Hausarbeit reflektieren. Ein Patentrezept dafür gibt es nicht. Vielleicht sind Sie sich von Anfang an einig. Vielleicht starten Sie auch einmal mit einer gemeinsam vereinbarten Regelung und adjustieren diese, wenn sie sich nicht bewährt.

Ganz praktische Hilfe bekommen Sie falls nötig bei den Budgetberatungsstellen (siehe Seite 210).

Worauf Sie beim gemeinsamen Haushalt ein besonderes Augenmerk richten sollten:

- **Mietvertrag:** Sie ziehen in eine gemeinsame Wohnung, also würde es naheliegen, auch den Mietvertrag auf beide Namen ausstellen zu lassen. Bedenken Sie aber dabei, dass der Vermieter Sie beide je vollumfänglich für den Mietzins haftbar machen kann. Sollte also beispielsweise Ihr Partner seinen Mietanteil nicht zahlen können, wird der Vermieter die volle Miete von Ihnen einfordern (Solidarhaftung). Wird der Mietvertrag nur auf einen von Ihnen abgeschlossen, haften nur Sie oder Ihr Partner. Haben Sie beide unterschrieben, benötigt der Vermieter für alles, was Ihre Wohnung anbelangt, immer sowohl Ihre als auch die Unterschrift Ihres Partners, ob es um die Behebung von Mängeln geht, Anträge auf die Anpassung des Mietzinses an den Referenzzinssatz oder die Wohnungskündigung. Angenommen, Sie trennen sich und Ihr Partner zieht aus, müssen Sie den Mietvertrag gemeinsam kündigen und neu auf Sie ausstellen lassen. Sie haben aber dabei keine Gewähr und kein Anrecht, dass Sie die Wohnung alleine übernehmen können, beispielsweise weil der Vermieter Ihnen die Tragbarkeit des vollen Mietzinses nicht zutraut oder die Wohnung nicht an Einzelpersonen vermietet. Sollte es Streit darüber geben, wer die Wohnung übernimmt, gibt es gesetzlich keine Regelung. Entscheiden kann in einem solchen Fall nur der Vermieter. Sie können dies aber bereits in einem Konkubinatsvertrag regeln (siehe Seite 49). Wägen Sie die Vor- und Nachteile der beiden Optionen gegeneinander ab und entscheiden Sie, ob Sie Mieterin, Mitmieterin oder Mitbewohnerin sein wollen, bevor Sie den Mietvertrag unterzeichnen.
- **Mietkaution:** Schliessen Sie den Mietvertrag auf beide Namen ab, wird auch das Mietkautionskonto auf beide Namen eröffnet, unabhängig davon, was Sie untereinander bezüglich der Zahlung der Mietkaution vereinbart haben. Im Hinblick auf den Rückzahlungsanspruch

empfiehlt es sich, die Aufteilung im Konkubinatsvertrag festzuhalten (siehe Seite 49). Dies gilt auch, wenn einer von Ihnen beiden Einzelmieter ist, Sie aber die Mietkaution anteilig geleistet haben.

- **Inventar/Anschaffungen/Hausrats- und Haftpflichtversicherung:** Es empfiehlt sich, beim Einzug ein Inventar der von Ihnen und Ihrem Partner eingebrachten Gegenstände zu erstellen und zu unterzeichnen. Bei einer Auflösung Ihrer Lebensgemeinschaft erspart Ihnen das die mühselige nachträgliche Klärung. In guten Zeiten mögen Sie der Ansicht sein: «Was meins ist, ist auch deins». Im Gegensatz zur Ehe sind aber im Konkubinat die Eigentumsverhältnisse nicht gesetzlich geregelt. Wenn Sie das Eigentum eines Gegenstands nicht belegen können, gilt die sogenannte Miteigentumsvermutung. Anschaffungen für den gemeinsamen Haushalt tätigen Sie darum besser je einzeln und erweitern das Inventar dementsprechend. Haben Sie beispielsweise das Sofa je zur Hälfte bezahlt, kann daraus bei einer Trennung eher ein Streitobjekt werden, ausser Sie haben von vornherein vereinbart, wer es im Trennungsfall bekommt. Das Inventar ist übrigens gleichzeitig auch hilfreich für den Abschluss oder die Anpassung der Hausrats- und Haftpflichtversicherung. Hier ist gegebenenfalls eine allfällige Unterdeckung oder auch ein Zusammenlegen der beiden Policen zu prüfen, wenn Sie vorher separate hatten.

- **Haushaltsbudget/Haushaltskasse:** Auch wenn Sie nun die Kosten teilen können und über zwei Einkommen verfügen, empfiehlt es sich, im gemeinsamen Haushalt die Balance zwischen Einkommen, Ausgaben und Sparen im Auge zu behalten. Unter Umständen hilft es Ihnen, beispielsweise je Kategorie (z. B. Essen, Haushaltung, Mobilität, Versicherungen, Sparen etc.) einen Richtwert zu bestimmen. Den Stand könnten Sie entweder über eine App oder im Rahmen eines monatlichen «Kassensturzes» überprüfen. So können Sie rasch feststellen, ob die Einzahlungen auf das gemeinsame Konto zwischen Ihnen fair verteilt sind, oder frühzeitig erkennen, ob am einen oder anderen Ort die Kosten aus dem Ruder laufen.

- **Steuern:** Im Gegensatz zur Ehe werden Sie nicht als Gemeinschaft besteuert, sondern je individuell. Damit entfällt die «Heiratsstrafe». Ihre steuerliche Belastung kann darum tiefer ausfallen, als wenn Sie verheiratet wären – ein Argument, das viele Paare auf eine Heirat verzichten lässt, insbesondere solange sie keine gemeinsamen Kinder haben.

- **AHV-/BVG-Rente:** Bei der AHV ebenso wie bei der Pensionskasse generieren Sie je eine Einzelrente. In der AHV sind Sie damit besser-gestellt als Ehepaare, deren Paarrente auf das Anderthalbfache der ma-ximalen Einzelrente beschränkt ist.
- Das **Erbrecht** kennt keinen Pflichtteil für Konkubinatspartner. Darum ist es unerlässlich, zusätzlich zum Konkubinatsvertrag ein Testament aufzusetzen, um sich erbrechtlich abzusichern (siehe Seite 189).

Abgesehen von den ganz praktischen, alltäglichen Dingen, über die Sie sich in Ihrer Lebensgemeinschaft einigen sollten, müssen Sie sich insbe-sondere vor Augen halten, dass Sie im Konkubinat rechtlich gesehen ge-genüber der Ehe und der eingetragenen Partnerschaft erheblich schlechter gestellt sind. Unsere Gesetzgebung geht nämlich weiterhin davon aus, dass einer Lebensgemeinschaft die Ehe zugrunde liegt. Die sogenannte «wilde Ehe» war sogar noch bis in die 1970er-Jahre gesetzlich verboten. So machten sich beispielsweise Vermieter strafbar, die Paaren ohne Trau-schein eine Wohnung vermieteten.

Neben dem konventionellen Beziehungsmuster der Ehe haben sich zwar nun seit geraumer Zeit neue etabliert. Bis diese allerdings auch im Gesetz und in der praktischen Umsetzung abgebildet werden, wird es wohl noch einige Zeit dauern. Die Statistik zeigt: Dauerhaft lebt ein kleinerer Teil der Bevölkerung im Konkubinat. Für die meisten mündet das Leben ohne Trauschein nach wie vor in einem Leben mit Trauschein. Während bei den 18- bis 34-Jährigen fast die Hälfte der Paare im Konkubinat lebt, nimmt ihr Anteil bei den 44- bis 54-Jährigen auf unter 20 Prozent ab und sinkt bei den über 65-Jährigen unter 10 Prozent. Aus der Statistik lässt sich aber auch herauslesen, dass die Zahl der Eheschliessungen seit einigen Jahren rückläufig ist, während die Geburtenrate von Eltern ohne Trauschein steigt.

Dass das Konkubinat gesetzlich nicht geregelt ist, kommt insbesondere bei unerfreulichen Ereignissen wie einer Trennung, der Pflegebedürftigkeit und dem Tod des Partners negativ zum Ausdruck. Beachten Sie die finanziellen Stolpersteine, die sich daraus ergeben, und wirken Sie Nachteilen so weit als mög-lich durch das Abschliessen eines Konkubinatsver-trags entgegen.

BUCHTIPP

von Flüe, Karin: **Paare ohne Trauschein. Was sie beim Zusammenleben regeln müssen.** Beobachter-Edition, Zürich 2019

www.beobachter.ch/buchshop

Der Konkubinatsvertrag – möglichen Armutsfallen vorbeugen

Liebe und Vertrag? Wie passt das denn zusammen? Durch die rosarote Brille betrachtet, mag das tatsächlich sehr unromantisch anmuten. Rational gesehen hilft es aber, wichtige Aspekte des Zusammenlebens von Beginn an zu thematisieren und für den Ernstfall zu regeln. Es erspart Ihnen dann manch unwürdige Situation, in einem Moment, wo die emotionale Belastung sowieso schon hoch ist. Das Abschliessen eines Konkubinatsvertrags ist grundsätzlich formlos möglich. Sinnvollerweise regeln Sie in einem schriftlichen Vertrag folgende Punkte:

■ Was wem gehört. Hier können Sie die **Inventarliste** anhängen (siehe Seite 48).

■ Wie Sie den **Lebensunterhalt teilen und finanzieren** (siehe Seite 48). Einigen Sie sich, ob Sie dazu ein gemeinsames Konto einrichten oder Ihre Zahlungen über eines Ihrer bestehenden Privatkonten abwickeln. Mit einem separaten Gemeinschaftskonto lässt sich der Überblick zwischen privaten und gemeinsamen Ausgaben besser behalten. Über ein Gemeinschaftskonto haben Sie je einzeln Verfügungsvollmacht. Lediglich die Auflösung erfordert die Unterschrift von beiden Partnern. Zu beachten ist, dass die Bank das Konto sperren kann, sollte einer von Ihnen sterben (siehe Seite 147).

■ Wie Sie **mit Schulden umgehen:** Grundsätzlich haften Sie gegenseitig nicht für Ihre Schulden. Ausgenommen sind Verträge, die Sie gemeinsam unterzeichnet haben. Dazu gehören unter Umständen der Mietvertrag (siehe oben) oder der Antrag auf Konsumkredite. Problematisch kann es auch werden, wenn einer von Ihnen betrieben respektive gepfändet wird. In diesem Fall leistet Ihnen der Konkubinatsvertrag, der das Inventar und allfällige Unterhaltszahlungen belegt, wertvolle Hilfe.

■ Wer nach der Trennung **in der gemeinsamen Mietwohnung** bleibt und was Sie bezüglich der Rückerstattung der Mietkaution regeln (siehe Seite 47).

■ Ob und wie Sie **im Trennungsfall das fehlende AHV-Splitting und den fehlenden Vorsorgeausgleich aus der Pensionskasse kompensieren** wollen. Gesetzlich erwächst aus einem Konkubinat weder ein Anrecht auf ein Splitting der AHV-Gutschriften noch auf den Ausgleich in der beruflichen Vorsorge. Für den Fall einer Trennung sollten

Sie darum vor allem bei ungleichen finanziellen Verhältnissen die Zahlung von Unterhaltsbeiträgen an den schlechtergestellten Partner vereinbaren. In vielen Fällen sind das heute nach wie vor die Frauen.

- Ob und wie Sie sich **im Todesfall gegenseitig absichern** wollen. Stirbt Ihr Partner, haben Sie gesetzlich keinen Anspruch auf eine Witwenrente aus der AHV. Die 2. Säule ist da etwas weiter als die AHV. Fortschrittliche Arbeitgeber sehen in ihren Vorsorgereglementen freiwillig vor, dass sich der Konkubinatspartner unter bestimmten Voraussetzungen begünstigen lässt. Ist eine solche Klausel vorgesehen, müssen Sie zum einen das Konkubinat bei der Vorsorgeeinrichtung mit dem offiziellen Formular gemeldet haben. Eine formlose oder nachträgliche Meldung wird normalerweise nicht akzeptiert. Stirbt Ihr Partner, müssen Sie belegen, dass Ihre Lebensgemeinschaft während mindestens fünf Jahren ununterbrochen bestanden hat, beide in der Zeit unverheiratet waren und dass Ihr Partner Sie finanziell erheblich unterstützt hat. In der Regel wird vorausgesetzt, dass Sie einen gemeinsamen Haushalt geführt haben. Bezüglich der Todesfallleistungen ist das Konkubinat im Vorsorgereglement aber gegebenenfalls nicht der Ehe gleichgestellt. Sollte Ihr Partner für Kinder aus erster Ehe unterhaltspflichtig sein, reduziert sich Ihr Anspruch oder entfällt ganz. Klären Sie mit Ihrem Arbeitgeber respektive dessen Vorsorgeeinrichtung, welche Begünstigungsordnung für das Konkubinat gilt. Sollten fehlende oder ungünstigere Leistungen den überlebenden Partner wirtschaftlich schlechterstellen, empfiehlt es sich, dies erbrechtlich bzw. testamentarisch (siehe Seite 189) oder durch den Abschluss einer Todesfallversicherung auszugleichen.
- Wenn Sie **gemeinsames Wohneigentum erwerben,** ist der Konkubinatsvertrag unabdingbar, um die Ansprüche und Pflichten für den Trennungs- und den Todesfall klar zu regeln (siehe Seite 147). In dem Fall empfiehlt sich auch die notarielle Beglaubigung des Vertrags.
- Wenn Sie **als Konkubinatspaar eine Familie gründen,** sind Sie ebenfalls gesetzlich schlechter gestellt als Ehepaare. Darum gilt es vor allem die Anerkennung der Kinder, die Kinderbetreuung, die Unterhaltszahlungen bei einer Trennung und den Nachlass zu regeln (siehe Seite 189).

Der Konkubinatsvertrag sollte jederzeit die Bestimmungen unter den aktuellen Finanz- und Wohnverhältnissen repräsentieren. Daher empfiehlt sich regelmässige Prüfung und Anpassung.

INFO *Wenn Sie aufgrund eines Unfalls oder einer Krankheit urteilsunfähig werden und nicht mehr selbst für sich sorgen können, sind Sie auf die Hilfe Dritter angewiesen. Mit einem* **Vorsorgeauftrag** *bestimmen Sie selbst, wer Sie im Fall Ihrer Urteilsunfähigkeit vertreten soll. Als Konkubinatspaar haben Sie im Gegensatz zu Ehepaaren nämlich kein gegenseitiges gesetzliches Vertretungsrecht. Darum ist es unabdingbar, dass Sie einen Vorsorgeauftrag erstellen, um sich gegenseitig oder Dritten das Vertretungsrecht einzuräumen. So können Sie die Kindes- und Erwachsenenschutzbehörde (Kesb) aus Ihrem Privatleben fernhalten, die beim Fehlen eines Vorsorgebeauftragten ansonsten einen kostenpflichtigen Beistand bestimmt.*

Mit dem Vorsorgeauftrag regeln Sie Entscheidungen rund um Privatangelegenheiten und Gesundheit wie Betreuung, Pflege, medizinische Versorgung, das Öffnen der Post, das Aufrechterhalten des persönlichen Schriftverkehrs, den Umgang mit Ihrer digitalen Identität und die Teilnahme am gesellschaftlichen Leben (Personensorge). Wenn Sie eine Patientenverfügung haben, geht diese dem Vorsorgeauftrag vor. Als Aufgaben führen Sie darüber hinaus das Abwickeln des Zahlungsverkehrs, die Verwaltung des Einkommens und Vermögens und das Einfordern von Renten und übrigen Versicherungsleistungen auf (Vermögenssorge). Überdies halten Sie das Wahrnehmen sämtlicher Rechts- und Prozesshandlungen und die Verhandlungen fest sowie den Abschluss dafür notwendiger Verträge (Vertretung im Rechtsverkehr). Im Internet bestehen zahlreiche Vorlagen. Ergänzen Sie diese wo wichtig und sinnvoll mit Ihren individuellen Regelungen.

Der Vorsorgeauftrag ist handschriftlich zu erstellen, zu datieren und zu unterzeichnen. Wenn Sie ihn der Einfachheit halber mit dem Computer erstellen, ist er ungültig. Alternativ können Sie ihn von einem Notar erstellen lassen. Bewahren Sie ihn an einem Ort auf, wo er leicht auffindbar ist, und informieren Sie Ihre Vertretungsberechtigten darüber. Empfehlenswert ist, ihn auch beim örtlichen Zivilstandsamt ins zentrale Register Infostar inklusive Aufbewahrungsort eintragen zu lassen oder, wenn Sie im Kanton Aargau wohnhaft sind, beim Familiengericht des Wohnbezirks zu hinterlegen. Eine Hinterlegungspflicht besteht aber nicht.

Heirat und Familiengründung

Heiraten und Kinder bekommen: Das steht auf der Lebenswunsch-liste vieler Paare ganz oben. Über 70 Prozent aller heterosexuellen Paare ab 25 Jahren sind verheiratet. Rund zwei Drittel haben mindestens ein Kind. Für das perfekte Liebes- und Lebensglück ist es aber unerlässlich, sich die finanziellen Konsequenzen einer Familiengründung bewusst zu machen und entsprechende Vorkehrungen zu treffen.

«Ja, ich will!» Die Heirat ist nach dem Kennenlernen, Zusammenziehen und einer kürzeren oder längeren Zeit des gemeinsamen Alltags für viele Paare nach wie vor der nächste logische Schritt. Die Hochzeit ist zweifelsohne für viele eine durch und durch romantische Angelegenheit, die Krönung der Liebe. Doch sosehr der Himmel rund um den grossen Tag auch voller Geigen hängen mag: Vergessen Sie nicht, dass Sie mit dem Eheversprechen eine wirtschaftliche Gemeinschaft eingehen mit entsprechenden finanziellen Folgen für die weiteren Lebensstationen. Wenn Sie eine Familiengründung planen, sollten Sie die Zeit bis dahin nutzen, um sich ein ausreichendes finanzielles Polster zuzulegen. Denn das Familienleben ist teuer und führt zu einem drastischen Einschnitt im gemeinsamen Budget. Betrachten Sie das Sparen weniger als Verzicht, sondern vielmehr als Investition in Ihre Zukunft, die Ihnen während der Familienzeit einen grösseren finanziellen Spielraum verschafft.

Die finanziellen Folgen des neuen Zivilstands

Der neue Zivilstand hat auf Ihr Haushaltsbudget unmittelbar keine spürbaren Auswirkungen, solange Sie beide weiterhin Ihren Berufen nachgehen. Änderungen ergeben sich dagegen bei den Sozialversicherungen, den Steuern und dem Güterstand.

Denken Sie dran, die Zivilstandsänderung unverzüglich dem Arbeitgeber zu melden. Er wird für Sie die Meldung an die AHV und die Pensionskasse vornehmen.

AHV

- Ihre AHV-Beiträge während der Ehejahre werden nun geteilt und je zur Hälfte Ihnen und Ihrem Mann angerechnet (Splitting). Diese Berechnung läuft für Sie nicht sichtbar ab. Sie kommt erst im Fall einer Scheidung zum Ausdruck (siehe Seite 125).
- Als Ehegattin haben Sie grundsätzlich einen Anspruch auf eine Witwenrente, sollte Ihrem Ehemann etwas zustossen (siehe Seite 147). Ihr Mann hat dagegen keinen Anspruch auf eine Witwerrente, ausser er ist für gemeinsame Kinder bis 18 Jahre unterstützungspflichtig. Gegebenenfalls kann sich vor diesem Hintergrund gerade in den ersten Ehejahren eine Vorsorgelücke ergeben. Das lässt sich in einem Beratungsgespräch beispielsweise mit einer unabhängigen Finanzplanerin abklären (siehe Seite 204).
- Bislang hatten Sie bei Pensionierung je Anspruch auf die maximale Einzelrente, wenn Sie die entsprechenden Voraussetzungen erfüllt haben. Durch die Heirat haben Sie nur noch Anspruch auf eine Paarrente, die bei maximal 150 Prozent einer maximalen Einzelrente angesetzt ist. Das hat damit zu tun, dass die AHV nach wie vor davon ausgeht, dass die Frau nach der Heirat und spätestens bei der Familiengründung aus dem Beruf aussteigt und der Mann der Allein- oder Haupternährer ist. Das äussert sich auch darin, dass sich Frauen nach der Heirat von der AHV-Beitragspflicht befreien lassen könnten, wenn ihr Mann AHV-Beiträge von jährlich mehr als 1006 Franken (doppelter Mindestbeitrag, Stand 2021) zahlt.

BVG

- Mit Ihren Einzahlungen vermehren Sie weiterhin Ihr individuelles Guthaben aus der beruflichen Vorsorge.
- Entsprechend Ihren Einkommens- und Vermögensverhältnissen können Sie vereinbaren, dass Ihr Partner einen Teil Ihrer Pensionskasseneinkäufe übernimmt, wenn Sie beispielsweise einen grösseren Teil der Hausarbeit leisten oder um Sie generell besser abzusichern, weil Sie etwa Ihr Arbeitspensum reduzieren (siehe Seite 87). Halten Sie solche Zahlungen schriftlich fest, damit Sie sie im Fall einer Scheidung belegen können (siehe Seite 125). Denken Sie aber auch hier daran, dass Sie mit dem alternativen Wertschriftensparen in der 3. Säule am vollen Vermögenszuwachs partizipieren und selbst bestimmten können, wie

ihr Geld angelegt wird. Wägen Sie darum gut ab, welcher Option Sie den Vorrang geben wollen.

■ Im Fall einer Scheidung werden Ihre BVG-Guthaben, die Sie während der Ehejahre angesammelt haben, je geteilt. Sie erhalten die Hälfte des BVG-Guthabens Ihres Mannes und umgekehrt (siehe Seite 127).

■ Was sich durch die Heirat ebenfalls ändert, ist Ihr gegenseitiger Leistungsanspruch im Todesfall. Der überlebende Ehepartner hat Anspruch auf eine Hinterlassenenrente. Analog zur AHV gilt, dass Sie über 45 sind und mindestens fünf Jahre verheiratet gewesen sein müssen (siehe Seite 127). Erfüllen Sie diese Voraussetzung nicht, erfolgt anstelle einer Rente eine einmalige Kapitalabfindung in der Höhe von drei Jahresrenten. Prüfen Sie darum im Rahmen eines Beratungsgesprächs beispielsweise bei einer unabhängigen Finanzplanerin, ob sich daraus gerade in den ersten Ehejahren Vorsorgelücken ergeben und wie Sie diesen gegebenenfalls begegnen können.

Sparen für die nächsten Lebensstationen – Verschuldung vermeiden

■ Ihre Einzahlungen auf Ihr individuelles Säule-3a-Konto können Sie weiterhin unverändert vornehmen und sie in der Steuererklärung zum Abzug bringen. Wenn Sie in den nächsten Jahren den Traum von eigenen vier Wänden realisieren möchten, ist es sinnvoll, weiterhin in die gebundene Vorsorge einzuzahlen, da Sie das Guthaben für den Erwerb des Grundeigentums einsetzen können (siehe Seite 76).

■ Im Hinblick auf die Gründung einer Familie ist es ratsam, frühzeitig ein Finanzpolster anzusparen, von dem Sie zehren können, wenn der Familienzuwachs da ist und sich Ihre Einkommensverhältnisse ändern (siehe Seite 58).

■ Solange Sie Ihre Zweisamkeit geniessen, locken gemeinsame Reisen, Anschaffungen für die Einrichtung oder der Umzug in eine grössere Wohnung. Fehlen die dafür nötigen Ersparnisse, versprechen Anbieter von Konsumkrediten hier unkomplizierte Hilfe, um sie zu finanzieren.

■ *ACHTUNG Wenn Sie Konsumkredite aufnehmen, sollten Sie dies mit Weitsicht tun und sicherstellen, dass die Ratenzahlung auch mit einem geringeren Einkommen oder einer Reduzierung des Arbeitspensums für Sie tragbar sind.*

Steuern

■ Die Hochzeit bedeutet das Ende der Individualbesteuerung. Zukünftig füllen Sie nur noch eine gemeinsame Steuererklärung aus, mit der Ihre Einkommen zusammen besteuert werden. Die steuerliche Belastung kann dadurch je nach Ihrem Wohnkanton trotz Zweitverdiener- und Verheiratetenabzug überproportional zunehmen. Die Progression trifft insbesondere besser verdienende Paare mit einem ähnlich hohen Einkommen. Ehepaare mit mittleren und tieferen Einkommen profitieren dagegen je nach Wohnkanton gegenüber der Individualbesteuerung von einer etwas tieferen Steuerlast. Um von der ersten gemeinsamen Steuerrechnung nicht negativ überrascht zu werden, empfiehlt es sich, vorgängig anhand eines Onlinesteuerrechners, wie ihn die meisten Wohngemeinden und etliche Vergleichsportale zur Verfügung stellen, die neue Steuerlast zu kalkulieren (siehe Seite 211).

Güterstand – vom Konkubinats- zum Ehevertrag

■ Entgegen dem Konkubinat regelt das Gesetz den Güterstand, also wem während der Ehe was gehört und wie bei Scheidung oder Tod Vermögen und Schulden aufgeteilt werden. Wenn Sie keine spezielle Vereinbarung treffen, gilt die sogenannte **Errungenschaftsbeteiligung.** Mit Errungenschaft wird das Vermögen bezeichnet, das Sie und Ihr Mann während der Ehejahre erwirtschaften. Die Errungenschaft ist damit klar von den Vermögenswerten getrennt, die Ihnen schon vor der Ehe gehört haben (Eigengut). Dieser Güterstand empfiehlt sich, wenn Sie weniger verdienen als Ihr Mann und Sie den grösseren Teil der Kinderbetreuung und der Hausarbeit übernehmen und Sie sonst keine Ausgleichszahlungen vereinbart haben, die Ihre so entstandene Vorsorgelücke ausgleichen. Im Fall einer Scheidung steht Ihnen güterrechtlich die Hälfte der Errungenschaft zu. Mit einem öffentlich beurkundeten Ehevertrag können Sie auch einzelne Vermögenswerte generell als Eigengut definieren, unabhängig davon, ob sie vor oder während der Ehe erworben wurden. Dies macht unter Umständen Sinn, wenn Sie bestimmte Vermögenswerte für die Ausübung eines Berufs oder den Betrieb und Erhalt des eigenen Unternehmens benötigen.

Möchten Sie dagegen die Vermögen vor und während der Ehe strikt voneinander trennen, sich also auf eine **Gütertrennung** einigen, regeln Sie dies in einem Ehevertrag, den Sie öffentlich beurkunden lassen.

Dasselbe gilt für die **Gütergemeinschaft,** die das gesamte Vermögen vor und während der Ehe zusammenbringt. In der Praxis spielt die Gütergemeinschaft kaum eine Rolle. Der gewählte Güterstand ist für die Scheidungsansprüche (siehe Seite 125) und die erbrechtliche Regelung relevant (siehe Seite 189). Die Leistungen aus der 1. und 2. Säule werden unabhängig vom gewählten Güterstand halbiert.

■ Wenn Sie vor Ihrer Ehe bereits einen Konkubinatsvertrag abgeschlossen hatten, kann es Sinn machen, ihn in einen **Ehevertrag** zu überführen. Dort regeln Sie in erster Linie den Güterstand (siehe Seite 56) respektive die Aufteilung der Vermögenswerte (sogenannter Vorschlag) im Fall einer Scheidung oder im Todesfall. Den Vertrag können Sie unmittelbar nach der Heirat oder zu einem beliebigen Zeitpunkt während der Ehe ausarbeiten lassen. Für die Ermittlung des Eigenguts leistet Ihnen die Inventarliste, die Sie während des Konkubinats erstellt haben, wertvolle Dienste. Sie können im Ehevertrag, aber auch über die güterrechtliche Regelung hinaus analog zum Konkubinatsvertrag nichtgüterrechtliche Aspekte, die Ihnen wichtig sind, festlegen. Was Sie dagegen nicht im Ehevertrag regeln können, sind Sorgerechtsthemen oder Unterhaltszahlungen, da diese gerichtlich nach dem Scheidungsrecht festgelegt werden. Den Ehevertrag von einem Notar erstellen zu lassen, ist eine gute Investition, zumal er für spätere Lebensstationen eine verlässliche Grundlage bildet.

■ Das Ehegesetz sieht zwar ein Vertretungsrecht vor, allerdings nur für die alltäglichen Dinge, wie die Zahlung der Miete oder anderer üblicher Rechnungen, und die Vertretung im Rechtsverkehr. Im Fall einer dauerhaften Urteilsunfähigkeit verlieren die Vollmachten, die Sie sich gegenseitig auf Ihren Konten erteilt haben, ihre Gültigkeit. Ein **Vorsorgeauftrag** (siehe Seite 52) ist unabdingbar, um beispielsweise Wertschriftendepots verwalten zu können oder Liegenschaften zu kaufen oder zu verkaufen. Verzichten Sie darauf, wird die Kindes- und Erwachsenenschutzbehörde eingreifen und einen kostenpflichtigen Beistand einsetzen.

> **BUCHTIPP**
> von Flüe, Karin: **Eherecht. Was wir beim Heiraten wissen müssen.** Beobachter-Edition, Zürich 2015
> www.beobachter.ch/buchshop

 INFO *Eingetragene Partnerschaften: Wenn Sie die Partnerschaft mit Ihrer Lebenspartnerin eintragen lassen, erhält*

Ihre Beziehung einen eheähnlichen Status. Bezüglich der Leistungs-
ansprüche aus den Sozialversicherungen, bezüglich der Steuern und
des Güterstands sind Sie damit grundsätzlich heterosexuellen
Paaren gleichgestellt. Allerdings nicht in allen Punkten. Sollten Sie
sterben, erhält Ihre Partnerin eine Hinterbliebenenrente nur, wenn Sie
minderjährige Kinder betreuen. In der beruflichen Vorsorge gelten
dagegen dieselben Leistungsansprüche wie beim heterosexuellen Ehe-
paar. Ein Blick in das Vorsorgereglement der jeweiligen Pensions-
kasse gibt Ihnen Aufschluss darüber, ob selbige das 2009 eingeführte
Partnerschaftsgesetz bereits umgesetzt hat. Sollte dies noch nicht
der Fall sein, empfiehlt es sich, dass Sie sich die entsprechende Begüns-
tigtenordnung von der Pensionskasse schriftlich bestätigen lassen.

Die Familiengründung stellt Ihr Budget und Ihre Vorsorge auf den Kopf

Die Familiengründung ist die Station, die Ihr Leben vermutlich am Nach-
haltigsten verändert und prägen wird. Der Alltag mit Kindern verlangt
Ihnen viel Improvisationstalent ab.

Was sich dagegen um einiges besser vorwegnehmen lässt, sind die finanziellen Konsequenzen, die sich nun ergeben. Der Familienzuwachs
geht nämlich ganz schön ins Geld. Zum einen fällt unter Umständen zumindest vorübergehend Ihr Einkommen oder das Ihres Partners aus. Zum
anderen kommen zusätzliche Kosten für das neue Familienmitglied hinzu.
Gleichzeitig bringt Sie, wenn Sie die Care-Arbeit übernehmen, Ihr kürzerer
oder längerer Ausstieg aus dem Berufsleben bezüglich Ihrer Altersvorsorge ins Hintertreffen.

FINANZ-FRAUENPOWER

Achtung, Vorsorgefalle! Unserem Vorsorgesystem liegt eine lücken-
lose männliche Erwerbsbiografie zugrunde. Familienbedingte Unterbrüche und reduzierte Arbeitspensen sind darin nicht vorgesehen und
haben im Gegenteil toxische Wirkung. Je länger Sie oder Ihr Partner

dem Erwerbsleben fernbleiben und je geringer Ihr Teilzeitpensum ist, umso grösser wird Ihr Vorsorgeloch.

Dass unser Vorsorgesystem aber gleichzeitig auf Folgegenerationen angewiesen ist und dass Sie dazu mit Ihrer Familienarbeit einen wertvollen Beitrag leisten, ist zwar gesellschaftlich anerkannt, wird aber finanziell im Vorsorgesystem nur unzureichend gewürdigt. Hier ist die Politik gefordert, das Vorsorgesystem zukunftsfit und gerechter zu machen. Bis dahin aber müssen Sie bestmöglich gemeinsam durch das bestehende System navigieren. Gemeinsam? Genau, Familie ist ein Gemeinschaftsprojekt. In dieser Phase müssen die Weichen ein weiteres Mal gestellt werden, für das, was Ihnen im Alter an Geld zur Verfügung stehen wird. Schicken Sie sich nicht einfach ins klassische Rollenbild, sondern handeln Sie die Teilung von Erwerbs-, Betreuungs- und Hausarbeit partnerschaftlich aus und definieren Sie gemeinsam den Ausgleich für den nicht bezahlten Teil der Arbeit.

Nutzen Sie die Zeit bis zur Geburt Ihres Kindes, um zunächst einmal Klarheit darüber zu gewinnen, wie Sie und Ihr Partner sich organisieren wollen. Handeln Sie miteinander aus, wer von Ihnen welche Aufgaben in der Haus- und Betreuungsarbeit übernimmt und ob Sie beide oder nur einer von Ihnen sein bisheriges Arbeitspensum in welchem Umfang reduziert. Wenn Sie die finanziellen Konsequenzen für das Haushaltsbudget und die Vorsorgesituation Ihrer jungen Familie kennen, können Sie gemeinsam Ausgleichsmassnahmen definieren, damit die Vorsorgelücken aus der Familienphase für beide von Ihnen möglichst klein bleiben. Da AHV, Pensionskasse und Säule-3a-Sparen unmittelbar vom Umfang der Erwerbsarbeit abhängen, bietet sich dafür vor allem das (Wertschriften-)Sparen in der freien Vorsorge an, z. B. mit einem Fondssparplan (siehe Seite 88). Sollten Sie den grösseren Teil zum Erwerbseinkommen beisteuern, gleichen Sie den unbezahlten Teil der Familien- und Hausarbeit, den Ihr Partner leistet, im Rahmen der freien Vorsorge aus. Oder umgekehrt. Was es dabei zu beachten gilt:

■ **Mutterschafts- und Vaterschaftsurlaub:** Seit 2005 haben erwerbstätige Mütter Anspruch auf einen bezahlten Mutterschaftsurlaub. Was bedeutet das genau? Ihr Arbeitgeber ist verpflichtet, Ihnen während

14 Wochen nach der Geburt 80 Prozent Ihres durchschnittlichen bisherigen Lohns, maximal aber einen Tagessatz von 196 Franken zu zahlen. Das maximale Taggeld basiert auf einem Monatseinkommen von 7350 Franken bei Angestellten und einem Jahreseinkommen von 88 200 Franken bei Selbständigen. Diesen Teil der Mutterschaftsentschädigung kann Ihr Arbeitgeber bei der zuständigen AHV-Ausgleichskasse geltend machen. Diese finanziert die Entschädigung aus der Erwerbsersatzordnung (EO). Gegebenenfalls gleicht Ihr Arbeitgeber den vollen Lohnausfall aus.

Der Anspruch auf Mutterschaftsentschädigung setzt einen gültigen Arbeitsvertrag voraus. Planen Sie, Ihre Erwerbstätigkeit vorübergehend aufzugeben und Ihre Stelle zu kündigen, sollten Sie dies demzufolge auf das Ende des Mutterschaftsurlaubs tun. Die volle Entschädigung erhalten Sie, wenn Sie vor der Geburt Ihres Kindes mindestens neun Monate durchgängig bei der AHV versichert waren und während der Schwangerschaft mindestens fünf Monate arbeiten konnten. Ansonsten wird Ihr Anspruch dementsprechend gekürzt. Das kann übrigens zutreffen, falls Sie in den neun Monaten vor der Geburt einen unbezahlten Urlaub hatten oder in der Zeit das Arbeitspensum reduziert haben. Die Mutterschaftsentschädigung unterliegt unabhängig von der Höhe der AHV- und der BVG-Pflicht. Während des Mutterschaftsurlaubs besteht ein Beschäftigungsverbot bzw. wenn Sie früher in den Beruf zurückkehren, erlischt Ihr Anspruch auf die Entschädigung unmittelbar.

Ab 2021 hat Ihr Partner ebenfalls Anspruch auf einen bezahlten Vaterschaftsurlaub. Bei einer Vollzeitbeschäftigung stehen ihm in den ersten sechs Monaten nach der Geburt Ihres gemeinsamen Kindes gesetzlich zehn Tage zu, die er entweder einzeln oder am Stück beziehen kann. Die Entschädigung entspricht derjenigen der Mutterschaftsentschädigung. Im Gegensatz zum Mutterschaftsurlaub ist der Bezug des Vaterschaftsurlaubs aber freiwillig. Die Finanzierung erfolgt ebenfalls über die EO. Einige grössere Arbeitgeber bieten ihren Mitarbeitenden auch einen längeren bezahlten Vaterschaftsurlaub.

■ **Weiterbeschäftigung nach Mutterschaftsurlaub und Familienpause:** Innerhalb eines Jahres nach der Geburt des ersten Kindes sind 80 Prozent der Mütter wieder berufstätig, rund zwei Drittel allerdings mit reduziertem Pensum. Die Statistik belegt, dass sich die Familienzeit mit jedem weiteren Kind über den Mutterschaftsurlaub hinaus verlän-

gert und sich das Pensum bei einem Wiedereinstieg verringert. Je geringer Ihr Arbeitspensum ist,
desto eher werden Sie gezwungen sein, den Arbeitgeber zu wechseln oder innerhalb derselben
Firma einen weniger qualifizierten Job wahrzu-
nehmen. Fallen die Reduktion des Arbeitspensums und das Ausüben eines weniger qualifizierten und dementsprechend schlechter bezahlten
Jobs zusammen, kann die damit verbundene Lohneinbusse happig ausfallen, mit dementsprechend
negativen Folgen für Ihre Vorsorge (siehe unten).

> **BUCHTIPP**
> Bräunlich Keller, Irmtraud:
> **Mutter werden – berufs-**
> **tätig bleiben. Möglich-**
> **keiten – Rechte – Lösungen.**
> Beobachter-Edition,
> Zürich 2019
> www.beobachter.ch/buchshop

Väter reduzieren übrigens zu lediglich rund 10 Prozent ihr Arbeitspensum. Und bei einer verschwindend kleinen Zahl von Paaren findet
ein Rollentausch statt. Ob das auch in Zukunft so sein soll, bestimmen
Sie mit.

- **Die neue Einkommenssituation.** Ob Sie nun vorübergehend aus
dem Berufsleben aussteigen oder Ihr Arbeitspensum reduzieren oder
ob dies Ihr Partner tut: In allen drei Fällen reduziert sich das verfüg-
bare Familieneinkommen. Nehmen Sie diesen Lohnknick unbedingt in
Ihrem Familienbudget vorweg. Verschaffen Sie sich gemeinsam frühzeitig ein Bild, was dann nicht mehr drinliegen wird, um Liquiditätsengpässe oder gar eine Überschuldung zu vermeiden. Spätestens an
diesem Punkt im Leben werden Sie froh sein, auf Ihr Erspartes zurückgreifen zu können. Und noch etwas: Wenn Sie nun für einige Zeit kein
Erwerbseinkommen haben, müssen Sie zumindest vorübergehend Ihre
ökonomische Unabhängigkeit aufgeben. Tauschen Sie sich darüber mit
Ihrem Partner aus und fragen Sie ihn, wie es ihm damit geht, auf kürzere oder längere Frist der Haupternährer der Familie zu sein, nachdem
Sie bislang mit Ihrem Einkommen einen kleineren oder grösseren finanziellen Beitrag zum Familienbudget geleistet haben, den Sie nun in
Form von geldwerter, aber eben unbezahlter Haus- und Familienarbeit
erbringen? Finden Sie gemeinsam einen für Sie und Ihre kleine Familie
gangbaren Weg und holen Sie sich bei Bedarf Entscheidungshilfe in
einer Finanzplanung oder Budgetberatung (siehe Seiten 202 und 206).

- **Ihre Vorsorgesituation hinsichtlich der 1. Säule.** Auch wenn Ihre
Mutterschaftsentschädigung AHV- und BVG-pflichtig ist: Lag Ihr Einkommen vor der Familienpause über dem durch die Mutterschaftsent-

schädigung gedeckten Erwerbsausfall und gleicht Ihr bisheriger Arbeitgeber die Differenz zum Volllohn nicht aus, geraten Sie beim Vorsorgesparen gleich mit der Geburt Ihres Kindes in Rückstand. Verlängern Sie die Familienpause und arbeiten Sie danach mit reduziertem Pensum, vergrössert sich die Lücke in den beiden Säulen zusätzlich. Da sowohl die staatliche als auch die berufliche Vorsorge eine Erwerbstätigkeit voraussetzen, können Sie nämlich während einer Familienpause weder in die 1. noch in die 2. Säule Einzahlungen leisten. Das gilt auch für Ihren Partner, wenn er eine Familienpause einlegt.

Solange der jährliche AHV-Beitrag des erwerbstätigen Partners mehr als 1006 Franken beträgt (doppelter Mindestbeitrag, Stand 2021), verhindern Sie immerhin fehlende Beitragsjahre. Gleichwohl dürfen Sie dereinst nicht mehr mit der Maximalrente rechnen, wenn Ihr durchschnittliches Jahreseinkommen unter 86 040 Franken sinkt (Stand 2021). In der späteren Rentenberechnung werden Ihnen Erziehungsgutschriften angerechnet. Sie werden hälftig zwischen Ihnen beiden geteilt. Anzumelden und zu belegen ist die Kinderbetreuung erst mit dem Erreichen des Rentenalters.

■ **Ihre Vorsorgesituation hinsichtlich der 2. Säule.** Planen Sie oder Ihr Partner eine Familienpause über den gesetzlichen Mutterschaftsurlaub hinaus und haben Sie dementsprechend Ihre Stelle gekündigt, überweist die Pensionskasse Ihr BVG-Guthaben auf ein sogenanntes Freizügigkeitskonto Ihrer Wahl. Wenn Sie später wieder eine Berufstätigkeit aufnehmen, müssen Sie das Guthaben in die Pensionskasse Ihres neuen Arbeitgebers einbringen.

Frauen wurde übrigens das Guthaben, das sich aus Ihren Beiträgen und denjenigen Ihres Arbeitgebers zusammensetzt, bis zur 1. BVG-Revision jeweils noch ausbezahlt. Vielfach wurde das Geld allerdings nicht analog zur heutigen Lösung auf einem Konto parkiert, sondern in den Bau oder Erwerb von Wohneigentum für die junge Familie gesteckt. Zum Schutz der Vorsorge der Frauen wurde dieser Praxis mit der 1. BVG-Revision ein Riegel geschoben. Seither lässt sich aber ein neues Phänomen beobachten, das Frauen erlaubt, ihr BVG-Guthaben dennoch zu beziehen und gleichwohl für den Haus- oder Wohnungskauf zu verwenden: Sie machen sich im Hinblick auf die Gründung der Familie selbständig. Vordergründig erhoffen sie sich, so Familie und Beruf besser vereinbaren zu können. Innerhalb eines Jahres nach Aufnahme der Selbständigkeit können sie ihr BVG-Guthaben beziehen (siehe Seite 97).

Selbstverständlich kann Wohneigentum auch eine Form der Altersvorsorge sein (siehe Seite 75). Allerdings müssen Sie dabei einige Dinge beachten für den Fall, dass es zu einer Scheidung kommen sollte oder Ihr Partner vor Erreichen des Rentenalters stirbt (siehe Seiten 125 und 147). Ansonsten setzen Sie das BVG-Guthaben leichtfertig aufs Spiel und haben im Alter das Nachsehen, da sich der Rückstand in aller Regel nicht mehr aufholen lässt. Generell will der Vorbezug von BVG-Guthaben – ob nun für den Aufbau der eigenen Firma oder für den Erwerb von Wohneigentum – gut überlegt und geregelt sein.

Wenn Sie oder Ihr Partner nach der Familienpause wieder in den Beruf zurückkehren, lassen sich Lücken in der beruflichen Vorsorge zwar grundsätzlich durch einen Einkauf in die Pensionskasse ausgleichen. Dabei sollten Sie aber drei Dinge beachten. Wenn Sie nach dem Wiedereinstieg Teilzeit arbeiten, sollte Ihr Jahreseinkommen mindestens die Eintrittsschwelle von 21 510 Franken erreichen (Stand 2021). Ansonsten bleiben Sie von der 2. Säule ausgeschlossen. Die mögliche Einkaufssumme wird auf Basis des dannzumal aktuellen Einkommens berechnet, das vermutlich tiefer ist als dasjenige, das Sie vor der Familienpause hatten. Damit sind die Einkaufssumme ebenso wie die laufenden Sparbeiträge geringer. Abgesehen davon gibt Ihnen die Pensionskasse meist nicht den vollen Anlageerfolg weiter, sondern nur die Mindestverzinsung.

▪ **Die Vorsorgesituation in der 3. Säule:** Die Säule 3a setzt eine Erwerbstätigkeit voraus. Wenn Sie oder Ihr Partner bei der Pensionskasse Ihres jeweiligen Arbeitgebers angeschlossen sind, also ein individuelles Jahreseinkommen von mindestens 21 510 Franken haben, können Sie jährlich bis zu 6883 Franken in die gebundene Vorsorge einzahlen (Stand 2021). Reicht Ihr Teilzeitpensum nicht für einen BVG-Anschluss aus, können Sie 20 Prozent Ihres Jahreseinkommens in die Säule 3a einzahlen. Das bedeutet allerdings, dass Sie weniger als den Maximalbetrag der Angestellten einzahlen können. Darum sollten Sie ergänzend den Aufbau einer freien Vorsorgelösung beispielsweise eines Fondssparplans ins Auge fassen (siehe Seite 38).

Unverheiratet mit Kindern: Vom Gesetz nicht vorgesehen

Die Zahl der ausserehelichen Geburten nimmt stetig zu. Dennoch basiert die Gesetzgebung nach wie vor auf der Ehe und betrachtet damit verheiratete Paare mit Kindern als Norm für die rechtliche Regelung des Familienlebens. Im Umkehrschluss bedeutet dies, dass Sie gesetzlich praktisch nicht abgesichert sind, wenn Sie als unverheiratetes Paar gemeinsame Kinder haben. Es empfiehlt sich darum, neben dem Konkubinatsvertrag (siehe Seite 50), einen Vorsorgeauftrag (siehe Seite 52), eine Patientenverfügung und einen Erbvertrag (siehe Seite 78) abzuschliessen, damit Sie die relevanten Punkte für sich klären können. Das gilt insbesondere, wenn Sie eine Patchworkfamilie bilden, also Sie oder Ihr Partner Kinder aus früheren Beziehungen haben.

Bezogen auf die gemeinsamen Kinder sind folgende Vorkehrungen zu treffen:

- **Kindsanerkennung.** Wären Sie verheiratet, würde Ihr Partner automatisch gesetzlich als Vater gelten. Leben Sie dagegen ohne Trauschein zusammen, muss er das gemeinsame Kind anerkennen, damit ein rechtliches Verhältnis zu ihm entsteht. Ansonsten hat das Kind rechtlich keinen Vater, und Sie als Mutter müssten zumindest auf dem Papier selbst für den Unterhalt des Kindes aufkommen. In der Praxis empfiehlt es sich, die wesentlichen Aspekte des Unterhalts schriftlich zu regeln als Grundlage, falls es später zum Streit um Unterhaltszahlungen kommt.

- **Sorgerecht:** Für Ehepartner gilt seit 2014 das gemeinsame Sorgerecht für ihre Kinder. Unverheiratete Väter müssen dagegen mit der Kindesanerkennung auf dem Zivilstandsamt explizit erklären, dass sie bereit sind, gemeinsam die Verantwortung für das Kind zu übernehmen, und dass sie sich über die Betreuung und den Unterhaltsbetrag verständigt haben. Für die Festlegung geben kantonale und teilweise auch kommunale Behörden Empfehlungen ab. Um langwierigen Verhandlungen mit der Kesb im Fall einer späteren Trennung vorzubeugen, empfiehlt es sich, den Betrag in einem Vertrag festzuhalten und dessen Ausgewogenheit anwaltlich prüfen zu lassen. Falls Sie darauf verzichten, den gemeinsamen Unterhalt zu vereinbaren, haben Sie rechtlich gesehen als Mutter das alleinige Sorgerecht. Die Regelung des Sorgerechts ist auch für die Zuschreibung der Erziehungsgutschriften auf Ihre AHV-Konten relevant.

- **Familienname des Kindes:** Damit Sie frei wählen können, welchen Familiennamen das gemeinsame Kind tragen soll, müssen Sie das gemeinsame Sorgerecht vor der Geburt des Kindes vereinbart haben. Ansonsten trägt es automatisch den Familiennamen der Mutter. Soll es dennoch den Familiennamen des Vaters tragen, müssen Sie Sorgerecht und Familiennamen innerhalb eines Jahres beim Zivilstandsamt melden. In beiden Fällen gilt die Namensgebung für alle weiteren Kinder.

Ja, es ist in der Tat aufwendig, selbst einen vernünftigen Rahmen zu schaffen, um die gesetzlichen Lücken zu schliessen. Darum sollten Sie es sich gut überlegen, ob Sie die Benachteiligungen der Familie ohne Trauschein auf sich nehmen und riskieren wollen, dass sich die Kesb einschaltet, falls es später einmal zu Streitereien um Sorgerecht und Geldthemen kommen sollte.

Die Familie absichern – besser individuell als im Paket

Im Hinblick auf die Geburt des ersten Kindes wachsen Verantwortung und Wunsch, Ihre Tochter oder Ihren Sohn sowie in Zukunft weitere gemeinsame Kinder gegen Krankheit und Unfall abzusichern. Für Neugeborene gilt wie für Sie selbst der Abschluss einer obligatorischen Grundversicherung nach dem Krankenversicherungsgesetz. Die Anmeldung muss bis spätestens drei Monate nach der Geburt erfolgen.

> **TIPP** *Wenn Sie für Ihren Nachwuchs ergänzend eine Zusatzversicherung abschliessen möchten, sollten Sie Ihr Kind unbedingt drei Monate vor der Geburt bei Ihrer Krankenkasse anmelden. Denn auch für die Allerkleinsten gilt: Nur wenn sie gesund sind, werden sie in eine Zusatzversicherung aufgenommen. Vorgeburtlich ist die Anmeldung noch möglich, ohne dass Sie einen Gesundheitsfragebogen ausfüllen müssen. Damit kommt Ihr Kind in den Genuss einer vorbehaltlosen Deckung. Melden Sie Ihr Kind erst nach der Geburt an und werden Geburtsgebrechen diagnostiziert, nehmen Sie ansonsten unnötige und kostspielige Vorbehalte und Ausschlüsse in Kauf. Ermitteln Sie frühzeitig, bei welchen Versicherern*

der Abschluss vor Geburt möglich ist. Zusatzversicherungen für
ambulante Heilungskosten können Sie meist ohne Probleme vor der
Geburt abschliessen. Den Abschluss von Kapitalversicherungen
oder Spitalzusatzversicherungen vor Geburt des Kindes bieten aber
längst nicht alle Versicherer an, da sie bei Eintreten eines Geburts-
gebrechens unter Umständen lebenslang die entsprechenden Behand-
lungskosten übernehmen müssen.

Die Krankenkassen umwerben die werdenden Eltern gerne mit Paketlö-
sungen für die Familie. Das klingt zunächst einmal praktisch. Bedenken
Sie aber, dass sich die ganze Bandbreite an Bedürfnissen von Ihnen und
den Kindern nicht vernünftig unter einen Hut bringen lässt. Solche Lösungen folgen eher dem Motto «Für alle ein wenig, für keinen genug». Das
kann in der Konsequenz schnell einmal ein paar Tausend Franken Zusatzkosten nach sich ziehen, wenn ein Fall eintritt, der nicht oder ungenügend
gedeckt ist, und das in einem Moment, wo die Belastung durch Krankheit
oder Unfall eh schon hoch und Ihr Familienbudget unter Umständen
knapp ist.

Darum sind Sie besser beraten, für jedes Familienmitglied separat, entsprechend dem Alter, der individuellen Situation und den spezifischen
Bedürfnissen eine eigene Krankenversicherung abzuschliessen und über
die Zeit, wo nötig, anzupassen.

ACHTUNG *Korrekturen der Zahnstellung können ins Geld ge-*
hen. Heute ist bei fast jedem zweiten Kind eine solche Korrektur
notwendig. Für die Voruntersuchung und die bis zu vier Jahre
dauernde Behandlungszeit können die Kosten schnell einmal in einen
tieferen fünfstelligen Bereich anwachsen. Deckt die Police Ihres
Kindes diese Leistungen nicht ab, kann das zu einer enormen Belas-
tung für das Familienbudget werden. Achten Sie darauf, eine Zahn-
zusatzversicherung frühzeitig abzuschliessen. Ist eine Fehlstellung der
Zähne oder des Kiefers erst einmal diagnostiziert, beispielsweise
durch den Schulzahnarzt, wird kein Versicherer Ihr Kind mehr auf-
nehmen. Oder Sie müssen mit Ausschlüssen oder Einschränkungen
rechnen. Beachten Sie auch, dass die meisten Policen eine Karenz-
frist von sechs Monaten bis zu drei Jahren vorsehen. Mit Vorteil
schliessen Sie also eine solche Versicherung bis zum dritten Geburts-

tag Ihres Kindes ab. Auch hierzu ist eine Beratung sinnvoll. So können
Sie klären, welche Maximalbeiträge gelten und ob diese pro Fall
oder pro Leistung gerechnet werden, nach welchem Tarif abgerechnet
wird – nach dem tieferen SUVA-Tarif oder nach dem wesentlich
höheren Privattarif – und welchen Selbstbehalt Sie zu tragen haben.

Familienplanung ist auch Finanzplanung

Ihr Organisationstalent ist nicht nur bei der Planung des Familienalltags gefragt, sondern ebenso bei der Finanzierung. Die Statistik besagt, dass ein Kind bis zum 20. Lebensjahr – konservativ kalkuliert – durchschnittlich 819 Franken pro Monat kostet. Ein Budget hilft Ihnen, in allen Phasen den Überblick über die anfallenden Kosten zu behalten. Wenn Sie sich mit der Erstellung schwertun, helfen praktische Ratgeber (siehe Buchtipp) oder eine Budgetberatung (siehe Seite 210) weiter.

Es beginnt mit der Investition in die Erstausstattung. Vom Kinderzimmer mit Kinderbett und Wickeltisch bis zu Babykleidern, Kinderwagen und Autositz. Da können schon mal einige Tausend Franken an Auslagen anfallen. Vieles davon wird jeweils nur für kurze Zeit benötigt oder muss dem Alter entsprechend erneuert werden. Überlegen Sie also gut, ob Sie alles neu anschaffen wollen oder ob Sie die Gegenstände gebraucht von Eltern in Ihrem Umfeld günstig übernehmen können. Hinzu kommen die laufenden Kosten für Windeln, Pflegeprodukte, Nahrungsmittel und die Prämien für die Krankenkasse. Wenn Sie in den Beruf zurückkehren, sind unter Umständen noch zusätzlich Kosten für die familienexterne Kinderbetreuung (siehe Seite 91) einzuberechnen. Die können gerade bei kleinen Kindern schnell einmal 1000 bis 2000 Franken ausmachen.

> **BUCHTIPP**
> Döbeli, Cornelia: **Familienbudget richtig planen.**
> **Die Finanzen im Überblick – in allen Familienphasen.**
> Beobachter-Edition, Zürich 2017
> **www.beobachter.ch/buchshop**

Kostenintensiv wird auch die Schulzeit. Auch wenn der Besuch der Volksschule und die Unterrichtsmaterialien von Ihrer Wohngemeinde finanziert werden, braucht Ihr Kind Schultasche, Etui, sonstiges Schulmaterial, geeignete Kleidung und Schuhe für die verschiedenen Aktivitäten. Kosten entstehen auch durch die Teilnahme an Exkursionen und Projektwochen sowie gegebenenfalls für das Verkehrsabo oder den Mittagstisch bzw. die auswärtige Verpflegung. Viele Schulen geben den Eltern eine Indikation, mit welchen Zusatzkosten sie übers Jahr rechnen müssen, um ihnen die Planung zu erleichtern. Vielleicht will Ihr Kind auch einen Sportverein besuchen oder ein Instrument erlernen. Neben all diesen kleineren Auslagen, die sich da zusammenläppern, haben aber auch in dieser Phase wieder die Kosten für die familienexterne Kinderbetreuung den weitaus grössten Anteil.

Familienzulagen

Neben den Auslagen haben Sie aber auch Anrecht auf gewisse finanzielle Unterstützung, die zumindest einen teilweisen Ausgleich schafft. Da sind zum einen die Familienzulagen. Für alle Kinder vom Geburtsmonat bis zum vollendeten 16. Lebensjahr richtet die Familienausgleichskasse eine Kinderzulage von mindestens 200 Franken pro Monat aus. Der Anspruch besteht unabhängig davon, ob Sie verheiratet sind oder im Konkubinat zusammenleben. Anzumelden ist der Anspruch in der Regel über den Arbeitgeber, der sie zusammen mit dem Monatslohn überweist. Sollten Sie die Anmeldung verpassen, können Sie dies bis fünf Jahre nach der Geburt Ihres Kindes nachholen und bekommen die Zulagen rückwirkend ausbezahlt. Bis zum 25. Lebensjahr wird die Kinderzulage durch eine Ausbildungszulage abgelöst, die mindestens 250 Franken beträgt und je nach Kanton auch höher liegen kann.

SPEZIALFALL FAMILIENZULAGEN IN DER LANDWIRTSCHAFT

Für selbständige Landwirtinnen und Landwirte sind die Familienzulagen in einem Spezialgesetz geregelt. Eingeführt wurde es 1953, also Jahrzehnte vor dem Familienzulagengesetz. Hier sind die Zulagen von der Lage des Hofs abhängig. Im Talgebiet betragen die Kinder- und die Ausbildungszulage ebenfalls mindestens 200 Franken bzw. 250 Franken pro Monat. Im Berggebiet sind sie je 20 Franken höher (Stand 2021). Ausserdem besteht Anspruch auf eine Haushaltungszulage von 100 Franken pro Monat für landwirtschaftliche Arbeitnehmende, die ein Jahreseinkommen von mindestens 7170 Franken haben. Wer während mindestens zwei Monaten ununterbrochen eine Alpwirtschaft führt und sonst einer anderen Erwerbsarbeit nachgeht, hat für diese Zeit ebenfalls Anspruch auf die erwähnten Kinder- und Ausbildungszulagen. ∎

Auch wenn beide Elternteile erwerbstätig sind, wird nur einmal pro Kind eine Familienzulage ausgerichtet. Die Zulage wird in diesem Fall an den Elternteil ausgerichtet, der im Wohnsitzkanton arbeitet. Trifft das auf Sie beide zu, wird die Zulage an denjenigen ausgerichtet, der das höhere Einkommen aus unselbständiger Erwerbsarbeit hat. Verdient Ihr Partner mehr, arbeitet aber in einem Kanton mit tieferen Zulagen als sie Ihr Wohnkanton ausrichtet, haben Sie als Zweitanspruchsberechtigte Anspruch auf den Differenzbetrag, sofern Sie erwerbstätig sind.

Steuerliche Entlastung

Pro Kind kann bei den direkten Bundessteuern derzeit ein Abzug von 6500 Franken geltend gemacht werden. Bei Verheirateten wird zudem der Elterntarif angewendet, wo vom ermittelten Steuerbetrag 251 Franken pro Kind abgezogen werden. Lassen Sie Ihre Kinder familienextern betreuen, können Sie überdies für Kinder bis zum vollendeten 14. Lebensjahr einen Teil der Betreuungskosten in Ihrer Steuererklärung abziehen. Bei der direkten Bundessteuer ist der Maximalabzug aktuell auf 10 000 Franken pro Kind und Jahr beschränkt. Je nach Alter und Anzahl an Betreuungstagen liegen aber die effektiven Betreuungskosten deutlich höher. Eine Initiative zur Erhöhung des Abzugs für Drittbetreuung auf 25 000 Franken und des Kinderabzugs auf 10 000 Franken scheiterte im Herbst 2020 an der Urne. Einige Kantone gewähren Eltern aber auch einen Abzug, wenn sie die Kinder zu Hause betreuen, so Obwalden, Zug, Luzern und Wallis. Abzüge können auch für Ausbildungen und Versicherungen der Kinder vorgenommen werden. Mit dem Onlinesteuerrechner des Bundes lässt sich eruieren, wie hoch das steuerbare Einkommen und damit die steuerliche Entlastung im Einzelfall ausfällt (siehe Seite 211).

Prämienverbilligung

Die Krankenkassenprämien sind neben der Wohnungsmiete oftmals der grösste Posten im Familienbudget, obwohl die Belastung nach den Vorstellungen des Bundesrats nicht höher als 8 Prozent des Haushaltseinkommens sein sollte. Je tiefer das Einkommen ist, desto höher ist die Prämienlast. Liegt Ihr steuerbares Einkommen unter einer bestimmten Grenze, gewährt Ihnen Ihr Wohnkanton Verbilligungsbeiträge für die obligatorische Krankenkassengrundversicherung. Mit Hilfe des Onlinerechners der Sozialversicherungsanstalt (SVA) Ihres Wohnkantons können

Sie Ihren Anspruch prüfen. Den Antrag können Sie dort ebenfalls gleich online stellen (siehe Seite 211). Erhalten Sie eine Prämienverbilligung, wird Ihnen diese aber nicht ausbezahlt, sondern direkt von Ihrer Prämienrechnung abgezogen und ist dort für Sie ersichtlich. Denken Sie dran,

- dass Sie die Prämienverbilligung jedes Jahr neu beantragen müssen.
- dass Sie Änderungen Ihrer persönlichen oder finanziellen Situation der SVA unverzüglich mitteilen, wenn Sie von Prämienverbilligungen profitieren. Eine Meldung ist erforderlich, wenn sich Ihr Haushaltseinkommen um mehr als 20 000 Franken verbessert. Das kann beispielsweise der Fall sein, wenn Sie nach der Familienpause wieder in den Beruf einsteigen (siehe Seite 86). Unterlassen Sie die Meldung, riskieren Sie, dass Sie die Differenz zwischen der verbilligten und der vollen Prämie nachzahlen müssen.
- dass meist kein Anspruch besteht, wenn Sie Liegenschaftenunterhaltskosten über dem steuerlichen Pauschalbetrag hatten, Sie Einkäufe in die 2. Säule getätigt haben, Beiträge an die Säule 3a geleistet haben. Denn diese werden für die Ermittlung des Anspruchs zum steuerbaren Einkommen hinzugezählt. Ausserdem werden jeweils 20 Prozent des steuerbaren Vermögens zum Einkommen gezählt.
- dass bei der Prämienverbilligung grosse kantonale Unterschiede bestehen.

Sparbatzen anlegen

Rechtlich gesehen endet die Unterhaltspflicht der Eltern mit dem Abschluss der Erstausbildung Ihres Kindes, spätestens mit 25. Das ist ein langer Zeithorizont und ideal, ihn auch dafür zu nutzen, für Ihre Kinder einen Sparbatzen aufzubauen. Dieser kann später für die Finanzierung der Erstausbildung genutzt werden oder als Startkapital auf dem Weg ins Leben dienen. Je früher Sie mit dem Sparen beginnen können, desto besser lässt sich das Ziel erreichen und desto kleiner können die Beiträge sein. Und vielleicht kommt ja dann über die Jahre auch noch der eine oder andere Zustupf von Grosseltern oder (Paten-)Tanten und (Paten-)Onkeln dazu. Da das klassische Jugendsparkonto heute kaum mehr einen Zinsertrag abwirft, ist eine Wertpapiersparlösung ins Auge zu fassen (siehe Seite 38).

FINANZ-FRAUENPOWER

Mit Kindern über Geld sprechen. Wenn es um den Umgang mit Geld geht, haben Sie als Eltern eine wichtige Vorbildfunktion für Ihre Kinder. Ob es ums Sparen, Geldeinteilen oder Preisevergleichen geht: Es ist sinnvoll, Kinder spielerisch anhand von Alltagssituationen an das Thema heranzuführen. Damit legen Sie den Grundstein für den späteren Umgang Ihrer Kinder mit Geld und unterstützen sie dabei, realistische Erwartungen zu entwickeln. Für das Erlernen eines bewussten Umgangs mit Geld ist es hilfreich, Kindern altersgerecht Taschengeld zu geben. So lernen sie, was es heisst, Geld unmittelbar auszugeben, auf etwas hin zu sparen, etwas gemeinsam zu kaufen oder Geld für einen guten Zweck zu schenken. Unterstützung bieten hier auch Ratgeber von Jugendorganisationen, die Budgetberatungsstelle und verschiedene Apps (siehe Seite 210).

Singles haben finanziell das Nachsehen

Über ein Drittel der Haushalte sind Einpersonenhaushalte. Diese inzwischen weit verbreitete Lebensform weicht von der scheinbaren Norm «Ehe mit oder ohne Kinder» ab, auf der immer noch viele Gesetze beruhen. Daraus ergeben sich für Singles finanzielle Benachteiligungen – bei Steuern, Krankenkasse und Vorsorge.

Die Motive und Ursachen, in einem Einpersonenhaushalt zu leben, sind vielfältig. Bei den einen ist es selbstbestimmte Lebensform aus Überzeugung. Bei anderen ist es ein vorübergehender Status zwischen zwei Paarbeziehungen. Nochmals andere leben nach einem Lebensbruch alleine – sei es nach einer Trennung oder Scheidung oder dem Verlust des Partners. Darüber hinaus entscheidet sich eine wachsende Zahl von Ehe- und Konkubinatspaaren, getrennte Haushalte zu führen.

Das Alleinleben müssen Sie sich allein verdienen

Die Zahl der Einpersonenhaushalte ist seit 1930 ständig gestiegen und liegt inzwischen bei ca. 40 Prozent. Bis in die 1960er-Jahre lebten vor allem Witwen bzw. Witwer alleine und der Anteil der älteren Personen unter den Alleinstehenden war dementsprechend hoch. Inzwischen gibt es aber viele junge Singles und mit dem Alleinleben wird Autonomie, Emanzipation und berufliche Leistung verbunden.

Unabhängig davon, ob Sie aus freien Stücken oder gezwungenermassen alleine leben: Sie müssen es sich buchstäblich leisten können, tragen Sie doch sämtliche Kosten alleine. Das beginnt beim **Wohnen.** Sie übernehmen die gesamte Miete, während sich diese in einer Paarbeziehung auf zwei Personen verteilen lässt. Hinzu kommt, dass kleinere Wohnungen im Verhältnis teurer sind als grössere. Verschiedene Gebühren sind ebenfalls unabhängig von der Haushaltsgrösse zu entrichten, wie Grundgebühren für die Abfallentsorgung oder die TV-Radio-Gebühren. Vergleichsweise teurer sind auch die Prämien für die Privathaftpflichtversicherung. Viele Vermieter sehen Einpersonenhaushalte als Risiko. Denn es ist kein zweiter Verdiener da, der einspringen könnte, wenn der Verdienst der Mieterin ausfällt. Sie sind darum nicht selten zurückhaltend bei der Vergabe von Wohnungen an Singles.

Alleinstehende haben auch bei der **Besteuerung** das Nachsehen. Während Eltern diverse Abzüge geltend machen können, bestehen für Einpersonenhaushalte kaum Abzugsmöglichkeiten. Sie zahlen bereits ab einem Einkommen von 24 225 Franken direkte Bundessteuer, verheiratete Paare ohne Kinder erst ab einem Haushaltseinkommen von 43 885 Franken. Die Hälfte aller Familien mit Kindern führt keine direkte Bundessteuer ab. Sie profitieren ein Leben lang von einem günstigeren Tarif, selbst wenn die Kinder längst ausgeflogen sind.

Das Kapitaldeckungsverfahren der **2. Säule** bedeutet, dass Sie dort im Wesentlichen Ihr eigenes Vorsorgevermögen aufbauen. So weit, so gut. Es gibt allerdings auch in diesem System Hinweise, dass ihm das klassische Familienbild zugrunde liegt. Richten Sie insbesondere ein Augenmerk darauf, welche Leistungen die Pensionskasse, der Sie angeschlossen sind, im Fall von Invalidität ausrichtet. Die Berufsunfähigkeit ist als Alleinstehende Ihr grösstes Risiko. Darum ist es für Sie wichtig, eine möglichst gute Abdeckung zu haben (siehe Seite 138).

Das Eigenheim: Der Traum und die Wirklichkeit

Die Schweiz ist ein Land der Mieter. Der Anteil an Miethaushalten von rund 60 Prozent ist der höchste in Europa. Das eigene Haus oder die eigene Wohnung ist dennoch ein weit verbreiteter Wunsch, insbesondere bei Familien. Beim Erwerb von Wohneigentum stellt sich aber vorab die Frage, ob es für Sie finanziell tragbar ist – und das für die nächsten zehn bis fünfzehn Jahre. Auch aus vorsorgetechnischer und steuerlicher Sicht sollten Sie einige Dinge im Auge behalten.

Der Hausbau oder Wohnungskauf gehört zu den wichtigsten Lebenszielen zwischen 30 und 40. Im aktuellen Tiefzinsumfeld scheint dies umso verlockender, als es eine günstige Finanzierung und günstige Wohnkosten verspricht und damit unter Umständen attraktiver ist als ein vergleichbares Mietobjekt.

Wichtig dabei ist, vorab den eigenen finanziellen Spielraum auszuloten. Natürlich können Sie dazu einen der online verfügbaren Kaufpreisrechner benutzen, wie sie viele Immobilienplattformen oder Banken zur Verfügung stellen. Dort geben Sie Ihr aktuelles Bruttoeinkommen und Ihre verfügbaren Eigenmittel ein. Und schon spuckt Ihnen das System den maximalen Kaufpreis aus, den Sie sich angeblich leisten können sollen. Das kann Sie aber ganz schön auf die falsche Fährte locken. Denn der dort angegebene Preis ist nicht mehr als eine Momentaufnahme. Der Kauf von Wohneigentum ist ein Langzeitprojekt, das weit über die Sicherung der Finanzierung und den Abschluss des Kaufvertrags hinausgeht. Für eine realistische Betrachtung sind darum umfassendere Überlegungen bezüglich geplanter und unvorhergesehener Ereignisse notwendig:

- Können Sie davon ausgehen, dass Ihr gemeinsames Haushaltseinkommen in den nächsten Jahren stabil bleibt oder sich tendenziell noch verbessern wird?
- Wie gross soll Ihre Familie werden und welchen Raumbedarf haben Sie?

- Wie sieht die finanzielle Situation aus, wenn Sie oder Ihr Partner nach der Geburt des ersten oder weiterer Kinder Ihr Arbeitspensum reduzieren? Oder wenn Sie oder Ihr Partner den Job verlieren?
- Was ist, wenn Sie oder Ihr Partner vorübergehend krankheits- oder unfallbedingt ausfallen?
- Ist absehbar, dass Sie und Ihr Partner die nächsten Jahre beruflich stationär bleiben? Oder kann es sein, dass Sie für längere Zeit im Ausland tätig sein werden?
- Wie schätzen Sie die Entwicklung der Hypothekarzinsen ein? Wie gut können Sie einen allfälligen Zinsanstieg verkraften?
- Wo wollen Sie sich niederlassen? In der Stadt, der Agglomeration oder einer ländlichen Gegend? Welchen Arbeitsweg sind Sie bereit, auf sich zu nehmen? Wie sieht die Anbindung an den öffentlichen Nahverkehr aus? Welche Infrastruktur bietet die gewählte Region?
- Was ist, wenn sich Ihre Wege trennen oder einer von Ihnen stirbt? Könnte einer von Ihnen das Wohneigentum zur Not auch alleine tragen?

BUCHTIPPS

Westermann, Reto; Meyer, Üsé:
Der Weg zum Eigenheim.
Finanzierung, Kauf, Bau und
Unterhalt. Beobachter-
Edition, Zürich 2020

Birrer, Mathias: **Stockwerk-**
eigentum. Kauf, Finanzie-
rung, Regelungen der Eigen-
tümerschaft. Beobachter-
Edition, Zürich 2016

www.beobachter.ch/buchshop

Die Ausführungen zum Erwerb von Wohneigentum beschränken sich hier bewusst auf einige ausgewählte finanzielle Aspekte. Selbstverständlich gibt es rundherum eine Vielzahl weiterer Entscheidungen zu treffen, wie Haus oder Stockwerkeigentum, Altbau mit Sanierung oder Neubau, schlüsselfertiger Kauf oder Bau nach eigenen Vorstellungen, Standortwahl, Objektsuche, Ausstattung etc. Auch aus vertraglicher Sicht gilt es etliche Aspekte zu beachten. Praktische Hilfestellung auf dem Weg zum Eigenheim leisten Ratgeber (siehe Buchtipps), Ihr Finanzierungspartner oder Finanzplaner (siehe Seite 204).

Bei der Finanzierung Ihres Wunschobjekts gibt es einige wichtige Kenngrössen, mit denen Sie sich vertraut machen sollten. Die Eigenmittel, den Hypothekarkredit, die Tragbarkeit, der steuerliche Aspekt und nicht zuletzt Ihre Vorsorgesituation.

Die Eigenmittel – Ihre Beteiligung am Kaufpreis

Angenommen, das Eigenheim, dessen Erwerb Sie ins Auge gefasst haben, kostet 800 000 Franken. Diesen Kaufpreis müssen Sie natürlich nicht auf dem Konto haben. Es sei denn, Sie hätten eine grosse Erbschaft gemacht oder im Lotto gewonnen. Aber selbst dann macht es unter Umständen keinen Sinn, die volle Summe auf einen Schlag zu zahlen, da Sie eventuell Steuervorteile vergeben würden. Üblicherweise wird das Wohneigentum anteilig aus Kapital, das Sie einbringen (Eigenkapital), und aus einem sogenannten Hypothekarkredit (Fremdkapital), den Ihnen Ihr Finanzierungspartner (z. B. eine Bank, eine Pensionskasse oder ein unabhängiger Finanzdienstleister) zur Verfügung stellt, finanziert. Konkret müssen Sie in der Lage sein, mindestens 20 Prozent des Kaufpreises aus eigenen Mitteln beizubringen. Das wären in diesem Fall 160 000 Franken. Betreffend die Finanzierung der Eigenmittel gilt Folgendes:

■ Für die Finanzierung des Eigenkapitals können Sie im Rahmen der Wohneigentumsförderung (WEF) auf das Vorsorgeguthaben zurückgreifen, das Sie in der 2. Säule angespart haben. Maximal 10 Prozent des Kaufpreises, hier 80 000 Franken, dürfen daraus stammen, und das Wohneigentum müssen Sie selbst bewohnen. Melden Sie einen allfälligen Bezug frühzeitig an, da unter Umständen Wartefristen für die Auszahlung bestehen. Für den Vorbezug verlangt die Pensionskasse überdies das schriftliche Einverständnis des jeweils anderen Ehepartners ein. Die Auszahlung ist steuerpflichtig.

Wenn Sie vom Vorbezug Gebrauch machen, sollten Sie sich allerdings bewusst sein, dass Sie damit Ihr BVG-Altersguthaben schmälern. Je geringer das bis anhin angesparte Guthaben ist, desto grösser ist die Vorsorgelücke. Sie können die Lücke zwar in den Folgejahren durch Einkäufe wieder schliessen. Die Mindestrückzahlung je Rate muss aber 10 000 Franken betragen. Je nachdem, in welchem Alter der Vorbezug erfolgt und wie sich Ihre finanzielle Situation in Zukunft entwickelt, könnte sich das als schwierig erweisen.

Aber auch unmittelbar riskieren Sie eine geringere Renten- oder Hinterbliebenenleistung, falls Sie invalid werden oder sterben sollten. Natürlich können Sie Wohneigentum auch als einen Teil Ihrer Altersvorsorge betrachten. Wenn Sie allerdings bedenken, dass im weiteren Leben noch einige unerfreuliche Dinge passieren können, haben Sie keine Garantie, dass Sie das Wohneigentum dannzumal noch dementsprechend nutzen können.

Sollten Sie das Wohneigentum vor Erreichen des Pensionsalters verkaufen, müssen Sie aus dem Erlös den Vorbezug vollumfänglich zurückzahlen.

Alternativ können Sie das entsprechende BVG-Guthaben zur Sicherstellung der Eigenmittel auch an die Bank verpfänden. Es kommt dann ein etwas höherer Hypothekarzins zur Anwendung, dafür entfallen die Steuern für den Vorbezug. Auf dem Papier bleiben so die Risikoleistungen für Alter, Invalidität und Tod erhalten. So vergrössert sich allerdings auch die Amortisationssumme.

- Mindestens die Hälfte der Eigenmittel, hier also 80 000 Franken oder mehr müssen Sie selbst beibringen können. Vorzugsweise haben Sie dies über die Jahre zielgerichtet angespart, beispielsweise auf einem steuerprivilegierten Säule-3a-Konto (siehe Seite 39). Die Auflösung des Säule-3a-Kontos ist ebenfalls steuerpflichtig.

Sollten Sie nicht über ein ausreichendes Sparguthaben verfügen, können Sie zusätzlich Ihr Wertschriftendepot belehnen lassen. Fällt allerdings der Gesamtwert unter eine bestimmte Grenze, müssen Sie aber eine Nachdeckung leisten können. Ratsamer kann es da sein, die Wertschriften zu verkaufen. Eventuell können Sie auch von einer Schenkung oder einem Erbvorbezug profitieren. Verzinsliche und/oder rückzahlbare Darlehen von Verwandten und Freunden werden dagegen von Banken nicht als Eigenmittel akzeptiert.

- Auf jeden Fall sollten Sie dokumentieren, wer von Ihnen wie viel an Eigenmitteln eingebracht hat, damit Sie dies belegen können, falls es zu einer Scheidung kommt oder einer von Ihnen beiden stirbt.

Der Hypothekarkredit – eine akzeptierte Form von Schulden

Der Hypothekarkredit ist ziemlich die einzige Form von Schulden, die eher Dienstleistung denn Last ist. Ihr Finanzierungspartner gewährt Ihnen ergänzend zu Ihren 20 Prozent Eigenmitteln einen Hypothekarkredit bis zu 80 Prozent des sogenannten Verkehrswerts Ihres Wohneigentums, in diesem Fall 640 000 Franken. Der Begriff der Hypothek kommt aus dem

Griechischen und bezeichnet das dringliche Recht an einer Immobilie zur Sicherung einer Forderung. Das bedeutet, dass Ihr Finanzierungspartner mit der Kreditgewährung das Recht auf Verwertung des Wohneigentums verknüpft und so sein Kreditrisiko absichert.

Abhängig von der Höhe der Kreditsumme werden üblicherweise zwei Hypotheken abgeschlossen. Die 1. Hypothek mit einer unbegrenzten Laufzeit deckt zwischen 65 und 70 Prozent der Belehnung ab. Die 2. Hypothek 10 bis 15 Prozent. Die Zinskonditionen sind in der Regel für beide Hypotheken dieselben. Die 2. Hypothek muss bis zu einem bestimmten Zeitpunkt zurückbezahlt werden, meist bis zum Erreichen des Pensionsalters. Für die 1. Hypothek besteht keine Amortisationspflicht.

Die Tragbarkeit – Wohnkosten stemmen

Während der Kauf des Wohneigentums eine einmalige Investition ist, fallen in den Folgejahren laufend Kosten an: die **Amortisationsraten** der 2. Hypothek, die **Hypothekarzinsen,** die aktuell aber keine grosse Belastung des Budgets darstellen. Daneben müssen Sie über die Jahre mit Kosten für Instandhaltung, Erneuerung und Nebenkosten (Versicherung, Wasser, Abwasser etc.) rechnen. Der entsprechende Finanzbedarf ist vorausschauend zu kalkulieren. Zusammengefasst werden diese Kosten als Wohnkosten bezeichnet. Ihr Finanzierungspartner führt bei der Kreditvergabe eine sogenannte Tragbarkeitsberechnung durch. Er prüft damit, ob die Wohnkosten für Sie tragbar sind und keine allzu grosse Belastung des Familienbudgets darstellen. Das trifft insbesondere auf einen möglichen Zinsanstieg zu. Als Faustregel gilt, dass die Wohnkosten maximal 35 Prozent Ihres Nettoeinkommens ausmachen sollten. Eine unzureichende Tragbarkeit kann zu einer Ablehnung Ihres Kreditantrags führen.

Die steuerlichen Aspekte – Sie versteuern eine fiktive Miete

Ihr Wohneigentum versteuern Sie einerseits als Vermögen. Zudem wird zu Ihrem Nettoeinkommen ein Eigenmietwert als fiktives, zusätzliches Einkommen hinzugerechnet. Fiktiv darum, weil Sie ja im selbst bewohnten

Wohneigentum keine Mieteinnahmen generieren. Ermittelt wird der Eigenmietwert anhand des theoretisch erzielbaren Mietwerts. Davon bestimmt die Steuerbehörde 60 bis 70 Prozent als Eigenmietwert. Umgekehrt können Sie die Hypothekarzinsen und Unterhaltsarbeiten in Abzug bringen.

Da die Zinsen aktuell sehr tief liegen, sind Sie darum gut beraten, eine weitsichtige Unterhalts-/Renovationsplanung zu machen, um der steuerlichen Mehrbelastung durch den Eigenmietwert so weit als möglich entgegenzuwirken.

Achtung: Wenn Sie als Konkubinatspaar Wohneigentum erwerben

Was für Ehepaare gilt, gilt für Konkubinatspaare noch viel mehr: Halten Sie unbedingt schriftlich fest,

- wer von Ihnen das Wohneigentum zu welchen Teilen erwirbt. Empfehlenswert ist das Miteigentum, das Sie sinnvollerweise im Verhältnis zum investierten Kapital bestimmen. Wenn Sie beide Geld aus Ihrer Pensionskasse einsetzen (Wohneigentumsförderung), ist das sogar die einzig mögliche Form, weil im Grundbuch eingetragen wird, welcher Anteil des Kapitals aus der Altersvorsorge finanziert wurde.
- wie Sie den Kauf finanzieren.
- wer sich in welchem Umfang an den Unterhaltskosten beteiligt.
- wer entsprechend den Eigentumsverhältnissen welches Stimmrecht bei Entscheidungen hat.
- wie Sie mit dem Wohneigentum bei einer Trennung verfahren wollen.

Vorzugsweise lassen Sie diesen Vertrag notariell als Erbvertrag aufsetzen und beglaubigen. Warum das essenziell ist? Als Konkubinatspartner sind Sie gegenseitig gesetzlich nicht erbberechtigt.

Sterben Sie oder Ihr Partner und haben Sie keine Regelung getroffen, gilt die Erbfolge für Ledige. Solange Sie keine Kinder haben, fällt Ihr Erbe je zur Hälfte Ihren Eltern und Geschwistern zu. Mit einem Erbvertrag reduziert sich der Pflichtteil auf 25 Prozent und kann ausschliesslich von Ihren Eltern geltend gemacht werden. Eventuell können Sie Ihre Eltern auch davon überzeugen, einen Erbverzichtsvertrag zu unterzeichnen, um nicht im ungünstigsten Moment gezwungen zu sein, das Wohneigentum zu veräussern.

Noch ungünstiger ist die Situation für Sie und Ihren Partner, wenn Sie gemeinsame Kinder haben und die Erbberechtigung nicht vertraglich regeln. Sie und Ihr Partner gehen dann ebenfalls leer aus, und Ihr Erbe geht zu 100 Prozent an Ihre Kinder über. Mit einer Regelung beträgt der Pflichtteil Ihrer Kinder 75 Prozent. Die freie Quote von 25 Prozent können Sie Ihrem Partner übertragen. Theoretisch können Sie im Erbvertrag auch einen grösseren Teil bestimmen. Allerdings können Ihre Kinder dann den Vertrag anfechten. Vorzugsweise lassen Sie Ihre Kinder einen bedingten Erbverzichtsvertrag unterzeichnen, der sie verpflichtet, auf Ihren Erbanteil erst beim Ableben des zweiten Elternteils Anspruch zu erheben. Allerdings müssen Ihre Kinder volljährig sein, um ihn unterzeichnen zu können. Darum sollten Sie dies nachholen, wenn es so weit ist.

«Budgetschwierigkeiten entstehen, wenn ein Lebensstandard gelebt wird, der an die Grenzen der eigenen Möglichkeiten stösst»

Ein Gespräch mit Andrea Schmid-Fischer, Präsidentin Dachverband Budgetberatung Schweiz und Leiterin Budgetberatung Frauenzentrale Luzern.

Wie nehmen Sie in Ihrer Beratungstätigkeit das Verhältnis von Frauen zu ihrem Geld wahr?

Frauen nehmen Nachteile in Sachen Geld bewusst oder unbewusst eher als gegeben hin, als dass sie die Nachteile zum Thema in ihrem privaten und beruflichen Umfeld machen oder auch bereit sind, sich in der Öffentlichkeit – im Sinne einer Sensibilisierung – zu exponieren. Auch Frauen halten den Umgang mit dem eigenen Geld auf eine Art und Weise für Privatsache, die nicht immer hilfreich ist.

In welcher Lebenssituation wird die Budgetberatung am häufigsten nachgefragt?

Bei erfreulichen oder unerfreulichen Veränderungen wie dem Eintritt in die Lehre oder ins Studium, beim Einzug in die erste eigene Wohnung, der Familiengründung, einem Todesfall in der Familie, einer Trennung oder Scheidung, dem neuen Leben als alleinerziehender Elternteil oder kurz vor der Pensionierung. Oder aber wenn der Umgang mit Geld beim Paar oder in der ganzen Familie immer wieder für Auseinandersetzungen sorgt oder gar die Beziehungen gefährdet.

Dann wird die Budgetberatung sozusagen zur Lebensberatung?

Ist für den Konflikt ursächlich und hauptsächlich das Thema Finanzen verantwortlich, so wird es mit dem Lösungsversuch Trennung sicher nicht besser. Im Gegen-

Guter Rat für alle Fälle

Entdecken Sie 99 weitere nützliche und spannende Ratgeber-Bücher zu den Themen Recht, Finanzen und Vorsorge, Arbeit, Haus und Wohnen, Partnerschaft, Familie, Gesundheit und Lebenshilfe sowie Alltag und Freizeit in unserem Online-Buchshop
www.beobachter.ch/buchshop
Beobachter-Ratgeber sind auch in jeder Schweizer Buchhandlung erhältlich.

Wir wünschen Ihnen eine unterhaltsame und hilfreiche Lektüre.

Ihre Beobachter-Edition

Beobachter-Edition
Postfach, 8021 Zürich
www.beobachter.ch/buchshop
buchshop@beobachter.ch
Telefon 058 269 25 03

teil, der Haushalt kommt unter noch grösseren finanziellen Druck. Dessen sollten sich Paare bewusst sein und das Problem beispielsweise in Form einer Budget-beratung lieber gleich beim Schopf packen. Es lohnt sich, frühzeitig hinzusehen, bevor die Kommunikation darüber bereits voller negativer Wertungen und mit ver-letzenden, blossstellenden Kommentaren durchsetzt ist. Gemeinsame finanzielle Probleme zu bewältigen, kann die Beziehung auch stärken und verbindend wirken.

Was raten Sie Paaren, die am Anfang ihrer Beziehung stehen?
Ich empfehle ihnen, in guten Zeiten zu regeln, was in schlechten Zeiten nicht mehr oder schwierig zu regeln ist – vor allem Konkubinatspaaren. Die Beratungs-erfahrung zeigt, dass ein nicht geregeltes Konkubinat für Frauen zur Armutsfalle werden kann. Bei allen drei möglichen Formen des Zusammenlebens – der Ehe, der eingetragenen Partnerschaft oder dem Konkubinat – hat die Aufteilung von Erwerbs-, Haus- und Betreuungsarbeit Konsequenzen in Bezug auf die beruflichen Weiterentwicklungschancen und damit einen direkten Zusammenhang mit dem Lohnniveau, was wiederum einen Einfluss auf die Sozialversicherungen, die Vor-sorge und die Rollenaufteilung hat. Denn Paare entscheiden bei der Rollen-aufteilung meistens nach wie vor mit einem kurzfristigen Konzept eines möglichst hohen Lebensstandards nicht nur, aber vor allem bei der Familiengründung zu-gunsten des höheren Einkommens, und dies haben auch heute noch die Männer. Dies hat zur Folge, dass im nicht geregelten Konkubinat die Auswirkungen zu Ungunsten des betreuenden Elternteils in Sachen laufenden Mitteln, Sozial-versicherung und Vorsorge am meisten ins Gewicht fallen.

Was sollten Eltern ihren Kindern und insbesondere den Töchtern in Sachen Budget mit auf den Weg geben?
Frau, Partnerschaft, Geld und Erziehung sind ineinandergreifende Themen, bei denen es wichtig ist, die langfristige Finanzkompetenz der Kinder im Auge zu behalten und entsprechende Lernfelder zu schaffen. Anhand von Geld kann ein Kind vieles Lernen, was im späteren Erwachsenenleben wichtig ist: Kurz-, mittel- und langfristiges Denken, Planen, Selbstsorge, Solidarität, Arbeitshaltung etc., und das alles natürlich immer in einem altersgemässen Rahmen.

Was ist der Unterschied zwischen einer Budget- und einer Schuldenberatung?
Vereinfacht gesagt: Budgetberatung findet statt, bevor Zahlungsengpässe in rol-lende Zahlungsausstände, Mahnungen, Betreibungen oder Verlustscheine münden.

Sie wirkt präventiv. Dazu ist zu sagen, dass Frauen früher Beratung in Anspruch nehmen als Männer. Vom Dachverband Budgetberatung Schweiz diplomierte Beratungspersonen sind Spezialistinnen und Spezialisten für die Frage, wie in der Not Anpassungen des Lebensstandards von 10 bis 30 Prozent gelingen können und wo die Grenzen des eigenverantwortlich Machbaren liegen. Diese Expertise kommt in Krisen in besonderem Ausmass auf den Beratungsstellen zum Tragen und steht in den bestehenden Bildungsgefässen des Dachverbands, auch mit Kursen für Privatpersonen, zur Verfügung.

In einigen Kantonen ist die Budgetberatung ein Angebot der dortigen Frauenzentrale. Sind Budgetfragen Frauensache?

Nein, Budgetthemen sind nicht Frauensache – aber die Frau war im alten Eherecht sozusagen das Mündel des Mannes. Viele Frauenzentralen haben in den 1960er-Jahren erkannt, dass es neben den Rechtsberatungs- auch Budgetberatungsstellen braucht, da das damalige Machtgefälle in den Beziehungen zum Teil zu entwürdigenden Situationen für die Frauen geführt hat. Wer über jedes neue Kleidungsstück für das Kind Rechenschaft ablegen muss oder das Haushaltsgeld in Kleinstbeträgen ausbezahlt bekommt und sich so laufend in der Rolle einer Bittstellerin wiederfindet, lebt nicht in einer Partnerschaft auf Augenhöhe. Das führt beinahe immer zu schwelenden unterschwelligen oder offenkundigen Konflikten.

Kommen die Ratsuchenden frühzeitig? Oder erst wenn das Geld nicht mehr reicht?

Wenige Personen kommen in eine Budgetberatung, wenn das Geld gar nicht mehr reicht. Aber natürlich versuchen viele, die Situation vorgelagert anders zu lösen. Wenn die Strategien greifen, ist das auch gut so. Zum Beispiel mit einer Ratenzahlungsvereinbarung. Die Erfahrung aus der Beratung zeigt jedoch, dass oft zu hohe Raten vereinbart werden – denn Frau oder Mann will das Problem so schnell wie möglich wieder loswerden. Weder Gläubiger noch Schuldner machen sich in dem Moment Gedanken, ob dann für die anderen Positionen im Budget noch genug Geld übrigbleibt. Kommt es zu zusätzlichen Zahlungsschwierigkeiten bei immer mehr Budgetpositionen, wird deutlich, dass der Bogen überzogen ist.

Wann entstehen vor allem Budgetschwierigkeiten?

Wenn ein Lebensstandard gelebt wird, der an die Grenzen der eigenen Möglichkeiten stösst. Dies ist ein lösbares Problem. Wirklich hart ist es für den unteren

Mittelstand mit Kindern in Ausbildung und noch härter für Working Poor. Wer bei 100 Prozent Arbeit – notabene oft von beiden Elternteilen – die Miete, die Gesundheitskosten und die Steuern kaum mehr bezahlen kann und sich Mitte Monat fragt, wie nun die Lebensmittel in den Kühlschrank kommen, erlebt dauerhaft eine hohe psychische Belastung.

Was sind für die Ratsuchenden die grössten Herausforderungen bei der Erstellung des Budgets?

Bei diesem Thema bewahrheitet sich das Sprichwort «Ordnung ist das halbe Leben». Damit ein Budget vollständig und realistisch erstellt werden kann, müssen die Informationen auffindbar sein. Wie ist das schon wieder? Wie viel kostet der Parkplatz? Haben wir eine Zusatzversicherung bei der Krankenkasse? Wie teuer ist Hausrat- und Privathaftpflicht? Und: Ein Budget zeigt sachlich und ungeschönt auf, was im Geldleben passiert. Es ist nicht immer ganz einfach, dem Stier in die Augen zu schauen. Aber will man den Stier bei den Hörnern packen können, geht es nicht anders.

Tun sich die Ratsuchenden schwer damit, ihre finanziellen Verhältnisse offenzulegen?

Die Offenlegung der Situation und allenfalls der Eindruck, man kümmere sich zu spät um das Problem, kann mit Scham verbunden sein. Es ist wichtig, dass Ratsuchende wissen, dass Beratungspersonen eine Schweigepflicht haben und dass die Beratungspersonen mit Sorgfalt eine lösungsorientierte Atmosphäre schaffen und würdigen, dass Frau und/oder Mann nun bereit ist, das Thema anzugehen.

Wie diszipliniert sind die Ratsuchenden bei der Umsetzung des Budgets?

Dazu gibt es keine Erhebungen. Fakt ist: Das erste Budget ist eine Art Bestandsaufnahme. Der Umsetzungstest ist der Alltag. Ich empfehle Ratsuchenden, es genau so zu betrachten und allfällige Probleme bei der Umsetzung zu beobachten. Sie geben wertvolle Hinweise, ob es Anpassungen im Budget braucht, zusätzliches Verbraucherwissen, ob andere Kontrollmechanismen eingeführt werden müssen etc. Ob Bargeld in Couverts; Excel-Tabellen; Bleistift, Gummi und Haushaltsbuch, eine Budget-App wie BudgetCH – Hauptsache ist, dass zeitnah abgebildet wird, was im Budget passiert. Das gilt auch für die Zahlmethoden. Eine Kreditkarte ist schwer überschaubar, mehrere erst recht.

In der Mitte des Lebens angekommen

Zur Lebensmitte ziehen Sie Zwischenbilanz und schmieden Pläne für die zweite Lebenshälfte. Nicht selten sind Sie aber in dieser Phase auch mit Umbrüchen und Neuorientierung konfrontiert – beruflich wie privat. Vielleicht steigen Sie nach einer Familienpause wieder ins Berufsleben ein, werden sogar Unternehmerin. Eventuell verlieren Sie Ihren Job oder stehen plötzlich ohne Partner da. Je genauer Sie über die finanziellen Auswirkungen solcher einschneidenden Ereignisse und Entscheidungen Bescheid wissen, desto besser.

Nach der Familienpause zurück ins Berufsleben

Eine wachsende Zahl von Frauen, die über den bezahlten Mutterschaftsurlaub hinaus eine Familienpause einlegt haben, kehrt ins Berufsleben zurück. Dabei gilt es stets, die Geldaspekte im Auge zu behalten – ob es um die Kosten für eine familienexterne Betreuung der Kinder, die Familienbesteuerung oder Ihre eigene Vorsorgesituation geht. Eine wesentliche Rolle spielen dabei die Familienkonstellation und das gemeinsame Haushaltseinkommen.

Noch in den 1980er-Jahren waren drei Viertel der Mütter, die in einer Paarbeziehung mit mindestens einem Kind im Vorschulalter lebten, nicht berufstätig. Heute steigt zwar immer noch jede fünfte Mutter erstmal aus dem Arbeitsleben aus. Meist nehmen diese Frauen wieder eine Erwerbstätigkeit auf, wenn das jüngste Kind eingeschult wird. Bei nur einem Kind erfolgt die Rückkehr in den Beruf durchschnittlich nach knapp fünf Jahren. Bei Müttern mit mehr als einem Kind ist dies durchschnittlich erst nach einem Berufsunterbruch von rund neun Jahren der Fall – bei Frauen mit Hochschulabschluss bereits nach knapp sieben Jahren, bei Frauen ohne höhere Ausbildung erst nach über zwölf Jahren. Vier Fünftel der Frauen planen aber von vornherein eine Weiterbeschäftigung und kehren innerhalb eines Jahres nach der Geburt ihres Kindes ins Erwerbsleben zurück.

Beruf und Familie unter einen Hut zu bringen, erfordert eine weitsichtige Planung. Zunächst gilt es, die beruflichen Möglichkeiten und Jobchancen nach einer Familienpause auszuloten – vor allem, wenn der Berufsunterbruch ein längerer war – und sich fit für den Bewerbungsprozess zu machen. Auch sind gegebenenfalls Fortbildungslücken zu schliessen, die sich durch den vorübergehenden Ausstieg aus dem Beruf ergeben haben. Unterstützung bieten hier eine ganze Reihe von Fachstellen und Bildungspartnern – von den Regionalen Arbeitsvermittlungszentren bis hin zu den Hochschulen. Parallel dazu gilt es, zusammen mit dem Partner die Kinderbetreuung und die Hausarbeit zu regeln.

FINANZ-FRAUENPOWER

Ziehen Sie in Ihren Entscheidungsprozess unbedingt die
finanzielle Seite des Wiedereinstiegs mit ein.

- Mit der Rückkehr ins Berufsleben verändert sich die **Einkommens-situation der Familie.**
- Die neue Einkommenssituation wirkt sich bei der **Steuerveran-lagung** aus.
- Unter Umständen ergeben sich zusätzlich **Berufsauslagen** (Fahrt-kosten, Verpflegung etc.).
- Ein gewichtiger Faktor sind **Kosten für eine allfällige Betreuung der Kinder ausserhalb der Familie.**
- Wichtig ist in diesem Kontext, über **Ansprüche auf Unterstützung durch die öffentliche Hand** Bescheid zu wissen.
- Und nicht vergessen: Machen Sie sich ein Bild, wie sich durch die Wiederaufnahme der Erwerbstätigkeit **die eigene und die familiäre Vorsorgesituation** ändert.

Die Tücken der Teilzeitarbeit

Wie viel Zeit Sie für den Beruf und wie viel für die Familie einsetzen, ist eine höchst persönliche Angelegenheit. Die einen möchten sich neben der Familie beruflich weiterentwickeln und finanziell unabhängiger werden. In anderen Familien ist das entsprechende Erwerbseinkommen elementar für den Unterhalt der Familie. Die einen arbeiten stundenweise in Rand-zeiten. Andere steigen mit einem halben oder einem ganzen Tag ein und erhöhen das Pensum schrittweise, je älter die Kinder werden. Und wieder andere wählen von vornherein ein Pensum von 80 bis 100 Prozent. Tat-sache ist: Gut die Hälfte der berufstätigen Mütter arbeitet weniger als 50 Prozent.

Der Wunsch oder die Notwendigkeit, Teilzeit erwerbstätig zu sein, um Familie und Beruf vereinbaren zu können, ist nachvollziehbar. Allerdings ist unser Vorsorgesystem darauf ausgelegt, dass wir 100 Prozent berufs-tätig sind – und das ohne jegliche Berufsunterbrüche mit einem konstanten, ansehnlichen Einkommen. Mit einer Teilzeitarbeit handeln Sie sich also handfeste Vorsorgelücken ein. Wer über längere Zeit weniger als 50 Prozent arbeitet, riskiert, im Alter mit dem Existenzminimum auskommen zu müssen, finanziell entweder stärker vom Partner abhängig oder gar auf Ergänzungsleistungen angewiesen zu sein.

- Bei einem Arbeitspensum unter 60 Prozent ist meist kein Anschluss in der Pensionskasse Ihres Arbeitgebers möglich, da Ihr Erwerbseinkommen in der Regel die Eintrittsschwelle in die berufliche Vorsorge nicht erreicht (AHV-Einkommen von 21 510 Franken, Stand 2021). Auch wenn Sie zu einem späteren Zeitpunkt wieder ein Erwerbseinkommen generieren, das einen Anschluss an die Pensionskasse des Arbeitgebers ermöglicht, wird die Rente aus der beruflichen Vorsorge dereinst tiefer ausfallen, als wenn Sie seit dem Eintritt ins Berufsleben konstant 100 Prozent gearbeitet hätten.

- Zwar leisten Sie AHV-Beiträge auf Ihrem Erwerbseinkommen aus dem Teilzeitpensum. Die daraus resultierende Rente reduziert sich aber, da eine volle AHV-Rente bedingt, dass Sie seit Beginn der AHV-Pflicht bis zum Erreichen des gesetzlichen Rentenalters ununterbrochen Vollzeit gearbeitet haben und ausserdem ein jährliches Durchschnittseinkommen von mindestens 86 040 Franken erzielt haben (Stand 2021).

- Informieren Sie sich, wie gross die Vorsorgelücken ausfallen, die sich durch Ihr Teilzeitpensum ergeben. Unterstützung bieten hier unabhängige Finanzplaner (siehe Seite 204).

- Prüfen Sie im Interesse Ihrer Altersvorsorge, ob Sie nicht von vornherein ein höheres Pensum annehmen könnten.

- Und wenn es das gemeinsame Haushaltseinkommen zulässt, sollten Sie unbedingt zusehen, dass Sie die Vorsorgelücken aus der AHV und der beruflichen Vorsorge durch freiwilliges Sparen im Rahmen der freien Vorsorge schliessen können, beispielsweise durch regelmässige Einzahlungen in ein steuerprivilegiertes Säule-3a-Konto oder einen Fondssparplan (siehe Seite 38).

- Sollten Sie bislang eine Prämienverbilligung für die Krankenkassengrundversicherung bekommen haben, denken Sie daran, der zuständigen Sozialversicherungsanstalt (SVA) fristgerecht die Veränderung Ihrer Einkommenssituation zu melden, falls sich Ihr Haushaltseinkommen um mehr als 20 000 Franken verbessert.

Fairer Lohn

Bei den angebotenen Teilzeitstellen fällt auf, dass das Gros Arbeitspensen von maximal 40 Prozent umfasst. Je nach Branche handelt es sich oft auch um Anstellungen im Stundenlohn, Arbeit auf Abruf, Aushilfs- und Gelegenheitsjobs. Auf den ersten Blick wirken solche Angebote attraktiv, da sie die Flexibilität zu versprechen scheinen, die sich Frauen für die Vereinbarkeit von Beruf und Familie wünschen. Gemeinsam ist solchen Angeboten aber vielfach, dass sie eher den Bedürfnissen des Arbeitgebers dienen als denjenigen der Arbeitnehmerin.

Machen Sie sich darum mit den Konditionen und Sozialleistungen des Arbeitgebers vertraut, bevor Sie einen Arbeitsvertrag unterschreiben:

- Informieren Sie sich über die Lohnpolitik des Arbeitgebers, um in Erfahrung zu bringen, wie sich Ihr zukünftiger Lohn zusammensetzt und ob er fair ist. Konsultieren Sie dazu auch öffentlich zugängliche Lohnvergleiche. Ausserdem sind Unternehmen mit mehr als 100 Mitarbeitenden seit 2020 gesetzlich verpflichtet, Analysen zur Lohngleichheit durchzuführen. Bestehen Sie auf einen fairen Lohn, auch im Hinblick auf die Altersvorsorge! Denn je niedriger Ihr Lohn, desto geringer sind Ihre Beiträge und desto schwieriger wird der Lebensunterhalt im Rentenalter.

- Vorzugsweise enthält Ihr Arbeitsvertrag ein festes Pensum und eine fixe Lohnsumme. Ist nur eine durchschnittliche Arbeitszeit auf Wochen- oder Monatsbasis vorgesehen, haben Sie keine Garantie auf Arbeit. Ihr Lohn hängt in solchen Fällen von den effektiv geleisteten Arbeitsstunden ab, und darauf haben Sie meist keinen Einfluss. Damit kann die Lohnsumme von Monat zu Monat schwanken, was wiederum die Finanzierung monatlicher Fixkosten erschwert.

- Sollte Ihr Lohn unter der Eintrittsschwelle in die berufliche Vorsorge von 21 510 Franken (Stand 2021) liegen, erkundigen Sie sich, ob ein Anschluss gleichwohl möglich wäre. Die BVG-Eintrittsschwelle und der Koordinationsabzug sind auf eine 100-Prozent-Beschäftigung ausgelegt. Einzelne Vorsorgereglemente sehen vor, dass die Eintrittsschwelle und damit der Koordinationsabzug dem Beschäftigungsgrad angepasst werden kann. Mit dieser Frage können Sie auch testen, ob der Arbeitgeber das Stellenpensum bewusst tief hält, um Sozialversicherungskosten zu sparen, oder ob er bereit ist, das Stellenpensum so weit zu erhöhen, dass ein Anschluss an seine Pensionskasse möglich ist.

- Ihr Arbeitgeber ist gesetzlich verpflichtet, Sie gegen Berufsunfälle und -krankheiten zu versichern (Bundesgesetz über die Unfallversicherung, UVG). Ausserdem muss er Sie gegen Nichtberufsunfälle versichern, allerdings nur, wenn Sie wöchentlich mehr als acht Stunden für ihn tätig sind. Sistieren Sie also die Unfalldeckung Ihrer Krankenversicherung nicht, wenn Ihr Pensum darunter liegt. Während der Arbeitgeber vollumfänglich die Versicherungsprämie für Berufsunfälle und -krankheiten übernehmen muss, kann er Ihnen die Prämie für Nichtberufsunfälle vom Lohn abziehen.

- Beachten Sie die unterschiedlichen Fristen für die Lohnfortzahlung im Krankheitsfall und bei Unfällen und informieren Sie sich über die Höhe der Lohnfortzahlung (siehe Seite 138).

JOBPORTFOLIO

Möglicherweise haben Sie nicht nur eine Teilzeitanstellung, sondern sind für mehrere Arbeitgeber tätig. Die Arbeitgeber wickeln für Sie die AHV-Beiträge ab, aber bei keinem erreichen Sie den BVG-Mindestlohn von 21 510 Franken. Sollten Sie allerdings in der Summe über die BVG-Eintrittsschwelle kommen, können Sie bei der Stiftung Auffangeinrichtung BVG freiwillig das BVG-Obligatorium versichern lassen. ∎

Achtung, Steuerprogression!

Mit dem Wiedereinstieg ins Berufsleben steigt das Haushaltseinkommen. Wenn Sie im Konkubinat leben, wird Ihr Einkommen individuell besteuert. Verheiratete Paare werden dagegen vom Bund und von den Kantonen gemeinschaftlich besteuert. Aufgrund der hierzulande geltenden progressiven Einkommenssteuertarife kann die Steuerbelastung Ihres Familienhaushalts überproportional steigen. Der Effekt verstärkt sich, wenn Ihr Teilzeiteinkommen einen Anschluss an die Pensionskasse verunmöglicht. Denn die Sozialversicherungsabzüge, die Sie von Ihrem Bruttolohn geltend machen können, sind dementsprechend geringer. Dagegen können Sie alternativ geleistete Einzahlungen in Ihr Säule-3a-Konto abziehen. Ebenso kann Ihr Ehemann Einkäufe in seine Pensionskasse steuerlich absetzen. Eine steuerliche Entlastung ergibt sich unter Umständen auch, wenn Ihr Partner sein Arbeitspensum reduziert, um sich verstärkt der Kinderbetreuung und dem Haushalt zu widmen – vorausgesetzt natürlich, der gemeinsame Haushalt lässt sich trotzdem noch finanzieren. Abzugsfähig sind in begrenztem Umfang zudem die Kosten für die familienexterne Kinderbetreuung (siehe unten).

> **❗ TIPP** *Rechnen Sie verschiedene Szenarien mit den online verfügbaren Steuerrechnern durch (siehe dazu Seite 207) oder nehmen Sie mit dem Steueramt Ihrer Wohngemeinde Kontakt auf, um sich ein Bild machen zu können, wie sich die Steuerbelastung Ihres Familienhaushalts in der jeweiligen Situation verändert.*

Die Kinderbetreuung organisieren: Unterschiedliche Möglichkeiten, unterschiedliche Kosten

Parallel zur Planung Ihres beruflichen Wiedereinstiegs werden Sie sich gemeinsam mit Ihrem Partner Gedanken machen, wie Sie zukünftig die Kinderbetreuung und die Haushaltsarbeit lösen möchten. Nicht immer werden Sie sich die Betreuung ausschliesslich mit Ihrem Partner teilen können, selbst wenn dieser sein Arbeitspensum reduziert. Auch Ihre Eltern oder Schwiegereltern können oder wollen diesen Part unter Umständen nicht übernehmen. Alternativ steht Ihnen ein ständig wachsendes Angebot an familienexternen Betreuungsmöglichkeiten zur Verfügung – von Spielgruppen über Kindertagesstätten bis hin zu Tagesfamilien. Gemeinsam ist diesen Angeboten, dass sie kostenpflichtig sind.

Die meisten der institutionellen Angebote werden durch Kantone, Gemeinden respektive Schulgemeinden oder vereinzelt auch durch Unternehmen mitfinanziert. Wendet Ihr Kanton die Subjektfinanzierung an – dies trifft beispielsweise auf die Kantone Aargau, Bern und Luzern zu –, erhalten Sie als Eltern Betreuungsgutscheine, die Sie in einer Einrichtung Ihrer Wahl einlösen können. Damit sind Sie frei zu entscheiden, ob Sie für Ihr/e Kind/er eher eine Einrichtung am Wohn- oder am Arbeitsort wählen möchten. Für die Betreuungsgutscheine stellen Sie bei den Sozialen Diensten Ihrer Wohngemeinde einen entsprechenden Antrag. Ob und in welchem Umfang Ihrem Antrag Folge geleistet wird, hängt vom steuerbaren Einkommen und der Vermögenssituation Ihres Haushalts sowie von einer allfälligen finanziellen Unterstützung Ihres Arbeitgebers ab. Die anderen Kantone kennen weiterhin die Objektfinanzierung. Das heisst, sie unterstützen direkt die jeweiligen institutionellen Einrichtungen, die bei der Festlegung der Tagessätze wiederum einkommensabhängige Tarife anwenden. Oft wird Ihnen in solchen Fällen ein subventionierter Betreuungsplatz in Ihrer Wohngemeinde zugeteilt, ungeachtet dessen, wo Ihr Arbeitsplatz oder der Ihres Partners liegt.

Fakt ist, dass die externe Kinderbetreuung in der Schweiz im Vergleich zum Ausland teuer ist. Hierzulande müssen Eltern je nach Kanton und Gemeinde bis zu einem Fünftel des Haushaltseinkommens für einen Betreuungsplatz aufwenden, in den Nachbarländern ist es halb so viel oder weniger, da die institutionelle Kinderbetreuung dort stärker durch die öffentliche Hand subventioniert wird.

Falls Sie sich für eine familienexterne Kinderbetreuung entschliessen, tun Sie gut daran, sich frühzeitig über die Angebote, deren Verfügbarkeit und die Kosten zu informieren, damit Sie das Bild über die finanziellen Auswirkungen Ihres beruflichen Wiedereinstiegs vervollständigen können.

FINANZ-FRAUENPOWER

Ausnahmezustand: Hilfe, ausgerechnet jetzt wird Ihr Kind krank! Ihr sonst schon eng getakteter Tagesplan gerät unvermittelt aus den Fugen und das meist gleich über mehrere Tage. Ausgerechnet jetzt können weder Sie noch Ihr Partner daheimbleiben. Und genau in solchen Momenten ist auch sonst niemand da, der sich um Ihr Kind kümmern könnte. Krankenkassen haben hier eine Bedarfslücke entdeckt und bieten seit geraumer Zeit für solche Notfälle Zusatzversicherungen an und organisieren die entsprechende Betreuung. Sollte das Familienbudget allerdings eh schon knapp sein, bedeuten solche Lösungen eine zusätzliche monatliche Belastung, zumal sie teilweise zusätzlich eine Spitalzusatzversicherung für das Kind bedingen. Budgetschonendere Hilfe bieten hier die Kantonalverbände vom Schweizerischen Roten Kreuz (redcross.ch → srk-dienstleistungen → Kinderbetreuung zu Hause). Sie organisieren im Notfall Betreuung zu Hause, die fallbezogen auf Stundenbasis abgerechnet wird, und das zu einem Tarif, der nach dem Haushaltseinkommen gestaffelt ist. Erkundigen Sie sich zudem, ob nicht Ihre Wohngemeinde weitere Angebote hat. Klären Sie aber auch mit Ihrem jeweiligen Arbeitgeber ab, ob die Möglichkeit besteht, im Homeoffice arbeiten zu können, wenn Ihr Kind krank ist oder sonst kurzfristig keine familienexterne Betreuung besteht.

Übrigens: Die Kosten für den Betreuungsplatz in der angestammten Einrichtung werden Ihnen in der Regel in Rechnung gestellt, auch wenn Ihr Kind krankheitsbedingt fernbleiben musste. Hier gibt es inzwischen ebenfalls findige Versicherer, die solche Kosten ersetzen. Aber auch hier gilt: Prüfen Sie, ob Sie die regelmässigen Versicherungsprämien nicht teurer zu stehen kommen als die jeweiligen Kosten für die im Notfall nicht wahrgenommene Fremdbetreuung.

Wiedereinstieg als Investition

Unter Umständen ist es tatsächlich so, dass sich Ihr Haushaltseinkommen durch die Wiederaufnahme der beruflichen Tätigkeit unter dem Strich erst einmal nicht oder nicht wesentlich verbessert, wenn Ihr Lohn gleich wieder von der Steuerprogression und den Kosten für die Kinderbetreuung aufgefressen wird. Die finanzielle Momentaufnahme mag zwar Ihre Erwartungen enttäuschen. Bevor Sie sich fragen, ob Sie nicht doch besser weiterhin daheimbleiben sollten: Betrachten Sie Ihren Wiedereinstieg unbedingt auch als Investition in Ihre Zukunft – für die Zeit, wenn Ihre Kinder aus dem Haus gehen, für den Fall, dass es zu einer Scheidung kommt (siehe Seite 125) oder Ihr Partner frühzeitig stirbt (siehe Seite 147), und natürlich im Hinblick auf die Altersvorsorge.

Ich werde Unternehmerin

Unternehmerin zu werden, ist einfach. Die wahre Herausforderung ist es, Unternehmerin zu sein. Und die Kür, als Unternehmerin erfolgreich zu sein. Neben Mut, Biss, einer cleveren Geschäftsidee, Startkapital und unternehmerischem Flair gehört dazu auch ein versierter Umgang mit Finanzen. Das A und O sind eine vernünftige Planung der Einnahmen und Ausgaben, ein marktkonformes Preisschild für die angebotenen Produkte und Leistungen, eine faire Entschädigung der eigenen Arbeit sowie ein sinnvolles Sicherheitsnetz für die unternehmerischen Risiken.

Die eigene Chefin sein. Wer von Ihnen hat sich das nicht schon mal gewünscht? Vor allem, wenn Sie gerade mal wieder unzufrieden in Ihrem aktuellen Job als Angestellte sind. Sicher, die eigene Firma ist heute schnell gegründet. Eine Kurzschlusshandlung ist aber ein schlechter Grundstein für eine erfolgreiche Selbständigkeit. Wer den Weg ins Unternehmertum einschlagen will, beginnt am besten mit einem ehrlichen Selbstbild.

Der Selbstcheck

- Jährlich gehen in der Schweiz rund 40 000 neue Firmen an den Start. In über 80 Prozent der Fälle handelt es sich um Einpersonenbetriebe. Als Solo-Unternehmerin brauchen Sie Multitalent. Denn Sie vereinen verschiedene Rollen in sich. So entwickeln und erbringen Sie die Dienstleistungen, die Sie anbieten, und stellen sicher, dass Sie über die dafür nötige Infrastruktur verfügen. Sie sind gleichzeitig Verkäuferin Ihrer Dienstleistungen. Das heisst, Sie bewerben sie mit sinnvollen Massnahmen und akquirieren die nötigen Kundenaufträge. Sie sind zudem Finanzchefin. Sie müssen den Preis Ihrer Arbeit bestimmen, gegenüber Ihren Kunden in Rechnung stellen, bei Zahlungsausständen nachfassen, die laufenden Rechnungen und sich ein angemessenes Gehalt bezahlen. Gewisse Aufgaben lassen sich zwar delegieren, aber letztlich müssen Sie diesen Rollenmix wirklich leben wollen und sich, falls nötig, fehlende Kompetenzen über das eigene Fachgebiet hinaus aneignen.

- Selbständig zu sein, heisst, auch Entscheiderin zu sein. Manchmal bleibt einem dazu nicht viel Zeit. Und erweist sich auch mal ein Entscheid als falsch, sollte einen das nicht gleich nachhaltig entmutigen.

BUCHTIPP

Winistörfer, Norbert: **Ich mache mich selbständig. Von der Geschäftsidee zur erfolgreichen Firmengründung.** Beobachter-Edition/Handelszeitung, Zürich 2020

www.beobachter.ch/buchshop

- Ein starkes Selbstbewusstsein, Auftrittskompetenz, Verhandlungsgeschick und eine hohe Frusttoleranz sind wesentliche Eigenschaften der Unternehmerpersönlichkeit in der Akquisition und im Kundenkontakt. Wer seine Dienstleistung oder sein Produkt überzeugend zu vertreten weiss, hat bessere Chancen, an Aufträge zu kommen. Im Kundenkontakt läuft nicht immer alles reibungslos. Wer sich von vornherein darauf einstellt, dass nicht jedes Akquisitionsgespräch erfolgreich ist und dass auch mal ein Kunde abspringt, kann mit den entsprechenden Erlebnissen souveräner umgehen.

- Gefragt sind zudem eine gesunde Portion Selbstmotivation und Arbeitsdisziplin. Sicher fällt einem das leichter, wenn der Beruf Berufung ist. Aber da ist niemand, der Sie antreibt, Aufträge zu akquirieren, Ihre Arbeit zu machen und pünktlich zu liefern. Und es gehören auch administrative Aufgaben dazu, die erledigt sein wollen.

- Abgesehen von marktbezogenen Risiken, denen jedes Unternehmen ausgesetzt ist, müssen Sie als Selbständige insbesondere mit finanziellen Unsicherheiten umgehen können. Während Angestellte unabhängig vom Arbeitsumfang Ende Monat den Lohn überwiesen bekommen, hängt Ihre finanzielle Situation als Solo-Unternehmerin vollumfänglich davon ab, wie erfolgreich Sie in der Akquisition von Aufträgen sind, wie pünktlich die Zahlungen Ihrer Kunden erfolgen und ob Ihre Einnahmen reichen, um die laufenden Kosten zu decken und sich einen fairen Lohn zu zahlen. Machen Sie sich auf alle Fälle darauf gefasst, dass Ihr Einkommen Schwankungen unterworfen sein kann. Wenn Sie krankheits- oder unfallbedingt ausfallen, wirkt sich dies direkt negativ auf Ihr Einkommen aus. Ihre Ferien müssen Sie sich im wahrsten Sinne des Wortes verdienen.

- Das Einkommensniveau von Selbständigen ist oftmals niedriger als zuvor in ihrer Angestelltenzeit. Das hängt vielfach mit der Preissituation in der Branche zusammen, die die Solo-Unternehmerin gewählt hat. Ausserdem gestalten sich die Einkommensmöglichkeiten dort komfortabler, wo sich Pauschalpreise verrechnen lassen und höhere Produktmargen bestehen. Dagegen ist die Rechnungsstellung auf Stundenbasis dort lukrativ, wo es sich um Beratungen in traditionell höherpreisigen Bereichen wie Recht, Medizin oder Vermögensverwaltung handelt. Es ist also ratsam, sich ein realistisches Bild von den Einkommensmöglichkeiten zu machen und nicht mit falschen Erwartungen an den Start zu gehen.

- Sie erwägen den Schritt in die Selbständigkeit, um Familie und Beruf besser vereinbaren zu können? Als Solo-Unternehmerin bestimmen Sie selbst, wann und wie viel Sie arbeiten. Gerade die Aufbauphase eines Unternehmens ist aber zeitintensiv. Sie müssen also Ihre Arbeitszeit gut einteilen können. Und nicht jeder Kunde kann oder will auf Ihre Mama-Tage Rücksicht nehmen. Bedenken Sie auch, einen Teil der Zeit für die Pflege Ihres Netzwerks, die Akquisition und administrative Aufgaben einzuplanen. Und seien Sie sich bewusst, dass Sie als Teilzeitunternehmerin kein Vollzeiteinkommen erwirtschaften können.

Wichtig ist, sich selbst richtig einzuschätzen, vorausschauend zu planen und sich adäquat zu rüsten. Und natürlich gehört auch eine ordentliche Portion Glück dazu, wenn Sie zu den 50 Prozent der Unternehmen gehören, die fünf Jahre nach der Gründung noch bestehen. Wer reüssiert, darf auf das Erreichte zu Recht stolz sein und zieht daraus die Energie für die nächste Etappe.

An dieser Stelle liesse sich vieles über die Entwicklung passender Geschäftsideen, mögliche Rechtsformen der eigenen Firma, die Analyse von Markt und Kundenpotenzial sowie die Entwicklung eines entsprechenden Businessplans sagen. Hierzu gibt es aber nützliche Ratgeber (siehe dazu Buchtipp) und Beratungsstellen für Jungunternehmerinnen (siehe Seite 211). Die nachfolgenden Ausführungen konzentrieren sich darum auf ausgewählte finanzielle Aspekte, die für die Solo-Unternehmerin relevant sind.

Das Kapital für den Start in die Selbständigkeit

Wenn Sie mit Ihrer eigenen Firma loslegen wollen, brauchen Sie Startkapital. Der Umfang hängt in erster Linie von der Branche ab, in der Sie tätig sein wollen, und von Ihrem Geschäftsmodell. Wenn Sie Produkte herstellen oder ein Ladengeschäft betreiben wollen, haben Sie einen höheren Kapitalbedarf, als wenn Sie eine beratende Tätigkeit, beispielsweise in Kommunikations- oder Coaching-Berufen, wahrnehmen wollen. Sich ein genaues Bild der notwendigen Investitionen und laufenden Kosten zu machen, ist unabdingbar.

DAS FREIZÜGIGKEITSGUTHABEN IST SELTEN EIN IDEALES STARTKAPITAL

Die aktuelle Gesetzgebung sieht vor, dass selbständige Erwerbstätige ihr BVG-Guthaben vorzeitig in Kapitalform beziehen können, wenn sie eine selbständige Erwerbstätigkeit im Haupterwerb aufnehmen. Das tönt erstmal verlockend. Allerdings will ein solcher Schritt wohlüberlegt sein.

Denn die berufliche Vorsorge soll Ihnen zusammen mit der AHV und der finanziellen Selbstvorsorge ein angemessenes Auskommen im Rentenalter ermöglichen. Wer sie sich auszahlen lässt, um damit das eigene Unternehmen zu finanzieren, setzt also eben dieses Vorsorgeziel aufs Spiel. Die Möglichkeit des vorzeitigen Kapitalbezugs sollten Sie nur in Betracht ziehen, wenn Sie eine realistische Chance sehen, das entsprechende Kapital in den Folgejahren durch Ihren unternehmerischen Erfolg zu kompensieren. Je weniger Berufsjahre Ihnen nach der Firmengründung bleiben, desto anspruchsvoller ist diese Aufgabe, zumal die Einkommenssituation zumindest in den ersten Jahren der Selbständigkeit selten dieselbe ist wie zuvor als Angestellte. Stark gefährdet ist Ihr Vorsorgeziel, sollten Sie über längere Zeit mit einem reduzierten Pensum tätig sein oder mit Ihrer Firma Schiffbruch erleiden.

Teilbezüge des Freizügigkeitsguthabens sind nicht möglich. Wenn Sie sich für den Vorbezug entscheiden, ist es aber ratsam, nur den absolut notwendigen Teil als Startkapital für die Firma einzusetzen und den Rest im Rahmen der freien Vorsorge stehen zu lassen und weiter auszubauen. Der Antrag auf Vorbezug des Freizügigkeitsguthabens ist innerhalb eines Jahres nach Aufnahme Ihrer Selbständigkeit bei dem Anbieter zu stellen, wo Sie Ihr Freizügigkeitskapital parkiert haben. Dazu ist die Bestätigung der Sozialversicherungsanstalt Ihres Sitzkantons notwendig, die Ihre selbständige Erwerbstätigkeit im Haupterwerb belegt. Sind Sie verheiratet, benötigen Sie überdies das schriftliche Einverständnis Ihres Ehemanns. ■

Einen wesentlichen Einfluss hat auch die gewählte Rechtsform. Während für die Gründung der Einzelfirma kein Eigenkapital aufzubringen ist, ist für die Gründung einer GmbH oder AG ein Eigenkapitalnachweis von mindestens 20 000 bzw. 100 000 Franken notwendig.

Unabhängig davon gilt es zu berücksichtigen, dass Sie nicht vom Tag null an mit Einnahmen rechnen können respektive die Ausgaben in der Startphase mit grosser Sicherheit die Einnahmen übersteigen werden.

Je ganzheitlicher Ihre Planung ist, desto besser können Sie beurteilen, wie hoch Ihr Kapitalbedarf zu Beginn ist. Und je früher Sie diesen kennen, desto länger haben Sie Zeit, sich vorbereitend ein entsprechendes finanzielles Polster anzulegen. Als Solo-Unternehmerin tun Sie das am besten aus eigenen Mitteln. Vielleicht haben Sie auch Familie oder Freunde, die Ihnen für den Start Geld leihen können. Aber mit Schulden an den Start zu gehen, ist nicht jederfraus Sache.

Chefin der eigenen Vorsorge

Was alles hinter dem Thema Vorsorge steckt, wird Ihnen so richtig bewusst, wenn Sie als Firmengründerin selbst die Verantwortung für die Leistungen an die Sozialversicherungen übernehmen müssen. Solange Sie angestellt sind, fliessen monatlich von Ihrem Lohn Beiträge an die AHV sowie an die Pensionskasse, der Ihr jeweiliger Arbeitgeber angeschlossen ist. Der Arbeitgeber zahlt für Sie mindestens im selben Umfang Beiträge zugunsten Ihrer Vorsorge in der 1. und 2. Säule ein. Er kümmert sich auch um die Berechnung der Beiträge und die Zahlungsabwicklung. Als Selbständige müssen Sie die Vorsorge dagegen vollumfänglich in die eigene Hand nehmen. Zukünftig haben Sie die gesamten Beiträge selbst zu tragen. Damit ist eine ganze Reihe von Fragestellungen und Herausforderungen verbunden, wie das nachfolgende Beispiel zeigt.

Weitsicht ist angesagt

Manuela war bis anhin Übersetzerin im Sprachendienst eines Grossunternehmens. Mit 40 wagt sie den Schritt in die Selbständigkeit. Zukünftig wird sie ihre Übersetzungsdienste Firmen und Übersetzungsagenturen auf eigene Rechnung anbieten. Damit wird sie auch Chefin ihrer eigenen Vorsorge. Was Manuela dabei beachten sollte:

- **Die AHV-Pflicht:** Als Selbständige im Haupterwerb ist Manuela verpflichtet, sich bei der für sie zuständigen Ausgleichskasse anzumelden. Da ihr Berufsverband über keine eigene Ausgleichskasse verfügt, ist das in ihrem Fall die Ausgleichskasse ihres Sitzkantons. Für Manuela ist wichtig zu wissen, dass die Meldepflicht ab dem ersten Franken besteht. Bei der Anmeldung muss sie auch eine Schätzung abgeben, wie hoch ihr Geschäftseinkommen im ersten und zweiten Kalenderjahr sein wird. Gut, hat sie mit der «Gotte», die ihr der Berufsverband vermittelt hat, einen Businessplan erstellt. Anhand der Honorarempfehlungen ihres Berufsverbands und der Erfahrungen ihrer Berufskollegin hat sie die möglichen Einnahmen und die laufenden Kosten kalkuliert und kann diese Angabe darum problemlos machen. Sie rechnet für die ersten beiden Kalenderjahre mit einem Einkommen von 50 000 bzw. 55 000 Franken.

  Auf Basis ihrer Schätzung berechnet die Ausgleichskasse, welche Akontobeiträge Manuela zukünftig quartalsweise zu zahlen hat. Für Einkommen zwischen 9600 und 57 400 Franken gelten reduzierte Beitragssätze, wie sie dem AHV/IV-Merkblatt entnimmt (siehe Seite 212). Sobald ihr Einkommen über 57 400 Franken steigt, wird der Beitragssatz einheitlich 10 Prozent ausmachen. Er setzt sich aus einem Beitrag von 8,1 Prozent für die Alters- und Hinterbliebenenvorsorge (AHV), 1,4 Prozent für die Invalidenversicherung (IV) und 0,5 Prozent für die Erwerbsersatzordnung aus. Zum Vergleich: Als Angestellte betrug ihr Anteil an der AHV/IV/EO 5,3 Prozent.

50 000 Franken projektiertes Einkommen im 1. Kalenderjahr → 4104.50 Franken Jahresbeitrag AHV (gerechnet mit reduziertem Beitragssatz von 8,209 Prozent).

Sobald Manuela das erste volle Kalenderjahr abgeschlossen hat, meldet sie ihr effektives Jahreseinkommen der Ausgleichskasse, die ihr dann die Differenz zu den von ihr geleisteten Akontozahlungen mitteilt. Fällt ihr Jahreseinkommen höher aus als erwartet, muss sie die Differenz nachzahlen. Fällt es tiefer aus, vergütet ihr die Ausgleichskasse die Differenz.

- **Ohne Auffangnetz bei Arbeitslosigkeit:** Im Gegensatz zu ihrer Angestelltenzeit ist Manuela als Selbständige nicht gegen Arbeitslosigkeit versichert, entsprechende Beiträge an die Arbeitslosenversicherung (ALV) entfallen. Manuela ist sich bewusst, dass sie damit das volle wirtschaftliche Risiko trägt, falls sich ihre Firma nicht wie gewünscht entwickelt und Kundenaufträge ausbleiben sollten.

■ **Die Krux mit der beruflichen Vorsorge:** Das Gesetz über die berufliche Vorsorge (BVG) ist auf Angestellte ausgerichtet. Selbständige unterstehen daher nicht dem BVG-Obligatorium. Wer sich freiwillig anschliessen möchte, erlebt nicht selten eine Odyssee. So auch Manuela. Eine Kollegin, die selbständige Innendekorateurin ist, hat ihr erzählt, dass sie sich bei der Vorsorgeeinrichtung ihres Berufsverbands anschliessen konnte. Manuelas Berufsverband bietet allerdings keine entsprechende Lösung. Als nächstes klopft sie darum bei einer unabhängigen Sammelstiftung an. Die darf aber gesetzlich keine Selbständigen aufnehmen. Ihre Treuhänderin gibt ihr schliesslich den Tipp, dass die Stiftung Auffangeinrichtung BVG Selbständigen für den freiwilligen Anschluss einen Vorsorgeplan anbietet.

Im Vorsorgeplan für Selbständige der Stiftung Auffangeinrichtung BVG kann Manuela ihr Einkommen im Rahmen des BVG-Obligatoriums versichern, also das Einkommen zwischen 21 510 und 86 040 Franken (Stand 2021). Der altersspezifische Beitragssatz beträgt 16 Prozent des koordinierten Lohns. 10 Prozent dienen dem Aufbau ihres Altersguthabens, 6 Prozent sind Prämien für die Absicherung des Invaliditäts- und des Todesfallrisikos. Hinzu kommt ein Verwaltungskostenbeitrag (gerechnet mit dem Onlinerechner der Stiftung Auffangeinrichtung BVG):

50 000 Franken projektiertes AHV-Einkommen im 1. Kalenderjahr
– 25 095 Franken Koordinationsabzug*

= 24 905 Franken Koordinierter Lohn

4358 Franken jährlicher BVG-Beitrag, 16 Prozent, ohne Unfall (inkl. Verwaltungskosten)
4433 Franken jährlicher BVG-Beitrag, 16 Prozent, mit Unfall (inkl. Verwaltungskosten)

* entspricht dem Einkommensanteil, der bereits in der AHV abgesichert ist (Stand 2021)

■ **Die grosse Säule 3a ist gar nicht so gross:** Als Manuela auf der Suche nach einem BVG-Anschluss war, hatte sie ihre Hausbank darauf hingewiesen, dass sie stattdessen in eine grosse Säule 3a einzahlen könne, als Selbständige jährlich bis zu 34 416 Franken respektive 20 Prozent des AHV-Einkommens (Stand 2021). Das tönt tatsächlich gross. Eine solche Einzahlung entspricht allerdings einem Jahreseinkommen von 172 080 Franken, was lediglich arrivierte Dolmetscher erreichen. Bezogen auf Manuelas Einkommensprojektion relativiert sich der Begriff «gross» dann etwas. In den beiden ersten Kalenderjahren könnte sie bis zu 10 000 Franken einzahlen. Manuela behagt allerdings nicht recht, dass die Auszahlung der Säule 3a dereinst ausschliesslich in Kapitalform möglich ist. Eine monatliche Rente, wie sie aus der 1. und 2. Säule generiert wird, entspricht da mehr ihren Vorstellungen. Ausserdem hat die grosse Säule 3a einen grossen Nachteil: Manuela spart so zwar für ihr Alter. Sollte sie aber krankheits- oder unfallbedingt erwerbsunfähig werden, ist sie nicht abgesichert. Wenn sie sich der 2. Säule unterstellt, erhält sie im Ernstfall eine IV-Rente aus der 1. und der 2. Säule (siehe Seite 138) und kann trotzdem noch bis zu 6883 Franken in die Säule 3a einzahlen (Stand 2021), wie sie das schon bis anhin getan hat.

■ **Risiko Arbeitsunfähigkeit/Erwerbsunfähigkeit:** Selbständige sind sich meist sehr bewusst, dass ihr Einkommen unmittelbar von ihrer Arbeitsleistung abhängt. Dies ist vermutlich auch der Grund, dass sie vergleichsweise wenig Krankheitstage aufweisen. Trotz allem sollte sich Manuela ein Bild darüber machen, was es für sie heisst, wenn sie doch einmal eine Krankheit oder ein Unfall längere Zeit aus der Bahn werfen sollte. Als Selbständige ist Manuela nicht obligatorisch gegen Unfall versichert. Sie lässt darum als Erstes das Unfallrisiko in ihrer Krankenversicherung einschliessen. Im Fall der Fälle sind so zumindest die Arzt- und Pflegekosten gedeckt. Anders sieht es aus, wenn sie krankheits- oder unfallbedingt vorübergehend nicht mehr arbeiten kann und ihre Einnahmen wegbrechen. Unter Umständen kann sie den Erwerbsausfall mit ihren eisernen finanziellen Reserven überbrücken. Falls nicht, sollte sie den Abschluss einer Taggeldversicherung prüfen. Angeboten werden solche Lösungen von verschiedenen Versicherern. Vorzugsweise hält Manuela aber Ausschau, ob sie sich bei einem Verbands-Kollektivangebot anschliessen kann, da dies meist günstiger ist.

Wie hoch das Taggeld ausfallen soll, kann sie grundsätzlich selbst anhand ihrer Bedürfnisse bestimmen, ebenso, ob die Zahlungen unmittelbar oder erst nach einer bestimmten Frist einsetzen sollen. Je älter sie allerdings beim Abschluss einer solchen Versicherung ist, desto eher droht ihr eine Ablehnung durch den Versicherer. Bei ihrer Finanzplanung sollte Manuela berücksichtigen, dass die Prämien je nach Höhe des Taggelds und der gewünschten Wartefrist eine zusätzliche Belastung für das Budget darstellen. Es gilt also das persönliche und unternehmerische Risiko abzuwägen. Und wenn sich Manuela mit den Folgen eines vorübergehenden Ausfalls durch Krankheit und Unfall beschäftigt, sollte sie auch gleich noch anschauen, was eine dauerhafte Einschränkung der Erwerbsfähigkeit für sie bedeuten würde.

- **Faustregel Vorsorge:** Nicht jede will sich selbst einen Überblick über den Vorsorgedschungel und die ganzen Bestimmungen und Ausnahmen verschaffen. Treuhänder, Versicherungsbroker, Hausbank oder unabhängige Finanzplanerin können Manuela Orientierungshilfe geben. Will sie in allen drei Säulen vorsorgen, sollte sie konservativ gerechnet 20 bis 30 Prozent ihres Einkommens für ihre Vorsorge vorsehen. Wenn sie mit einem entsprechenden Finanzpolster an den Start geht, kann sie auch bewusst die Vorsorge in den ersten zwei, drei Jahren auf das obligatorische Minimum, also die AHV und die Krankenkasse, reduzieren und vorübergehend bewusst mit einer Vorsorgelücke leben. Wichtig ist aber, diese zu einem späteren Zeitpunkt zu schliessen, wenn es die finanzielle Situation zulässt.

Ohne ausreichende Liquidität ist alles nix

Eine ausreichende Liquidität ist das A und O der Selbständigen, gleichzeitig aber auch immer wieder ein anspruchsvoller Balanceakt. Meist unregelmässigen Einnahmen stehen oftmals fixe laufende Kosten wie Miete, Material- und sonstige Betriebskosten sowie Versicherungsprämien gegenüber. Bis die eigene Firma nach der Gründung einigermassen sicher steht, können gut und gerne zwei bis drei Jahre vergehen.

Wer nicht ständig die Geldfaust im Nacken spüren möchte, tut gut daran, mit einem genügend grossen Finanzpolster an den Start zu gehen.

Auch im etablierten Betrieb ist es ratsam, eine eiserne Reserve für schlechtere Zeiten zu haben oder aufzubauen. Wie gross die sein soll, hängt von den persönlichen Bedürfnissen ab.

Ein Thema, das das Potenzial hat, Firmen in die Insolvenz zu treiben, ist die Zahlungsmoral der Kunden. Es empfiehlt sich, die Zahlungskonditionen von Beginn weg klar zu kommunizieren und sie nach erbrachter Leistung auch konsequent durchzusetzen. Dazu müssen Sie nicht gleich mit der juristischen Keule, sprich einer Betreibung, drohen. Freundliche, bestimmte Worte – am besten persönlich – sind meist ebenso wirksam. Schliesslich möchten Sie ja die Zusammenarbeit mit dem Kunden fortführen. Bei längerfristigen Projekten von grösserem Umfang macht es Sinn, eine Anzahlung und/oder Teilzahlungen zu vereinbaren.

Und sollte es dann trotzdem mal eng werden, lohnt es sich, mit den grösseren Zahlungsempfängern Kontakt aufzunehmen, um einen Zahlungsaufschub zu vereinbaren und den Liquiditätsengpass zu entschärfen.

Das gute Leben

Egal, ob Ihr beruflicher Erfolg Jahr für Jahr finanzielle Früchte trägt oder Sie eine Erbschaft machen. Sie verfügen über Geld, das Sie nicht unmittelbar brauchen, um Ihren Alltag, Steuern, Anschaffungen oder Ferien zu finanzieren. Kurzum, es hat sich ein kleineres oder grösseres Vermögen angesammelt. Doch was sollen Sie nun damit tun? Vielleicht stellen Sie an sich eine gewisse Zurückhaltung fest, weil Sie sich in Vermögensfragen nicht auskennen oder sie als zu komplex empfinden. Zeit also für ein neues Kapitel in Ihrer Geldbiografie.

Eines gleich vorweg: Geld einfach auf dem Konto ruhen zu lassen, ist bis auf Weiteres ein Verlustgeschäft. Wer meint, dass es auf dem Konto am besten aufgehoben ist, erliegt einem weit verbreiteten Irrglauben. Beim Zinssatz der Sparkonti steht inzwischen vor und hinter dem Komma eine Null. Gleichzeitig fallen Gebühren für die Kontoführung an und schmälern das Vermögen stetig. Hinzu kommt, dass die Teuerung in der Schweiz zwar tief, aber dennoch höher ist als der Zinssatz des Sparkontos. So verliert Ihr Vermögen zusätzlich an Kaufkraft. Mit dem Franken, den Sie auf Ihr Sparkonto einbezahlen, können Sie dereinst weniger kaufen, wenn Sie ihn vom Konto abheben.

Die Antwort darauf ist, längerfristig auf Wertschriftenanlagen zu setzen. Wo das für Sie schon lange getan wird, ist bei der AHV und insbesondere bei Ihrer Pensionskasse, wo das Altersguthaben für Sie persönlich aufgebaut wird. Beide Sozialwerke investieren die Einzahlungen der Versicherten seit vielen Jahren in Wertschriften. So wächst dort Ihr Altersguthaben auf Dauer nicht nur durch die monatlichen Einzahlungen, sondern auch durch die Kapitalerträge, die sich mit den Wertschriftenanlagen erzielen lassen. Der Unterschied zu den Zinserträgen eines Sparkontos ist frappant.

FINANZ-FRAUENPOWER

Wertschriftensparen schlägt Kontosparen: Angenommen, Sie verfügen über ein Guthaben von 50 000 Franken auf Ihrem Sparkonto. Bei einem Zinssatz von 0,03 Prozent, wie er gerade bei etlichen Banken gilt, würde der Zinsertrag nach zehn Jahren gerade einmal 150 Franken ausmachen. Anders würde es aussehen, wenn Sie denselben Betrag in Aktien angelegt hätten. Hier dürfen Sie auf lange Frist vorsichtig gerechnet mit einem durchschnittlichen Kapitalzuwachs von jährlich 5 Prozent rechnen. Im selben Zeitraum würde Ihr Vermögen damit um 31 334 Franken wachsen.

In beiden Fällen spielt der sogenannte Zinseszinseffekt eine entscheidende Rolle. Am obigen Beispiel der Aktieninvestition aufgezeigt bedeutet das, dass Sie mit Ihrem Vermögen im ersten Jahr einen Ertrag von 2500 Franken erwirtschaften. Wenn Sie nun diese 2500 Franken zu den 50 000 Franken hinzufügen, berechnet sich der Ertrag im zweiten Jahr bereits auf einem Vermögen von 52 500 Franken, womit es um 2625 Franken auf 55 125 Franken wächst. So ergibt sich nach den zehn Jahren ein Vermögen von 81 444 Franken.

Und der Zinseszinseffekt verstärkt sich noch, wenn Sie nun das ursprüngliche Vermögen im Laufe der Jahre um weitere Einzahlungen erhöhen. Ebenso, wenn Ihr Anlagehorizont über zehn Jahre hinausgeht. So geht Vermögenswachstum!

NOMINALE WERTENTWICKLUNG VON AKTIEN UND OBLIGATIONEN SOWIE DES KONSUMENTENPREISINDEX VON 1926–2020 (BASIS = 100)

Auf die kurze Sicht kann es an den Aktienmärkten zu heftigen Kursausschlägen kommen. Auf die lange Sicht wirken diese aber schon weniger bedrohlich. Die Grafik zeigt, wie sich die Schweizer Aktien und Obligationen im Vergleich zur Teuerung seit 1926 entwickelt haben.

Quelle: Pictet

Jetzt mögen Sie einwenden, dass bei der AHV und Ihrer Pensionskasse Anlageprofis am Werk sind. Dem ist so. Aber keine Angst: Um den Schritt von der klassischen Sparerin zur Anlegerin zu machen, brauchen Sie nicht gleich Anlageexpertin zu werden. Das können Sie weiterhin den Profis überlassen.

Die Finanzwelt mit ihren immer komplizierteren Anlageinstrumenten, beschrieben in einem nicht eben kundenfreundlichen Fachchinesisch, lädt nicht gerade dazu ein, sich mit Begeisterung auf eine Entdeckungsreise in diese Welt zu begeben, sondern wirkt eher umständlich und abschreckend.

Betrachten Sie das Ganze darum einfach mal von einer ganz anderen Seite. Aus einer Perspektive, die Ihnen aus Ihrem Alltag wesentlich vertrauter sein dürfte.

Der andere Blick auf das Thema Anlegen

Im Alltag kaufen Sie Lebensmittel und sonstige Dinge des täglichen Bedarfs ein. Sie gehen Kleider und Schuhe shoppen, buchen Ferien, besitzen ein Auto oder fahren Zug. Hinter all diesen Marken, die Sie kennen und schätzen, stehen Unternehmen. Einige dieser Unternehmen werden Ihnen mit Sicherheit wiederbegegnen, wenn Sie durch die Wirtschaftsrubrik der Tageszeitungen surfen. Vielleicht treffen Sie dort auch auf die Firma, in der Sie arbeiten, oder auf Unternehmen, mit denen Sie beruflich zu tun haben.

Und was heisst das durch die Anlegerinnenbrille betrachtet? Für die Entwicklung und Herstellung all dieser Produkte oder die Entwicklung und das Angebot der Dienstleistungen brauchen die Firmen Geld. Die Kosten für den Kauf von Material, neuen Maschinen, den Bau neuer Produktions- und Lagerhallen oder die Erschliessung neuer Märkte können sie unter Umständen nicht vollumfänglich aus den Einnahmen finanzieren, die sie mit dem Verkauf ihrer Produkte und Dienstleistungen erzielen. Sie brauchen für diese Investitionen Kapital.

Um sich dieses zu beschaffen, stehen den Unternehmen im Wesentlichen zwei Möglichkeiten offen. Sie können sich verschulden, indem sie einen kurzfristigen Bankkredit oder ein langfristiges Darlehen aufnehmen. Entscheiden sie sich für ein Darlehen, können sie dafür eine Obligation an der Börse herausgeben und dort Anlegerinnen und Anleger dafür gewinnen, die in die Obligation investieren und so zu Obligationärinnen und Obligationären werden. Im Fachbegriff Obligation steckt der lateinische Ausdruck «obligo», was so viel wie Verpflichtung bedeutet. Der Herausgeber einer Obligation (in der Fachsprache Emittent genannt) verpflichtet sich, den Obligationärinnen und Obligationären für das geliehene Geld jährlich einen Zins zu bezahlen und ihnen am Ende einer bestimmten Frist das entsprechende Kapital zurückzuzahlen.

Die Firmen können sich das Geld auch durch die Ausgabe von Aktien beschaffen. Diesen Weg haben viele der Ihnen als Konsumentin bekannten Firmen gewählt. Sie gehen mit ihren Aktien an die Börse. Wenn Sie

Ihre Bank damit beauftragen, beispielsweise Aktien von Nestlé zu kaufen, Ihre Pensionskasse oder der Schweizer Aktienfonds in Ihrer Säule-3a-Lösung in Nestlé investiert ist, besitzen Sie damit direkt oder indirekt einen kleinen Teil des Unternehmens. Sie beteiligen sich an dessen Eigenkapital und werden so zur Mitbesitzerin. Verkauft Nestlé seine Produkte erfolgreich und erwirtschaftet solide Gewinne, äussert sich das in steigenden Kursen der Aktien an der Börse. An seinem Erfolg beteiligt Sie der Nahrungsmittelkonzern als Aktionärin in Form einer jährlichen Dividendenzahlung. Über diese Verteilung des finanziellen Erfolgs und weitere Geschäfte können Sie als Aktionärin an der alljährlichen Generalversammlung mitbestimmen. Von der Dividende profitieren Sie als Anlegerin, betätigen sich aber in Ihrer Rolle als Aktionärin auch in gewissem Rahmen als Wirtschaftsfördererin. Und wenn Sie die Nestlé-Aktien verkaufen, bekommen Sie im positiven Fall mehr dafür, als Sie beim Kauf dafür bezahlt haben, und erzielen so einen Gewinn auf dem eingesetzten Kapital.

VON DER KONSUMENTIN ZUR ANLEGERIN

Nestlé generiert durch den Verkauf von Nespresso-Kapseln Einnahmen.

Als Konsumentin kaufe ich Nespresso-Kapseln.

Konsum

Nestlé beschafft sich Kapital durch die Ausgabe von Aktien (Eigenkapital) oder von Obligationen (Fremdkapital), um ihre Produktion zu finanzieren.

Als Anlegerin
- kaufe ich an der Börse Nestlé-Aktien und erhalte dafür eine Dividende.
- oder ich gewähre Nestlé ein Darlehen und erhalte dafür einen Zins.

Investition

Ihre Wertschriftenanlagen können aber auch Themen und Anliegen, die Ihnen wichtig sind und Sie in Ihrem Alltag beschäftigen, reflektieren. Ob es nun um gesellschaftliche Trends, eine lebenswerte Umwelt, die digitale Zukunft oder medizinische Innovationen geht. Die Vielfalt der Unternehmen, die sich in diesen Bereichen betätigen und Kapitalbedarf haben, ist gross. So gesehen nehmen Sie mit Ihrem Vermögen Einfluss auf die Welt, in der Sie leben, und gestalten sie mit. Das lässt das komplexe Anlagegeschäft doch gleich in einem anderen Licht erscheinen.

FINANZ-FRAUENPOWER

Anlegen im Einklang mit den eigenen Werten: Eine Anlegerstudie der UBS hat ergeben, dass heute 3 von 10 Schweizer Anlegerinnen über nachhaltige Anlagen in ihrem Portfolio verfügen. Die Studie prognostiziert, dass es in fünf Jahren bereits jede zweite sein soll. Denn 88 Prozent der Anlegerinnen und Anleger geben an, dass sie ihre Anlageentscheidungen in Einklang mit ihren Werten bringen wollen. Nachhaltig zu investieren heisst, Unternehmen mit Praktiken, die Umwelt oder Gesellschaft schaden oder ethisch fragwürdig sind, zu meiden respektive in Unternehmen zu investieren, die entlang der gesamten Wertschöpfungskette – vom Rohstoff bis zur Wiederverwendung bzw. zur Entsorgung ihrer Produkte – Umwelt und Gesellschaft Sorge tragen und sich durch vorbildliche Unternehmensführung auszeichnen. Anlegen und die Welt verändern!

Wohin mit meinem Vermögen: in die 2. oder in die 3. Säule?

Vermögen hilft, Lebensrisiken abzusichern. So merkwürdig es klingt: Langlebigkeit ist ein solches Lebensrisiko. Als 1948 die AHV eingeführt wurde, lebten Rentnerinnen und Rentner nach Erreichen des Pensionsalters im

Durchschnitt 2,5 Jahre, heute bis zu zehnmal länger. Und das bei der gleichen oder einer eher noch tieferen Anzahl an Berufsjahren, in denen der Aufbau des Altersguthabens erfolgt. Ihr privates Vermögen wird Ihnen also früher oder später dazu dienen, zusammen mit den Rentenzahlungen aus der 1. und 2. Säule Ihren Lebensabend zu bestreiten. Vor diesem Hintergrund stellt sich Ihnen meist die Frage, ob Sie Ihr Vermögen nun eher in der 2. oder 3. Säule zum Ausbau des Altersguthabens einsetzen sollen. Dazu verschaffen Sie sich am besten zunächst einmal einen Überblick.

Drei Möglichkeiten, mit seinem Vermögen das Altersguthaben auszubauen

Wesentliche Unterschiede sind der Umfang der Vermögensbildung und die Auszahlungsformen.

- **Freiwilliger Einkauf in die 2. Säule:** Die Nutzung dieser Möglichkeit bedingt, dass Sie fehlende Beitragsjahre haben. Die können sich ergeben haben, wenn Sie ausbildungsbedingt später ins Berufsleben eingestiegen sind, vorübergehend im Ausland gearbeitet haben, über die Jahre Lohnerhöhungen hatten, die Stelle gewechselt haben, temporär arbeitsunfähig waren, eine Familienpause eingelegt haben oder geschieden wurden.

  Ob eine Beitragslücke besteht, können Sie Ihrem Pensionskassenausweis entnehmen. Falls eine vorhanden ist, wird dort die Maximaleinlage für den freiwilligen Einkauf ausgewiesen. Sollten Sie früher einen Teil Ihres Altersguthabens bezogen haben, um Ihr Haus zu bauen oder eine eigene Wohnung zu kaufen, müssen Sie erst diesen Vorbezug zurückzahlen. Die Rückzahlung des Vorbezugs ist im Gegensatz zum freiwilligen Einkauf nicht steuerlich abzugsfähig.

  Haben Sie allenfalls bei einem Stellenwechsel nicht das volle Freizügigkeitskapital an die Pensionskasse des neuen Arbeitgebers überweisen lassen? Dann beschränkt sich der mögliche Einkauf auf die Differenz zwischen diesem Teil und der auf dem Pensionskassenausweis angegebenen Maximaleinlage. Dasselbe gilt, falls Sie temporär selbständig waren und in der Zeit in der steuerprivilegierten Säule 3a höhere Einzahlungen geleistet haben, als Ihnen dies als Angestellte möglich gewesen wäre.

Seien Sie sich beim Einkauf in die 2. Säule stets bewusst, dass Sie sich Ertragschancen vergeben, da die Pensionskasse nur zu einer Mindestverzinsung verpflichtet ist, nicht aber zu einer vollen Weitergabe des Anlageerfolgs, denn die Kasse bildet mit der Differenz Rücklagen bzw. schafft Reserven, um das Langlebigkeitsrisiko finanzieren zu können. Aber vielleicht ist Ihnen ja auch genau diese lebenslange, garantierte Rente, die aus der 2. Säule generiert wird, wichtiger, eventuell auch im Hinblick auf die Absicherung Ihrer Familie, Stichwort Hinterlassenenrenten (siehe Seite 147).

- **Altersguthaben in der 3. Säule ausbauen:** Bezüglich der 3. Säule, die die Selbstvorsorge repräsentiert, wird zwischen gebundener (Säule 3a) und freier Vorsorge (Säule 3b) unterschieden (siehe Seite 39). Wer angestellt und in der beruflichen Vorsorge versichert ist, kann pro Jahr

---

ENTSCHEIDUNGSKRITERIEN FÜR DEN VERMÖGENSEINSATZ

Welche der drei Möglichkeiten die für Sie geeignete ist, hängt im Wesentlichen von drei Kriterien ab.

- **Anlagehorizont:** Je weiter der Zeitpunkt Ihrer Pensionierung entfernt liegt, desto länger der Anlagehorizont. Langfristig wirkt der Zinseszinseffekt stärker, und auch allfällige Wertschwankungen Ihrer Wertschriftenanlagen lassen sich leichter kompensieren.
- **Auszahlungsform:** Möchten Sie Ihr Altersguthaben dereinst in Form einer monatlichen Rente oder als Kapital beziehen können? Wenn Sie Wert auf eine Rente legen, kommt für Sie ausschliesslich ein Einkauf in die Pensionskasse infrage. Hier haben Sie bei der Pensionierung die Wahl zwischen Rente, Kapitalbezug oder einer Mischform. Das Guthaben aus 1e-Vorsorgeplänen und Lösungen im Rahmen der 3. Säule kann dagegen ausschliesslich als Kapital bezogen werden (siehe Seite 111). Wenn Sie einen teilweisen oder vollständigen Kapitalbezug in Betracht ziehen, ist in der 2. Säule zu beachten, dass ein Einkauf spätestens drei Jahre vor Erreichen des Pensionsalters erfolgt sein muss, da ansonsten die steuerliche Begünstigung des Einkaufs rückgängig gemacht wird und Sie die entsprechenden Steuern nachzahlen müssen.
- **Steuern:** Die Einkäufe in die 2. Säule und die Säule 3a dürfen Sie in Ihrer Steuererklärung abziehen. Hinsichtlich der Auszahlung kann es ratsam sein, die Bezüge gestaffelt zu planen, um die Steuerprogression zu brechen.

bis zu 6883 Franken (Stand 2021) einzahlen. Wenn Sie selbständig sind und keine berufliche Vorsorge haben, sind Einzahlungen von bis zu 20 Prozent des Nettoeinkommens respektive maximal 34 416 Franken möglich. Sollten Sie die Möglichkeit der Säule 3a ausgeschöpft haben, haben Sie die Wahl zwischen verschiedenen Wertschriftenlösungen im Rahmen der freien Vorsorge.

■ **1e-Vorsorgepläne für Gutverdienerinnen:** Versicherten in der beruflichen Vorsorge mit Einkommen über 126 900 Franken, dem maximalen BVG-Lohn, stehen sogenannte 1e-Vorsorgepläne offen. Beiträge in solche Pläne leisten ausschliesslich Sie als Angestellte. Je nach Anbieter wählen Sie unter bis zu zehn unterschiedlichen Anlagestrategien aus. 1e hat nichts mit der 1. Säule zu tun, sondern bezieht sich auf den entsprechenden Artikel in der Verordnung zur beruflichen Vorsorge (BVV 2), der 2016 eingeführt wurde und die Wahl individueller Anlagestrategien zulässt. Seit Herbst 2017 trägt allerdings nicht mehr der Anbieter, sondern Sie als Versicherte ein allfälliges Verlustrisiko bei einem Wechsel des Anbieters.

Wenn es um die richtige Anlage Ihres Vermögens geht, holen Sie sich vorzugsweise professionellen Rat bei Ihrer Hausbank, einem unabhängigen Vermögensverwalter oder einer Finanzplanerin. Holen Sie auch ruhig mal zwei Meinungen ein.

Wenn das Erwerbseinkommen ausbleibt

Unsere Gesellschaft definiert sich stark über bezahlte Arbeit. Ohne Erwerbsarbeit dazustehen, ist darum psychisch wie finanziell belastend. Gut, wenn Sie wissen, was Ihnen in einem solchen Fall als Lohnersatz zusteht. Allerdings wirkt sich Arbeitslosigkeit zwangsläufig negativ auf Ihre Vorsorgesituation aus. Sobald Sie wieder bezahlte Arbeit haben, sollten Sie deswegen darangehen, die Lücken zu füllen. Wenn der Anspruch auf Arbeitslosengeld endet, kein neuer Job in Sicht ist und finanzielle Schwierigkeiten drohen, kann Ihnen unter Umständen die Sozialhilfe Ihrer Wohngemeinde unter die Arme greifen.

Arbeitslosigkeit kann jede treffen. Wenn Sie beispielsweise Ihre bisherige Anstellung selbst gekündigt haben und es ungewollt mit dem Jobwechsel nicht nahtlos klappt. Oder wenn Ihnen Ihr Arbeitgeber kündigen muss, weil ihn die Auftragslage zwingt, Stellen abzubauen, Sie aber nicht gleich wieder einen neuen Job finden.

Genau für solche Fälle hat der Gesetzgeber vor bald 100 Jahren ein Auffangnetz geschaffen, an dem Sie bereits mitknüpfen, während Sie noch erwerbstätig sind: die Arbeitslosenversicherung, kurz ALV. Als Angestellte fliesst Monat für Monat ein kleiner Teil Ihres Lohns in diese Versicherung: 2,2 Prozent Ihres Jahresgehalts bis 148 200 Franken, darüber 1 Prozent. Die eine Hälfte zieht Ihnen Ihr Arbeitgeber automatisch von Ihrem Lohn ab, die andere Hälfte übernimmt er selbst.

Weil Sie nie ganz ausschliessen können, dass Sie in Ihrem Berufsleben kürzere oder längere Zeit unfreiwillig ohne Job dastehen, ist es ratsam, dass Sie sich mit den wesentlichen Aspekten einer möglichen Arbeitslosigkeit vertraut machen – vor allem, wenn Sie davon ausgehen müssen, dass Sie auf finanzielle Unterstützung angewiesen sein werden.

BUCHTIPP

Bräunlich Keller, Irmtraud: **Job weg. Wie weiter bei Kündigung und Arbeitslosigkeit?** Beobachter-Edition, Zürich 2018

www.beobachter.ch/buchshop

MEINE ANSPRÜCHE IM FALL EINER ARBEITSLOSIGKEIT

Wenn Sie Ihren Wohnsitz in der Schweiz haben und innerhalb der letzten zwei Jahre mindestens 12 Monate ALV-Beiträge geleistet haben, sind Sie grundsätzlich anspruchsberechtigt.

An dieser Stelle zwei Hinweise: Sollten Sie beispielsweise Ihren Job kurz nach dem Wiedereinstieg in den Beruf verlieren, gelten grosszügigere Regelungen bezüglich der Rahmenfristen. Gänzlich auf den Nachweis der Beitragszeit verzichtet die ALV, wenn Sie nach einer Scheidung, Trennung oder dem Tod Ihres Partners gezwungen sein sollten, sich einen Job zu suchen (siehe dazu auch Seiten 125 und 147).

Als Angestellte ohne unmittelbaren Anschlussjob ist für Sie generell wichtig zu wissen, dass

- Sie im Wesentlichen Anspruch auf fünf Taggelder pro Woche haben, die in der Regel auf Basis Ihres Lohns der letzten sechs Monate berechnet werden.
- Ihre Entschädigung 80 Prozent des früheren Gehalts ausmacht, wenn Sie für den Unterhalt von Kindern unter 25 Jahren aufkommen oder Ihr Monatslohn weniger als 3797 Franken beträgt.
- Ihre Entschädigung in allen anderen Fällen 70 Prozent des früheren Lohns beträgt.
- Sie die Taggelder in der Regel bis zu zwei Jahre lang erhalten.

Über Ihre Rechte und Pflichten im Zusammenhang mit der Arbeitslosenversicherung informiert Sie detailliert das Regionale Arbeitsvermittlungszentrum (RAV), das für Ihre Wohngemeinde zuständig ist. Dort melden Sie sich am besten möglichst bald, nachdem Ihre Arbeitslosigkeit eintritt, damit Sie wissen, welche Bestimmungen für Ihre Ausgangslage zutreffen. Gesetzlich gelten Sie übrigens erst mit der Anmeldung beim RAV als arbeitslos.

Ein Auffangnetz – aber nicht für alle

Von den ALV-Leistungen profitieren längst nicht alle Erwerbstätigen. Wer davon ausgeschlossen bleibt:

- **Arbeit auf Abruf:** Basis für die Berechnung der ALV-Entschädigung ist eine fixe wöchentliche Normalarbeitszeit. Da die Arbeitseinsätze bei Arbeit auf Abruf unregelmässig sind, besteht kein Anspruch auf Taggelder.

- **Selbständige:** Solo-Unternehmerinnen können weder in die Arbeitslosenversicherung einzahlen, noch haben sie Anspruch auf Arbeitslosenentschädigung. Sie tragen das Risiko des Einkommensausfalls grundsätzlich selbst. Anspruchsberechtigt sind lediglich Neugründerinnen, die ihre Selbständigkeit innerhalb von 12 Monaten nach dem Start wieder aufgeben und in den zwei Jahren zuvor während mindestens 12 Monaten als Angestellte ALV-Beiträge geleistet haben. Ausserdem haben Solo-Unternehmerinnen, die sich aus der Arbeitslosigkeit heraus selbständig machen, Anspruch auf bis zu 90 Taggelder.

- **Geschäftsführerinnen, Geschäftsleitungsmitglieder, Verwaltungsrätinnen:** Wenn Sie die oberste Führungsstufe eines Unternehmens repräsentieren, zahlen Sie zwar ALV-Beiträge, haben aber grundsätzlich keinen Anspruch auf Arbeitslosenentschädigung, solange Sie die Entscheidungen der Firma beeinflussen können. Das würde beispielsweise zutreffen, wenn Sie das Unternehmen mit einer Geschäftspartnerin gegründet haben, die Firma verlassen, aber weiterhin beteiligt bleiben. Denn die ALV schützt ausschliesslich Arbeitnehmende, die den Verlust ihrer Stelle nicht selbst beeinflussen können. Als Geschäftsführerin haben Sie lediglich Anspruch, wenn die Firma aufgelöst oder verkauft wird bzw. Konkurs anmelden muss. Als Mitglied der Geschäftsleitung haben Sie einen Anspruch auf Taggelder, wenn Ihnen gekündigt wird oder Sie das Unternehmen verlassen und keinen Einfluss mehr auf die Firmenentscheide haben.

- **Mitarbeitende im Betrieb eines Familienangehörigen:** Wenn Sie als Ehefrau im Betrieb Ihres Mannes mitarbeiten und einen Lohn beziehen, zahlen Sie zwar ALV-Beiträge, können aber keine Arbeitslosenentschädigung geltend machen. Einen Anspruch hätten Sie lediglich, wenn Ihr Austritt aus der Firma mit der Trennung oder Scheidung von Ihrem Mann verbunden ist.

- **Frauen in landwirtschaftlichen Betrieben:** Rund 30 Prozent der Frauen, die im Betrieb ihres Ehemanns mitarbeiten, werden für ihre Arbeit nicht entlohnt. Damit gelten sie gesetzlich als «nicht erwerbstätig», obwohl sie durchschnittlich eine 65-Stunden-Woche haben. Sie zahlen demzufolge weder in die ALV ein, noch haben sie einen Anspruch auf Entschädigung. Besonders hart trifft sie dies, wenn sie sich von ihrem Mann trennen (siehe Seite 125).

Achtung: Laufende Kosten im Auge behalten

Sollten Sie nicht sowieso schon ein Haushaltsbudget führen, kann ein solches in dieser Zeit wertvolle Dienste leisten. Jetzt, wo plötzlich weniger Geld reinkommt, ist es umso wichtiger, die laufenden Kosten wie Miete, Versicherungen, Abogebühren usw. im Auge zu behalten. Ein Budget hilft Ihnen auch, nicht notwendige Ausgaben und damit Sparpotenzial zu erkennen. Wenn Sie auf ein komfortables Finanzpolster zurückgreifen können, das Sie für solche Zeiten aufgebaut haben, umso besser. Aber auch das will gut bewirtschaftet sein, sonst schmilzt es schnell dahin.

So oder so: Versuchen Sie, Ihren festen finanziellen Verpflichtungen so pünktlich wie möglich nachzukommen. Wenn es mal knapp werden sollte, handeln Sie proaktiv mit den Zahlungsempfängern einen Zahlungsaufschub aus, bevor es ungemütlich wird. Das heisst, bevor Ihnen Betreibungen ins Haus flattern, bevor Sie die für Sie zuständige Sozialversicherungsanstalt (SVA) auf die Liste der säumigen Versicherten setzen muss, weil Sie die Krankenkassenprämien nicht bezahlen können, und Sie sich nur noch im Notfall medizinisch behandeln lassen können. Und bevor Sie einen Privatkonkurs riskieren (siehe Seite 122).

Zu wissen, dass man finanziell über die Runden kommt, wenn man den Gürtel vorübergehend etwas enger schnallt und/oder auf sein Sparpolster zurückgreift, beruhigt ungemein und macht den Kopf frei für das Wesentliche: die Jobsuche.

INFO *Wenn Sie bislang die Familienzulagen bezogen haben, beachten Sie, dass Sie mit Ihrem Stellenverlust den Anspruch darauf verlieren. Sollten Sie alleinerziehend sein oder Ihr Partner die Zulage nicht an Ihrer Stelle geltend machen können, müssen Sie bei der Arbeitslosenkasse einen Antrag auf einen Zuschlag stellen, der demjenigen der Familienzulagen entspricht.*

Fortbestand Steuerpflicht: Ihr Lohnersatz gilt rechtlich als steuerbares Einkommen. Kalkulieren Sie also weiterhin mit den Steuerzahlungen. Unter Umständen kann es aber ratsam sein, dem zuständigen Steueramt der Wohngemeinde die Änderung der Einkommenssituation mitzuteilen und die provisorische Steuerrechnung dementsprechend anpassen zu lassen.

Berechtigte Sorge um Ihre Vorsorge

Aufgepasst! Arbeitslosigkeit kommt in Teilen einem «Baustopp» in Ihrer Altersvorsorge gleich. Behalten Sie unbedingt die sich daraus ergebenden Lücken im Blick, auch wenn Sie im ersten Moment nach dem Jobverlust verständlicherweise erst einmal Existenzängste plagen. Aber die ungewollten Brüche in Ihrer Vorsorgebiografie haben ansonsten schmerzhafte Finanzlücken im Alter zur Folge.

Was der Jobverlust für die Vorsorge heisst

Was es bezüglich der Vorsorge zu beachten gilt, wenn Sie arbeitslos sind:

- **Gedrosseltes Tempo in der 1. Säule:** Die AHV-Beitragspflicht besteht nicht nur für Ihren Lohn, sondern ebenso für Ihren Lohnersatz. Die AHV-Abzüge nimmt in diesem Fall die Arbeitslosenkasse vor, die auch den Arbeitgeberbeitrag beisteuert. Da die Arbeitslosenentschädigung aber nur 70 oder 80 Prozent Ihres bisherigen Einkommens als Angestellte ausmacht, fallen die Einzahlungen in die AHV dementsprechend geringer aus. Da Sie die AHV-Pflicht im Rahmen des Arbeitslosengelds erfüllen, sind keine Nachzahlungen möglich, wenn Sie wieder über eine feste Anstellung verfügen.

- **Bruchstellen in der 2. Säule:** Das Guthaben aus der Pensionskasse Ihres letzten Arbeitgebers müssen Sie für die Zeit der Arbeitslosigkeit auf einem Freizügigkeitskonto parkieren. Wenn Ihre Arbeitslosenentschädigung mehr als 21 510 Franken pro Jahr beträgt (BVG-Eintrittsschwelle, Stand 2021), versichert Sie die Arbeitslosenkasse im Rahmen der beruflichen Vorsorge, und zwar bei der Stiftung Auffangeinrichtung BVG. Dies allerdings nur im Rahmen des BVG-Obligatoriums. Konkret ist ein Lohnersatz von maximal 60 945 Franken im Rahmen der 2. Säule versichert (Stand 2021). Ihren Anteil zieht die Arbeitslosenkasse von Ihrem Lohnersatz ab und übernimmt die andere Beitragshälfte. Damit verfügen Sie über einen minimalen Schutz gegenüber den Risiken Tod und Invalidität. Wenn Sie eine neue Stelle finden, wird Ihr BVG-Guthaben von der Stiftung Auffangeinrichtung BVG an die Pensionskasse Ihres neuen Arbeitgebers übertragen. Dorthin überweisen Sie überdies das Freizügigkeitsguthaben aus Ihrer vormaligen Anstellung. Falls Sie vor dem Stellenverlust mehr als 86 040 Franken verdient haben, waren Sie im Rahmen des BVG-Überobligatoriums versichert. Damit ergibt sich während Ihrer Arbeitslosigkeit eine Vorsorgelücke. Diese können Sie, wenn Sie wieder Arbeit haben, durch Einkäufe in die Pensionskasse kontinuierlich wieder schliessen. Über die mögliche Einkaufssumme gibt Ihnen Ihr Pensionskassenausweis Auskunft.

■ **In der privaten Vorsorge Kurs halten.** Wenn es das Familienbudget zulässt, ist es ratsam, dass Sie auch während der Arbeitslosigkeit weitersparen, da sie in der 1. und 2. Säule weniger Altersguthaben aufbauen können als bisher. So können Sie weiterhin bis zum Maximalbetrag von 6883 Franken in die gebundene Säule 3a einzahlen (Stand 2021), da Sie als aktiv versichert gelten.

Wenn es hart auf hart kommt: Status «ausgesteuert»

Wenn sich trotz all Ihrer Bemühungen über längere Zeit keine Neuanstellung abzeichnet, ist das frustrierend und nagt am Selbstvertrauen. Und wenn dann auch noch Ihr Anspruch auf Taggelder ausläuft, mehren sich zusätzlich die Existenzängste. Dass Sie sich Sorgen machen, wovon Sie nun leben sollen, ist nachvollziehbar – vor allem, wenn Sie nicht über ein Finanzpolster verfügen oder dieses bereits aufgebraucht ist.

Der Status «ausgesteuert» tönt erstmal bedrohlich, bedeutet aber hierzulande nicht gleich den Verlust der Existenz. Darum ist es wichtig, dass Sie sich erkundigen, was der Status konkret für Sie bedeutet und wo Sie Unterstützung bekommen, sollten Sie diese benötigen. Erste Anlaufstelle ist Ihre Ansprechperson beim RAV, die Sie detailliert und auf Ihre Situation bezogen berät.

So ernst sich die Finanzlage für Sie auch präsentieren mag, Sie sollten doch einige wichtige Aspekte beachten, damit Sie sich nicht in eine noch misslichere Lage manövrieren:

■ **Unfallversicherung:** Beachten Sie, dass Sie mit dem Auslaufen des Anspruchs auf Arbeitslosenentschädigung nicht mehr unfallversichert sind. Damit Sie im Fall der Fälle die Behandlungs- und Pflegekosten nicht selber tragen müssen, sollten Sie das Unfallrisiko unbedingt in Ihrer Krankenversicherung einschliessen lassen.

■ **Prämienverbilligung Krankenkasse:** Ihr Wohnkanton gewährt Ihnen Verbilligungsbeiträge für die obligatorische Krankenversicherung.

Auskunft darüber gibt die jeweilige kantonale Sozialversicherungsanstalt (SVA). Ihren Anspruch und den Umfang der Verbilligung können Sie online über deren Website prüfen und dort auch die Prämienverbilligung beantragen. Beachten Sie, dass der Antrag für jedes Jahr neu zu stellen ist. Wenn Sie von einer Prämienverbilligung profitieren, sind Sie verpflichtet, der SVA allfällige Verbesserungen Ihrer Einkommens- und Vermögenssituation um mehr als 20 000 Franken zeitnah zu melden. Ansonsten riskieren Sie eine Nachzahlung der Prämiendifferenz.

- **AHV:** Auch wenn Sie keine ALV-Taggelder mehr erhalten, besteht die AHV-Pflicht weiter. Sie bezahlen nun Beiträge als Nichterwerbstätige. Dazu müssen Sie sich bei der SVA Ihres Wohnkantons anmelden. Tun Sie das nicht, riskieren Sie Beitragslücken. Die Beiträge werden provisorisch auf Basis Ihres Vermögens und des 20-fachen jährlichen Renteneinkommens berechnet. Der Mindestbetrag ist 503 Franken (Stand 2021). Wenn Sie verheiratet sind oder in einer eingetragenen Partnerschaft leben und Ihr Partner oder Ihre Partnerin AHV-Beiträge von jährlich mindestens 1006 Franken (Stand 2021) zahlt, sind Sie von der Beitragspflicht befreit.
- **BVG:** Wenn Ihr Anspruch auf Arbeitslosengeld ausläuft, sind Sie nicht mehr im Rahmen der beruflichen Vorsorge versichert. Spätestens einen Monat nach Ablauf der Frist fällt auch der Risikoschutz für Invalidität und Tod weg. Ihre BVG-Guthaben können Sie entweder bei der Stiftung Auffangeinrichtung BVG auf ein Freizügigkeitskonto transferieren lassen oder auf Ihr Freizügigkeitskonto überweisen lassen, wo Sie das BVG-Guthaben aus Ihrer vormaligen Anstellung deponiert haben.
- **Säule 3a:** Da das Alterssparen im Rahmen der gebundenen Vorsorge eine Erwerbstätigkeit voraussetzt, können Sie erst wieder Einzahlungen tätigen, wenn Sie wieder eine Anstellung haben.

Wenn es nicht mehr anders geht: Sozialhilfe hilft

Solange Sie über genügend eigenes Vermögen verfügen, müssen Sie dieses einsetzen, um Ihren Lebensunterhalt zu bestreiten, wenn Sie ausgesteuert sind. Das trifft auf Ihre Guthaben auf Privatkonten sowie Sparkonten und Wertschriftenvermögen im Rahmen der freien Vorsorge (Säule 3b) zu.

Dazu gehören aber auch Liegenschaften, die Sie besitzen oder geerbt haben. Geschützt sind dagegen Freizügigkeitsguthaben und Guthaben auf Säule-3a-Konten (gebundene Vorsorge).

BEDINGTER ZWANG ZUR AUFGABE VON GRUNDEIGENTUM

Wenn Sie Sozialhilfe beanspruchen, aber noch über Grundeigentum verfügen, verwirken Sie grundsätzlich Ihr Anrecht auf den Erhalt dieses Eigentums. Sollten Sie längerfristig auf Sozialhilfe angewiesen sein, sind Sie unter Umständen gezwungen, die Liegenschaft zu verkaufen und aus dem Erlös Ihren Lebensunterhalt zu bestreiten. Von einer Verwertung sieht die Sozialbehörde Ihrer Wohngemeinde aber ab, wenn Sie

- voraussichtlich nur kurz- oder mittelfristig auf Sozialhilfe angewiesen sind,
- das Eigentum selbst bewohnen und darin zu marktüblichen oder günstigeren Bedingungen wohnen,
- durch einen Verkauf einen zu tiefen Erlös erzielen würden, weil Sie im Markt auf ungenügende Nachfrage treffen oder Ihrer Bank aufgrund der vorzeitigen Auflösung einer Hypothek eine hohe Vorfälligkeits- respektive Ausstiegsentschädigung zahlen müssten.

In diesem Fall rechnet sie Ihnen im Rahmen der Sozialhilfe als Wohnkosten die Hypothekarzinsen, offizielle Gebühren und absolut nötige Reparaturkosten an. Im Gegenzug sind Sie verpflichtet, der Sozialbehörde ein Grundpfandrecht einzuräumen, wenn Sie länger als sechs Monate Sozialhilfe beziehen müssen. Das Grundpfand sichert die bezogenen Leistungen ab, die bei einem allfälligen späteren Verkauf des Wohneigentums aus dem Erlös zurückerstattet werden müssen.

Wenn Sie kein Einkommen haben und über kein derartiges Vermögen verfügen oder es aufgebraucht haben, ist Ihre finanzielle Notlage akut, aber nicht hoffnungslos. Denn in letzter Instanz greift ein staatliches Auffangnetz: die Sozialhilfe. «Wer sich in einer Notlage befindet und sich selbst nicht helfen kann, hat Anspruch auf staatliche Hilfe», besagt die Bundesverfassung (Artikel 12). Natürlich werden Sie versuchen, sich möglichst lange anderweitig zu behelfen, allenfalls Familie, Verwandte oder Freunde um Unterstützung zu bitten. Aber wenn nichts mehr geht, schämen Sie sich nicht, Sozialhilfe in Anspruch zu nehmen. Sie wurde für genau solche Notsituationen geschaffen. Wenn die Finanznot behoben ist, können Sie wieder alles daransetzen, eine Anstellung zu finden, um die Abhängigkeit von der Sozialhilfe möglichst bald beenden zu können. Nehmen Sie also Ihren Mut zusammen und vereinbaren Sie einen Termin mit dem Sozialdienst Ihrer Wohngemeinde.

WIE SICH DIE SOZIALHILFE ZUSAMMENSETZT

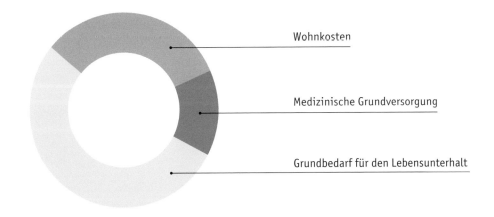

Wohnkosten

Medizinische Grundversorgung

Grundbedarf für den Lebensunterhalt

Quelle: Skos-Richtlinien

Im Wesentlichen übernimmt die Sozialhilfe jene Kosten, die Ihren Haushalt auch unter normalen Einkommensverhältnissen am stärksten belasten: die Miete, die Krankenkassenprämien und den Grundbedarf für Ihren Lebensunterhalt (siehe Grafik). Hinzu kommt eine Reihe von situationsbedingten Leistungen.

Pfeiler der Sozialhilfe

Die Sozialhilfe unterstützt Sie im Wesentlichen in vier Bereichen:

- **Wohnkosten:** Wenn Sie eine Wohnung mit einer ortsüblichen Miete bewohnen, übernimmt die Sozialhilfe die Zahlungen und leistet diese an Ihrer Stelle direkt an den Vermieter einschliesslich der Nebenkosten. Sollten Sie längerfristig Sozialhilfe beziehen müssen und der Mietzins deutlich über der ortsüblichen Grösse liegen, kann der Sozialdienst Ihrer Gemeinde aber auch verlangen, dass Sie in eine günstigere Wohnung umziehen.

- **Medizinische Grundversorgung:** Die Sozialhilfe übernimmt den nicht durch die Prämienverbilligung gedeckten Teil der monatlichen Prämien für die Krankenkassengrundversicherung. Auch als Sozialhilfebezügerin müssen Sie den Antrag auf Prämienverbilligung selbst stellen. Abgedeckt sind ausserdem der Selbstbehalt bei Arztrechnungen und die notwendigen Zahnarztbesuche.
- **Grundbedarf:** Je nach Wohnkanton erhalten Sie einen unterschiedlich hohen Betrag, mit dem Sie Ihren Lebensunterhalt bestreiten können müssen. Die Schweizerische Konferenz für Sozialhilfe (Skos) empfiehlt folgende Beträge (Stand 2021)
  - 997 Franken für Einzelpersonen
  - 1525 Franken für Zweipersonenhaushalt
  - 1854 Franken für Dreipersonenhaushalt
  - 2134 Franken für Vierpersonenhaushalt
  - 2413 Franken für Fünfpersonenhaushalt
  - Für jede weitere Person 202 Franken

  Aus dem Grundbedarf finanzieren Sie Essen, Getränke, Bekleidung und Schuhe, Strom, persönliche Pflege, Verkehrsauslagen, Benutzungsgebühren für Handy, Internet und TV, Weiterbildung etc.
- **Situationsbedingte Leistungen:** Im Einzelfall kann der Sozialdienst zusätzliche Leistungen gewähren. Dazu gehören beispielsweise Auslagen für Ferienlager der Kinder, Spezialunterricht, der nicht durch die Volksschule gedeckt ist, oder die Prämien für Hausrats-/Haftpflichtversicherungen (ausgenommen Aargau und Solothurn).

Sozialhilfe ist, wie es der Name sagt, eine Hilfe in einer wirtschaftlichen Notlage. Sie soll dazu beitragen, dass die unterstützten Personen ihre wirtschaftliche Unabhängigkeit wiedererlangen können. Wenn Sie wieder eine Stelle finden und ein regelmässiges Einkommen erhalten und nicht mehr auf Sozialhilfe angewiesen sind, werden Sie unter Umständen noch länger brauchen, bis so etwas wie finanzielle Normalität zurückkehrt. Vor allem, wenn Sie sich vor dem Bezug der Sozialhilfe verschuldet haben respektive Zahlungsausstände haben.

Beachten Sie ausserdem, dass rechtmässig bezogene materielle Sozialhilfe in Ihrem Wohnkanton unter

> **BUCHTIPP**
> Strebel Schlatter, Corinne:
> **Wenn das Geld nicht reicht.**
> **So funktionieren die**
> **Sozialversicherungen und**
> **die Sozialhilfe.** Beobachter-
> Edition, Zürich 2020
> **www.beobachter.ch/buchshop**

121

Umständen ganz oder teilweise zurückerstattet werden muss, sobald es Ihre wirtschaftliche Situation zulässt. Erkundigen Sie sich unbedingt bei Ihrer Sozialarbeiterin, was diesbezüglich gilt. Einige Kantone folgen der Empfehlung der Skos und verzichten auf eine Rückerstattung. Sollten Sie aber beispielsweise eine Erbschaft machen oder im Lotto gewinnen, also nicht durch eigene Arbeitsleistung zu einem grösseren Vermögen kommen, wird die Sozialbehörde bei Ihnen anklopfen und zu diesem Zeitpunkt die bezogene Sozialhilfe ganz oder teilweise einfordern.

In finanzieller Notlage: Pfändung und Konkurs

Ob als Privatperson oder als Firmeninhaberin: Reicht Ihr Geld nicht mehr, um die laufenden Rechnungen zu zahlen, kann es schnell ungemütlich werden. Je höher der Schuldenberg anwächst, desto schlechter sind Ihre Aussichten, heil davon herunterzukommen. Jetzt sollten Sie sich rasch Hilfe holen, um Auswege zu finden. Ansonsten droht Ihnen ein Teufelskreis aus Betreibungen und Pfändungen und zuletzt der Konkurs.

Den Zahlungsverpflichtungen nicht mehr nachkommen zu können, kann vielfältige Ursachen haben. Unter Umständen haben Sie sich in diese Situation manövriert, weil Sie über Ihre Verhältnisse leben, also mehr ausgeben, als Sie verdienen und es Ihr Vermögen zulässt. Solange aber Ihr Einkommen fliesst, können eingeschränkter Konsum und ein striktes Budget die finanzielle Schieflage noch richten. Grösseres Ungemach kann Ihnen drohen, wenn Ihr Einkommen ausbleibt – sei es, weil Sie Ihren Job verlieren (siehe Seite 112), als Solo-Unternehmerin zu wenig Aufträge akquirieren können oder Sie krankheits- oder unfallbedingt höhere Auslagen als bis anhin haben.

In einer solchen Situation einfach zuzusehen, wie sich die unbezahlten Rechnungen stapeln und der Kassenstand immer weiter sinkt, macht die

Sache meist nur noch schlimmer. Denn auf die ersten, noch verständnisvoll formulierten Zahlungserinnerungen werden Sie bald Mahnungen erhalten, die Ihnen in deutlichen Worten rechtliche Schritte androhen. Mahnungen sind überdies in aller Regel mit Mahnspesen verbunden, die teilweise happig ausfallen können und den Zahlungsausstand zusätzlich erhöhen.

Sollten Sie trotz allem nicht zahlen oder nicht zahlen können, riskieren Sie als Nächstes Zahlungsbefehle. Diese markieren sozusagen die letzte Gelegenheit, die geschuldeten Beträge noch aus freien Stücken zu begleichen. Zu diesem Zeitpunkt fallen dennoch zusätzlich Verzugszinsen und die Gebühr des Betreibungsamts Ihres Wohnorts an, das den Zahlungsbefehl im Auftrag des Gläubigers ausstellt. Über 3 Millionen solcher Zahlungsbefehle wurden 2019 ausgestellt, Tendenz steigend. Wenn Sie die gesetzte Frist von 20 Tagen ungenutzt verstreichen lassen, hat der Zahlungsempfänger das Recht, die Betreibung weiterzuziehen. Das bedeutet konkret, dass er durch das Betreibungsamt Ihren Lohn pfänden lassen kann.

> **MEHR DAZU:**
> Müller, Nicole: **Betreibung. Was kann ich tun?** Beobachter-Edition, Zürich 2019
> www.beobachter.ch/buchshop

Was heisst Lohnpfändung?

So viel vorweg: Das Betreibungsamt darf nicht Ihren gesamten Lohn pfänden. Zunächst einmal müssen Sie dem Amt Ihre **Einkommensverhältnisse offenlegen.** Jetzt mögen Sie einwenden, dass Sie dies ja bereits gegenüber der Steuerbehörde tun. Aber zwischen den beiden Ämtern, wie generell zwischen den Gemeindeämtern, besteht eine «chinesische Mauer», die derlei Datenaustausch untersagt. Dem Betreibungsamt die Auskunft zu verweigern oder unvollständige Angaben zu machen, ist nicht ratsam, da Sie sich ansonsten eine Strafe einhandeln.

Anhand Ihrer Angaben wird das Amt Ihr betreibungsrechtliches Existenzminimum berechnen. Dazu gehören im Wesentlichen ein Pauschalbetrag für Essen, Kleider, Körperpflege, Freizeit und Wohnungsunterhalt, weitere erforderliche Auslagen wie Miete, Krankenkasse, Berufsauslagen, Fahrspesen, Betreuungs- und Schulkosten für die Kinder sowie Auslagen für medizinische Untersuchungen und Behandlungen.

Was übrigens nicht zu den notwendigen Auslagen gehört, sind die Steuern. Wenn Sie die nicht bezahlen können, muss das Steueramt ebenfalls den Weg der Betreibung beschreiten. Wenn Sie die Steuern aus dem zahlen, was Ihnen von Ihrem Lohn bleibt, werden Sie zwangsläufig unter dem Existenzminimum leben müssen.

Effektiv gepfändet wird die Differenz zwischen dem berechneten Existenzminimum und Ihrem Monatslohn. Im Fachjargon spricht man von der pfändbaren Quote. Als wenn die Prozedur bis hierhin nicht schon unangenehm genug wäre, erhält Ihr Arbeitgeber vom Betreibungsamt eine Anzeige der Lohnpfändung, muss die Quote monatlich von Ihrem Lohn abziehen und direkt ans Betreibungsamt überweisen.

Die Quote bezieht sich auf Ihren ausbezahlten Lohn (Nettolohn). Das bedeutet, dass Sie und Ihr Arbeitgeber weiterhin die Zahlungen an die AHV und die Pensionskasse leisten. In der 1. und 2. Säule drohen Ihnen dadurch wenigstens keine Vorsorgelücken. Für ein Weitersparen beispielsweise in der Säule 3a wird Ihnen allerdings kaum Geld bleiben.

Das «Pfändungsmartyrium» dauert maximal ein Jahr. Sollte die Schuld in dieser Frist noch nicht abgetragen sein, stellt das Betreibungsamt dem Gläubiger einen Verlustschein über den Restbetrag, die aufgelaufenen Verzugszinsen und die Verfahrenskosten aus. Wenn Sie das Pech haben, dass die Gläubiger Ihre Verlustscheine an ein Inkassobüro verkaufen, können Sie sicher sein, dass Sie damit wieder konfrontiert werden. Denn Verlustscheine verjähren erst nach zehn Jahren respektive nach 20 Jahren, wenn eine Folgebetreibung eingeleitet wird.

Privatkonkurs – ein ungemütlicher Ausweg

Die Betreibung wird auch Zwangsvollstreckung genannt, und so fühlt es sich an. Stecken Sie erstmal in dieser misslichen Lage, bleiben Ihnen immer weniger Auswege.

Wer zahlungsunfähig ist, kann grundsätzlich jederzeit beim Richter des zuständigen Bezirksgerichts Insolvenz anmelden. Dieser wird dann gegebenenfalls ein Privatkonkursverfahren eröffnen. Allerdings sind dazu eine ganze Reihe von Bedingungen zu erfüllen, die eher selten zutreffen. Ein Privatkonkurs soll Ihnen zwar ermöglichen, neu anzufangen. Aber das Aufatmen ist auch hier nur temporärer Natur. Ihre Schulden sind Sie damit nämlich keineswegs los. Für die Schulden, die nicht durch die Verwertung der Vermögenswerte getilgt werden konnten, werden Verlustscheine ausgestellt, die den Gläubiger berechtigen, Sie aufs Neue zu betreiben, sobald Sie zu neuem Vermögen kommen.

Aktiv handeln und aushandeln ist die Devise

Die Lohnpfändung ebenso wie der Konkurs sind mühsame Wege, die Ihnen das Leben in einer Situation, die an sich schon beschwerlich ist, noch schwerer machen. Suchen Sie darum Hilfe, bevor es zum Äussersten kommt. So bewahren Sie sich einen grösseren Handlungsspielraum. Sie müssen diesen Weg nicht alleine gehen. Die Schulden- oder Budgetberatung in Ihrer Nähe (siehe Seite 210) unterstützt Sie dabei, mit Ihren Gläubigern proaktiv einen Abzahlungsplan auszuhandeln und ein Budget auszuarbeiten, das dessen Einhaltung zulässt. Scheuen Sie sich nicht, dort Ihre finanziellen Sorgen offenzulegen.

Scheiden tut weh – auch finanziell

In jeder dritten Ehe kommt es früher oder später zum Bruch. Das ist nicht nur emotional aufwühlend. Auch finanziell sind Trennung und Scheidung schmerzlich – für Sie unter Umständen mehr als für Ihren Partner. Sich ein Grundwissen anzueignen, was einem zusteht, und die wichtigsten Stolpersteine zu kennen, verschafft eine bessere Verhandlungsbasis.

Wenn sich die Wege trennen, ist dies zunächst einmal höchst emotional. Umso mehr, sollte der Trennungswunsch ein einseitiger sein und zusätzlich gemeinsame Kinder mitbetreffen. In all dem kann je nach Situation enormer Konfliktstoff stecken. Ausserdem spielen eine Reihe rechtlicher Bestimmungen hinein, von der Trennung über die gerichtliche Auflösung der Ehe, die elterliche Sorge, den Umgang mit Wohneigentum, die Auflösung des Haushalts, die Frage des Familiennamens, erbrechtliche Folgen und so fort. Wenn Sie sich nicht untereinander einigen können, endet die Auseinandersetzung vor Gericht. Die nachfolgenden Ausführungen beschränken sich im Wesentlichen auf die finanzrelevanten Aspekte. Für die ganzheitliche Auseinandersetzung mit dem Thema sei an dieser Stelle auf entsprechende Ratgeber (siehe Buchtipps) und Beratungsstellen (siehe Seite 210) verwiesen.

Finanziell gilt es, die Teilung des ehelichen Vermögens und der Guthaben aus der beruflichen Vorsorge sowie den Unterhalt zu regeln. Zu diesen drei Komponenten gibt es jeweils grundlegende rechtliche Bestimmungen. Alle drei fliessen zusammen mit der Regelung des Sorge- und Besuchsrechts für unmündige Kinder in eine umfassende Scheidungskonvention ein. Ein spezielles Augenmerk ist auf die sich neu ergebende Finanz- und Vorsorgesituation zu richten.

Meines, deines, unseres – die Teilung des Vermögens

Wie das Vermögen aufgeteilt wird, hängt zunächst einmal davon ab, für welchen Güterstand Sie sich seinerzeit bei der Eheschliessung oder in den Folgejahren entschieden haben (siehe Seite 56). Haben Sie keinen Ehevertrag geschlossen, gilt die sogenannte **Errungenschaftsbeteiligung.** Dies trifft auf die Mehrheit der Ehen in der Schweiz zu. In einem solchen Fall wird zwischen Ihrem **Eigengut** und Ihrer Errungenschaft sowie dem Eigengut und der Errungenschaft Ihres Partners unterschieden.

Als Eigengut gelten alle Ihre persönlichen Gebrauchsgegenstände wie Schmuck und Kleider, unabhängig davon, ob Sie sie bereits in die Ehe eingebracht oder während der Ehe erworben oder geschenkt bekommen haben. Zum Eigengut gehören auch Schenkungen und Erbschaften, die Sie erhalten haben. Das Eigengut wird, wie es der Name besagt, zu den persönlichen Vermögenswerten gezählt und bei einer Scheidung nicht aufgeteilt. Haben Sie jedoch mit dem geerbten oder geschenkten Vermögen Erträge erwirtschaften können, gelten diese als **Errungenschaft.** Unter Umständen haben Sie dies aber im Rahmen eines Ehevertrags als Eigengut ausscheiden lassen. Ebenso verfahren können Sie mit Vermögenswerten, die für die Ausübung eines Berufs oder den Betrieb der eigenen Firma nötig sind. Ob dies nun beispielsweise die Einrichtung eines Therapieraums ist, der Computer oder ein Lieferwagen.

Zur Errungenschaft zählen zudem alle während der Ehe erworbenen Vermögenswerte sowie die Guthaben aus der 1. und der 2. Säule. Für die Errungenschaft gilt im Grundsatz das Halbierungsprinzip. Das bedeutet, dass Ihre Errungenschaft und diejenige Ihres Partners zusammengezählt und zu gleichen Teilen auf Sie und Ihren Partner aufgeteilt werden. Sollten Sie oder Ihr Partner Schulden haben, reduziert sich die Errungenschaft um den entsprechenden Betrag. Eventuell haben Sie in einem Ehevertrag eine andere Teilung vereinbart.

Unter Umständen hatten Sie sich in einem Ehevertrag aber auch für einen anderen Güterstand entschieden (siehe Seite 56). Sollten Sie damals die **Gütertrennung** festgeschrieben haben, stehen Ihnen nun keine gegenseitigen Ansprüche aus Güterrecht zu. Das Halbierungsprinzip wird gesetzlich einzig für die AHV und die Pensionskasse angewendet. Für eingetragene Partnerschaften gilt generell die Gütertrennung.

> **BUCHTIPPS**
>
> Trachsel, Daniel: **Trennung. Was Paare in der Krise regeln müssen.** Beobachter-Edition, Zürich 2018
>
> Bucher, Michael; Mettler, Simon: **Faire Scheidung. Gute Lösungen für alle Beteiligten.** Beobachter-Edition, Zürich 2021
>
> **www.beobachter.ch/buchshop**

Hatten Sie sich dagegen für eine **Gütergemeinschaft** entschieden, wird auf das Gesamtgut, das sie seinerzeit vereinbart hatten und das sich aus Errungenschaft und Eigengut zusammensetzen kann, das Halbierungsprinzip angewendet.

Was wird aus dem gemeinsamen Zuhause?

Die Festlegung von Eigengut und Errungenschaft bietet meist viel Konfliktstoff – vor allem, wenn Sie das Inventar der Vermögenswerte erst erstellen, wenn die Scheidung ansteht. Dasselbe gilt für das bislang gemeinsam bewohnte Haus oder die Eigentumswohnung.

Dazu, was aus dem Familienhaus oder der gemeinsam bewohnten Eigentumswohnung wird, gibt es zwei Betrachtungen: zum einen die rein vermögensrechtliche und zum anderen die eigentumsrechtliche. Vermögenstechnisch sind der Güterstand und die Eigentumsquoten, die im Grundbuch festgehalten sind, massgebend. In den allermeisten Fällen sind dies die Errungenschaftsbeteiligung und eine je hälftige Miteigentümerschaft. Dementsprechend werden Gewinn respektive Verlust und Hypothekarschulden grundsätzlich halbiert. Dies kann leicht zum Zankapfel werden, vor allem, wenn der Kauf von Haus oder Wohnung nicht zu gleichen Teilen von Ihnen und Ihrem Partner finanziert wurde (siehe Seite 73).

Des Weiteren kommt es darauf an, was Sie mit Ihrem Partner bezüglich der Zukunft des Eigenheims vereinbaren. Im Wesentlichen stehen Ihnen vier Optionen offen:

Option 1

Sie übernehmen das Wohneigentum, weil Sie möchten, dass Ihre Kinder im gewohnten Umfeld leben sollen, und/oder es auch Ihr Firmensitz ist.

- Sollten Sie diesen Weg beschreiten wollen, müssen Sie Ihren Expartner im Umfang seines Miteigentums auszahlen können.
- Ist Ihnen das aus Ihrem bestehenden Vermögen nicht möglich, haben Sie allenfalls die Möglichkeit, einen Erbvorbezug zu machen. Oder Sie können unter Umständen im Rahmen der Scheidungskonvention ausmachen, dass Sie im erforderlichen Umfang auf Ihren Anteil aus dem Pensionskassenguthaben verzichten. **Achtung:** Seien Sie sich bewusst, dass das Wohneigentum dann zu einem guten Teil Ihre Altersvorsorge repräsentiert. Behalten Sie das im Auge, falls Sie es zu einem späteren Zeitpunkt verkaufen wollen. Möglicherweise müssen Sie es auch verkaufen, wenn Sie das Pensionsalter erreichen, um über die notwendige Liquidität zur Finanzierung Ihres Lebensstandards zu verfügen (siehe Seiten 162 und 172). Aber zu dem Zeitpunkt möchten Sie sich vielleicht sowieso räumlich verkleinern.
- Als Alleineigentümerin werden die bestehenden Hypotheken auf Sie überschrieben. **Achtung:** Die Bank muss zum Handwechsel ebenfalls Hand bieten. Das wird sie tun, wenn Ihre Vermögens- und Einkommenssituation gewährleisten, dass Sie den laufenden Unterhalt des Wohneigentums, die Zinszahlungen und eine allfällige Amortisation der Hypothekarschuld problemlos alleine weiterfinanzieren können. Prüfen Sie auch, ob Sie die Hypothekarschuld gegebenenfalls reduzieren können. Zum Beispiel, falls Sie über ein Säule-3a-Konto verfügen,

das Sie dafür einsetzen können. Oder wenn Sie den Erbvorbezug noch nicht verwendet haben, um Ihren Expartner auszuzahlen. Oder Sie können eine zusätzliche Sicherheit beibringen, beispielsweise eine Lebensversicherung oder Wertschriften. Andernfalls kann Sie die Bank zu einem Verkauf zwingen. Unter Umständen ist dies vor Ablauf der Hypothekarschuld der Fall und/oder zu einem Zeitpunkt, wo Sie einen unterdurchschnittlichen Erlös aus dem Verkauf erzielen. Hinzu kommt, dass die Bank für die vorzeitige Auflösung der Hypothek eine happige Entschädigung verlangt, die den Verkaufserlös zusätzlich schmälert. Beides kann sich dementsprechend negativ auf Ihre Altersvorsorge auswirken.

Option 2

Ihr Partner zieht aus, und Sie vereinbaren, gleichwohl beide Miteigentümer zu bleiben.

■ Wenn Sie diese Option in Betracht ziehen, müssen Sie gleichzeitig vereinbaren, wer in welchem Umfang für die Hypothekarzinsen und den Liegenschaftenunterhalt aufkommt. **Achtung:** Hatten Sie eine Errungenschaftsbeteiligung, haften Sie auch über die Scheidung hinaus solidarisch. Das bedeutet, dass Sie beide für die gesamte Hypothek haftbar sind, egal, wie Ihre finanziellen Mittel aussehen. Kann also Ihr Partner nicht zahlen, wird die Bank Sie in die Pflicht nehmen.

Option 3

Sie einigen sich, das gemeinsame Wohneigentum zu veräussern und ihre Wohnsituation je neu zu organisieren.

■ In diesem Fall wird unabhängig vom Güterstand der Verkaufserlös zu je 50 Prozent aufgeteilt, egal, in welchem Umfang Sie sich seinerzeit an der Finanzierung des Baus des gemeinsamen Hauses oder dem Kauf der Familienwohnung beteiligt haben.

■ Wenn Sie seinerzeit dazu Ihr Freizügigkeitsguthaben teilweise oder vollständig eingesetzt haben, sollten Sie unbedingt sehen, dass Sie das Geld wieder seiner Bestimmung, der Altersvorsorge, zuführen können.

■ Unter Umständen erzielen Sie mit dem Verkauf einen Verlust, weil Sie es unter dem Verkehrswert verkaufen müssen oder weil Sie die Hypothek vor Verfall auflösen müssen und die Bank Ihnen eine entsprechende Entschädigung in Rechnung stellt.

Option 4

Ihr Partner übernimmt das Wohneigentum, und Sie suchen sich etwas Neues.

■ Analog zur Option 1 ist es hier Ihr Partner, der Sie im Rahmen Ihres Miteigentums entschädigen muss.

SPEZIALFALL BÄUERLICHES BODENRECHT

Beim landwirtschaftlichen Betrieb geht es vor allem darum, dessen Weiterbewirtschaftung sicherzustellen. Daher werden Investitionen, die während der Ehe in den Betrieb getätigt wurden und somit als Errungenschaft gelten, im Scheidungsfall lediglich zum Ertragswert bewertet, falls keine anderweitige Regelung getroffen wurde. Dies bedeutet in der Regel einen Abschlag von einem Drittel bis drei Viertel der ursprünglich investierten Summe.

In der Konsequenz verringert sich dadurch das zu teilende Vermögen. Diese Regelung schützt den Eigentümer des Betriebs – in vielen Fällen immer noch der Ehemann – vor hohen güterrechtlichen Forderungen, die eine Veräusserung des Betriebs notwendig machen würden. Um die Weiterbewirtschaftung des Betriebs nicht zu gefährden, verzichten Ehepaare oft bereits bei der Heirat darauf, eine im Grundbuch eingetragene Miteigentümerschaft der Ehefrau zu vereinbaren (siehe Seite 73). Im Scheidungsfall ein deutlicher Nachteil. Ihr steht aber im Gegenzug ein Gewinnanspruch zu, falls der Betrieb oder Teile davon in den folgenden 25 Jahren gewinnbringend veräussert werden sollten. Darauf wird sie aber tendenziell verzichten, um nicht einer späteren Übernahme des Betriebs durch ein gemeinsames Kind im Weg zu stehen. Dasselbe gilt auch, wenn die Investitionen während der Ehe aus dem Eigengut der Ehefrau finanziert wurden und dies gegebenenfalls in einem Darlehensvertrag festgehalten wurde. In diesem Fall werden die Investitionen zwar zum Verkehrswert bewertet, in über 70 Prozent der Fälle verzichten aber die Ehefrauen trotzdem auf ihre Ansprüche. ■

Altersvorsorge im Scheidungsfall

Während Sie um die güterrechtliche Trennung unter Umständen hart ringen müssen, hat der Gesetzgeber für die Vorsorgegelder klare Richtlinien definiert. Im Grundsatz gilt: Mit der Scheidung ist jeder von Ihnen beiden für seine Vorsorge wieder selbst verantwortlich.

■ **AHV:** Die Einkommen, auf die Sie als Paar während der Ehe Beiträge bezahlt haben, werden bei der Berechnung zusammengezählt und beiden je zur Hälfte angerechnet. Dasselbe gilt für die Erziehungs- und Betreuungsgutschriften, und das unabhängig davon, wie Sie die Erziehung und Betreuung untereinander aufgeteilt hatten. Wichtig ist für Sie zu wissen, dass dieses Splitting nicht automatisch erfolgt, sondern dass Sie es – am besten gemeinsam – bei der zuständigen Sozialversicherungsanstalt Ihres Wohnkantons anmelden müssen. Allerspätestens vorgenommen wird das Splitting, wenn Sie die AHV-Rente beantragen (siehe Seiten 162 und 171).

- **Pensionskasse:** Neben Wohneigentum ist das Pensionskassenguthaben bei vielen Ehepaaren das grösste Vermögen. Die Ansprüche aus der obligatorischen und überobligatorischen 2. Säule, die Sie je einzeln während der Ehe angespart haben, werden im Grundsatz je halbiert. Das gilt für die Freizügigkeit, die Sie beispielsweise während der Familienphase auf einem Freizügigkeitskonto parkiert haben, ebenso wie für das laufende Pensionskassenguthaben. Als Stichtag gilt das Datum, an dem die Scheidung eingeleitet wurde. Abweichend von der gesetzlichen Regelung können Sie aber auch eine Teilung vereinbaren, die Ihnen einen grösseren Anteil zuspricht. Dies kann beispielsweise ratsam sein, wenn Sie während der Ehe beruflich zurückgesteckt, den grösseren Anteil an der Haushaltsführung und Kinderbetreuung übernommen haben und so Ihre Altersvorsorge in der Zeit zu kurz kam. Dies auch im Hinblick darauf, dass Sie unter Umständen nicht gleich wieder beruflich Teil- oder Vollzeit einsteigen können und sich die Vorsorgelücke noch vergrössern wird.

Sollte einer von Ihnen beiden während der Ehe einen Vorbezug für Wohneigentum (siehe Seite 73) getätigt haben, wird dieser ebenfalls geteilt. Sollte einer von Ihnen beiden während der Ehe das Vorsorgekapital bezogen haben, beispielsweise weil Sie sich selbständig gemacht haben (siehe Seite 94), wird der Betrag abgezogen. Der jeweils andere musste damals dem Vorbezug zustimmen, soll aber nicht für den Vorbezug mit seinem eigenen Vorsorgeguthaben einstehen müssen.

Falls Sie während der Ehe Einkäufe in die Pensionskasse getätigt haben und diese aus dem Eigengut finanziert haben, z. B. mit Geld aus einer Erbschaft, ist der Einkauf vom Teilungsbetrag abzuziehen. **Achtung:** Sollten Sie oder Ihr Partner zum Zeitpunkt der Scheidung bereits im Rentenalter sein, wird nicht mehr das Gesamtvermögen geteilt, sondern nur noch die monatliche Rente. Ihr Rentenanspruch besteht dafür lebenslang. Die Formel für die Rententeilung wird vom Gericht festgelegt. Steht Ihr Partner kurz vor der Pensionierung und sind Sie wesentlich jünger, kann das Gericht eine Teilung verweigern, weil Sie noch länger Zeit haben, Ihre Vorsorge aufzubauen.

■ **Private Vorsorge (3. Säule):** Die Einzahlungen in die 3. Säule – ob in die gebundene oder freie Vorsorge – während der Ehe werden aus dem Einkommen finanziert. Die Teilung erfolgt darum im Rahmen der güterrechtlichen Auseinandersetzung. Abgezogen werden dabei die Steuern, die bei der späteren Auszahlung des Säule-3a-Kapitals anfallen. Verfügt Ihr Partner über das grössere Guthaben in der 3. Säule, wird er in Ihre Säule 3a oder auf Ihr Freizügigkeitskonto eine entsprechende Ausgleichszahlung leisten müssen, ausser Sie vereinbaren eine andere Teilung oder einen Verzicht auf die Teilung.

Vorsicht: Vorsorgelücken trotz Vorsorgeausgleich

Der Begriff «Vorsorgeausgleich» besagt, dass die Guthaben aus der beruflichen Vorsorge ausgeglichen werden. Der Ausgleich bedeutet aber nicht generell, dass Sie damit gut abgesichert aus einer Scheidung hervorgehen.

Angenommen, Sie haben während der Ehe über den gesetzlichen Mutterschaftsurlaub hinaus eine kürzere oder längere Familienpause eingelegt. Und angenommen, Sie waren in den Folgejahren bis zur Scheidung Teilzeit erwerbstätig, gegebenenfalls ohne dass Ihr Einkommen die Eintrittsschwelle erreicht und Ihnen eine Weiterversicherung in der 2. Säule ermöglicht hat. Dann haben Sie sich per se schon bis zur Scheidung eine Vorsorgelücke in der 2. Säule eingehandelt (siehe Seite 86).

War Ihr Expartner in all diesen Jahren berufstätig, so konnte er seine berufliche Vorsorge weiter ausbauen. In diesem Fall ist davon auszugehen, dass Sie aus dem Vorsorgeausgleich eine entsprechende Zahlung zugunsten Ihrer beruflichen Vorsorge erhalten werden. Diese erfolgt an Ihre Pensionskasse, sofern Sie erwerbstätig sind und bei der Vorsorgeeinrichtung Ihres Arbeitgebers angeschlossen sind, oder ansonsten auf ein Freizügigkeitskonto.

Ob dieser Ausgleich allerdings die auf Ihrer Seite während der Ehezeit entstandene Vorsorgelücke zu schliessen vermag, hängt auch davon ab, ob Ihr Expartner Vollzeit berufstätig war und wie hoch sein Einkommen in der Zeit war. Hat er über eine gewisse Zeit ebenfalls reduziert gearbeitet, ist er selbständig mit unregelmässigem Einkommen, ist er angestellt mit einem eher tieferen Einkommen oder war er eventuell sogar vorübergehend arbeitslos, dann schmälert all dies die Ausgleichszahlung. Generell vermag der Vorsorgeausgleich nicht aufzuwiegen, was Sie beide an Vorsorgeguthaben aufbauen hätten können, wären Sie beide Vollzeit erwerbstätig gewesen.

Wichtig ist, dass Sie Ihre Finanz- und Vorsorgesituation nach der Scheidung neu beurteilen lassen, um sich ein Bild zu machen, wie Sie über die Runden kommen und ob Vorsorgelücken bestehen bzw. welche Möglichkeiten Sie haben, diese bis zu Ihrer Pensionierung zu schliessen.

INFO *Wenn Sie aus Ihrer Scheidung eine Ausgleichszahlung erhalten, selbst aber keiner Vorsorgeeinrichtung angeschlossen sind, empfiehlt es sich, diese an die Stiftung Auffangeinrichtung BVG überweisen zu lassen. Denn dort können Sie sie später in eine Rente umwandeln lassen. Und vielen ist es dienlicher, dereinst eine monatliche Rente zu bekommen, als sich das Vermögen nach der Pensionierung selbst einteilen zu müssen. Herkömmliche Freizügigkeitskonten bei Banken bieten dagegen lediglich eine Kapitalauszahlung. Der Nachteil des Freizügigkeitskontos der Stiftung Auffangeinrichtung BVG ist, dass das Geld auf einem Konto liegt und genauso minimal verzinst wird wie bei den vergleichbaren Konten von Banken oder unabhängigen Anbietern. Wenn Sie sich also zutrauen, Ihr Altersguthaben später einmal selbst einzuteilen – auch dabei können Sie sich selbstverständlich von Profis unterstützen lassen –, sollten Sie ins Auge fassen, eine Wertschriftenlösung zu wählen.*

Anspruch auf Unterhalt für Sie und Ihre Kinder

Nachdem die güterrechtliche Auseinandersetzung und der Vorsorgeausgleich erfolgt sind, wird in einem letzten Schritt ermittelt, ob Sie und/oder Ihre Kinder Anspruch auf eine Unterhaltszahlung haben. Grundsätzlich haben Sie selbst nur Anspruch auf Alimente, wenn Sie während der Ehe nicht erwerbstätig waren und sich um Haushalt und Kinderbetreuung gekümmert haben. Wenn Sie nach der Scheidung für Ihren Unterhalt noch nicht oder erst teilweise selbst aufkommen können, muss Ihnen Ihr Ex-partner einen angemessenen Unterhaltsbeitrag zahlen. Dieser dient aller-dings lediglich einer Überbrückung, bis Sie Ihren Lebensunterhalt wieder vollständig selbst bestreiten können. Für die Festlegung sind folgende Kriterien massgebend:

- Ehedauer: Hat Ihre Ehe keine fünf Jahre gedauert, erhalten Sie meist keinen Unterhalt, da das Recht in diesem Fall von einer geringen Le-bensprägung ausgeht.

- Lebensstandard in den Ehejahren: Haben Sie einen gehobenen Lebens-stil geführt, haben Sie einen Anspruch darauf, diesen nach der Schei-dung fortzuführen.

- Alter und gesundheitlicher Zustand: Evtl. kann Ihnen aufgrund Ihres Alters oder Ihrer Gesundheit nicht zugemutet werden, dass Sie voll-umfänglich für Ihren Lebensunterhalt aufkommen. Sie müssen aller-dings damit rechnen, dass der Unterhalt trotz allem zeitlich begrenzt werden kann.

- Art und Dauer der noch bevorstehenden Kinderbetreuung

- Ausbildung und Berufserfahrung sowie Aussichten auf eine Anstellung

- Vorsorgeanwartschaften: Können Sie keine angemessene Altersvorsor-ge oder Eigenversorgung für das Rentenalter sichern, erhalten Sie Unter-halt.

- Die Leistungsfähigkeit Ihres Expartners: Bleibt ihm nach der Scheidung nur das Existenzminimum, werden Sie keinen Unterhalt bekommen.

Ihr Anspruch auf Unterhaltszahlungen erlischt, wenn Sie wieder heiraten oder ein qualifiziertes Konkubinat eingehen. Wenn Sie mit einem neuen Partner zusammenziehen und wenn er Sie finanziell unterstützt, kann Ihr Exmann eine dementsprechende Herabsetzung der Unterhaltszahlung ver-langen. Sollte die finanzielle Unterstützung nicht nachweisbar sein, kann Ihr Exmann dennoch darauf pochen, dass eine einfache Wohn- und Le-bensgemeinschaft vorliegt, die Ihnen finanzielle Vorteile in Ihrem Lebens-unterhalt bringt wie geteilte Mietkosten, und eine Reduktion seiner Unter-haltspflicht einfordern.

Als Eltern bleiben Sie auch nach der Scheidung für den Unterhalt Ihrer Kinder gemeinsam verantwortlich, und das bis zu deren Mündigkeit res-pektive bis zum Abschluss von deren Erstausbildung. Wachsen die Kinder bei Ihnen auf, haben Sie Anspruch auf Unterhaltszahlungen von Ihrem Exmann, längstens bis Ihre Kinder 15 oder 16 Jahre alt sind. Zum Unterhalt der Kinder zählen Essen, Kleider, Miete, Pflege und Erziehung, Ausbildung, Freizeit und Versicherungsprämien. Die Höhe können Sie in der Scheidungskonvention vereinbaren oder vom Gericht festlegen lassen. Eine feste Formel gibt es nicht dafür. Massgebend sind der Unterhaltsbedarf des oder der Kinder und die Einkommen der Eltern.

Alleinerziehende in der Armutsspirale

In 90 Prozent der Fälle wohnen Kinder nach der Scheidung bei ihrer Mutter. Fast jede sechste Familie in der Schweiz ist eine Einelternfamilie. Innerhalb von 50 Jahren hat sich die Zahl der Alleinerziehenden mehr als verdoppelt. Ein kleinerer Anteil sind verwitwete Frauen mit Kindern. Alleinerziehend sein ist weniger Lebensform als vielmehr Aufgabe. Neben der Pflege, Fürsorge und Erziehung der Kinder organisieren Sie alleine den Alltag für die Einelternfamilie. Sie tragen aber auch die Verantwortung für die Familie und die hauptsächliche Existenzsicherung. Die finanzielle Lage ist meist eine belastende. Überdurchschnittlich viele der 200 000 Einelternhaushalte sind armutsgefährdet oder von Armut betroffen.

Die gemeinsame Unterhaltspflicht besteht zwar auch nach der Scheidung weiter. Das betrifft aber in erster Linie die Kinder. Ansonsten ist jeder wieder für seinen eigenen Lebensunterhalt verantwortlich. Dementsprechend legen die Behörden bzw. das Gericht Alimente für Ihre gemeinsamen Kinder fest und gegebenenfalls einen temporären Unterhaltsbeitrag für Sie (siehe Seite 134). Stirbt Ihr Mann, haben Sie Anspruch auf eine Witwenrente sowie eine Waisenrente für Ihre Kinder (siehe Seite 147). In vielen Fällen ist die finanzielle Unterstützung unzureichend. Gegen 60 Prozent der Alleinerziehenden arbeiten Teilzeit, im Vergleich zu verheirateten Müttern häufiger in einem höheren Pensum.

Ihre Rückkehr ins Berufsleben gestaltet sich aber unter Umständen schwierig, vor allem, wenn Sie längere Zeit aus Ihrem Beruf ausgestiegen waren. Allfällige Fortbildungslücken durch eine Weiterbildung aufzuarbeiten, ist Ihnen angesichts des schmalen Budgets und der Belastung durch die alleinige Übernahme der Betreuungs- und Hausarbeit oft nicht möglich. In der Konsequenz sind Sie eventuell gezwungen, eine schlechter qualifizierte Stelle mit einer vergleichsweise geringeren Bezahlung anzunehmen. Gegebenenfalls fehlen auch Kinderbetreuungsmöglichkeiten oder diese sind für Sie trotz Subventionierung unbezahlbar, was Ihnen eine Erhöhung des Arbeitspensums verunmöglicht. Oder es fehlen entsprechende Angebote auf dem Stellenmarkt. Darauf deutet die Unterbeschäftigung hin, die fast jede fünfte Alleinerziehende betrifft.

Dies führt dazu, dass Sie trotz Ihrer Erwerbstätigkeit nur mit Mühe den Unterhalt der Familie stemmen können. Wenn Sie weniger als 2293 Franken monatlich zur Verfügung haben, gelten Sie als sogenannte Working Poor. Das bedeutet, dass Sie von Armut betroffen sind, obwohl Sie erwerbstätig sind. Je mehr Kinder Sie haben, desto eher trifft dies auf Sie zu. Jede fünfte Alleinerziehende ist darum gezwungen, Sozialhilfe zu beziehen.

Den finanziellen Überblick behalten

Sich ein Bild zu machen, auf welche finanzielle Unterstützung Sie Anspruch haben, ist gar nicht so einfach, teilweise sogar recht komplex. Es gibt aber eine Reihe von Beratungsstellen, die Ihnen dabei unkomplizierte Hilfe bieten. Scheuen Sie sich nicht, diese zu nutzen.

■ Um zu verhindern, dass Ihre Auslagen aus dem Ruder laufen, ist es unabdingbar, dass Sie für Ihre Familie ein **Budget** erstellen und Buch führen, über das, was an Geld reinkommt, sowie über all Ihre Ausgaben. So können Sie frühzeitig erkennen, wo Ihnen ein Liquiditätsengpass droht, und gegebenenfalls noch Gegenmassnahmen ergreifen.

■ Sollten **Ihre Unterhaltsbeiträge oder die Alimente für Ihre Kinder** ausbleiben, müssen Sie dies nicht einfach hinnehmen. Wenn Ihr Exmann die Unterhaltspflicht verletzt, bekommen Sie bei Ihrer Wohngemeinde respektive bei der zuständigen Kinderschutzbehörde zum einen Unterstützung für das Eintreiben der Beiträge. Ausserdem können Sie die Kinderalimente bevorschussen lassen. Das hilft Ihnen, Liquiditätsengpässe zu vermeiden oder zu überbrücken. Je nach Wohnkanton wird auch der Ihnen zustehende Unterhaltsbeitrag bevorschusst. Auf alle Fälle bekommen Sie aber Hilfe beim Inkasso. Allerdings kann dies gebührenpflichtig sein.

■ Sollten die Alimente Ihren Unterhalt nicht gebührend decken und sollte Ihr Exmann innerhalb von fünf Jahren nach der Scheidung eine grössere Lohnerhöhung erhalten, können Sie eine **Nachbesserung der**

Unterhaltsbeiträge geltend machen. Idealerweise haben Sie dies bereits im Scheidungsverfahren vereinbart. Allerdings haben die Unterhaltsbeiträge für Sie meist ein Ablaufdatum, das Sie in der Scheidungskonvention vereinbart haben, womit sich die Situation meist zusätzlich verschärft.

▪ Da die Kinder bei Ihnen wohnen, haben Sie Anspruch auf die **Familienzulage** von monatlich 200 Franken je Kind (siehe Seite 68). Der Anspruch auf die volle Familienzulage besteht auch, wenn Sie Teilzeit arbeiten, vorausgesetzt, Ihr Jahreseinkommen liegt über 7110 Franken und Ihr steuerbares Einkommen ist nicht höher als 42 660 Franken. Solange Sie noch nicht erwerbstätig sind, bezieht Ihr Exmann die Familienzulage und muss sie Ihnen weiterleiten. Tut er dies nicht, kann mit der zuständigen Ausgleichskasse seines Arbeitgebers eine Direktzahlung an Sie vereinbart werden.

▪ Generell sollten Sie nach der Veränderung der Familienverhältnisse prüfen, ob Sie bei Ihrer Krankenkasse auf ein günstigeres Modell wechseln können, das Ihnen trotzdem ausreichenden Schutz gewährt. Vergleichen Sie dazu auch die Prämien der verschiedenen Anbieter. Prüfen Sie ausserdem Ihren Anspruch auf **Verbilligung der Krankenkassenprämie** (siehe Seite 69).

▪ **Nach einer Scheidung wird der Einelternhaushalt separat besteuert.** Beachten Sie, dass Alimente und Renten für Kinder steuerpflichtig sind und Ihr Einkommen als Alleinerziehende zusätzlich belasten. Dafür wird Ihr Einkommen nach dem günstigeren Familientarif besteuert. Zusätzlich wird Ihre Steuerschuld im Bereich der direkten Bundessteuer um 251 Franken pro Kind reduziert. Ausserdem können Sie bei der direkten Bundessteuer den Kinderabzug geltend machen. In bestimmten Fällen können Sie überdies einen Antrag auf teilweisen Steuererlass oder Zahlungserleichterung stellen.

▪ Einige wenige Kantone (Tessin, Waadt, Genf und Solothurn) gewähren überdies **Ergänzungsleistungen für einkommensschwache Familien,** mit denen eine finanzielle Besserstellung und eine Vermeidung von Sozialhilfebezügen bezweckt werden soll. Bei Einelternfamilien mit mindestens einem Kind unter drei Jahren muss ein jährliches Bruttoeinkommen von mindestens 7500 Franken erzielt werden. Bei Einelternfamilien mit mindestens einem Kind über drei Jahren müssen es 15 000 Franken sein.

- In einzelnen Kantonen werden noch **Kleinkinderbetreuungsbeiträge** bezahlt, sofern die Kinder zu Hause betreut werden. In den letzten Jahren haben verschiedene Kantone diese Regelung abgeschafft und fördern stattdessen Modelle familienexterner Kinderbetreuung bzw. sie unterstützen die betreffenden Familien eher über die Sozialhilfe.
- Wenn es nicht mehr anders geht, bleibt Ihnen der Antrag auf Sozialhilfe (siehe Seite 118). Suchen Sie das Gespräch mit der Sozialberatung Ihrer Wohngemeinde frühzeitig, um eine finanzielle Notlage zu vermeiden.

Invalidität:
Von der Arbeitsunfähigkeit
zur Erwerbsunfähigkeit

**Welches Bild haben Sie beim Begriff «invalid» vor Augen?
Eine Person, die gehörlos ist? Eine Person, die im Rollstuhl sitzt?
Invalidität ist aber nicht immer sichtbar, sondern weitaus
komplexer und vielschichtiger. Dies spiegelt sich auch in deren
Behandlung durch die Sozialversicherungen.**

Die Vorstellung, krankheits- oder unfallbedingt vorübergehend oder dauerhaft nicht mehr am Erwerbsleben und/oder am gesellschaftlichen Leben partizipieren zu können, macht Angst oder ist zumindest unangenehm. Bei solchen Dingen tendiert der Mensch dazu, sie auszublenden, zu negieren oder von sich zu weisen.

Angesichts der Tatsache, dass «nur» 6 von 100 Versicherten eine IV-Leistung beziehen, könnten Sie argumentieren, dass Ihr eigenes Invaliditätsrisiko gering ist. Da aber die finanziellen Konsequenzen einer Invalidität enorm sind, sind Sie gut beraten, sich ein Grundverständnis anzueignen, das Ihnen hilft, das Thema für sich selbst besser einordnen zu können.

Die Sozialversicherungen sichern Erwerbstätige gegen die Risiken Alter, Invalidität und Tod ab. Von diesen drei Risiken ist die Invalidität sicher

EINIGE ZAHLEN UND FAKTEN ZUR INVALIDITÄT

- Drei Viertel aller IV-Renten sind sogenannte ganze Renten, die ausgerichtet werden, wenn ein Invaliditätsgrad von mindestens 70 Prozent vorliegt.
- Durchschnittlich beträgt eine ganze Monatsrente 1670 Franken.
- Die IV-Statistik ist Abbild unserer gesellschaftlichen Entwicklung. Wurde Invalidität ursprünglich mit Unfall, schwerer Krankheit oder Gebrechlichkeit gleichgesetzt, wird die Statistik heute von Rentenleistungen aufgrund psychischer Beeinträchtigung dominiert, was weitgehend Ausdruck des zunehmenden Leistungs- und Zeitdrucks auf dem Arbeitsmarkt und den damit einhergehenden Stress- und Burn-out-Phänomenen ist. In Wirtschaftskrisen akzentuiert sich diese Entwicklung jeweils zusätzlich.
- Vier von fünf IV-Renten werden aufgrund einer Krankheit ausbezahlt.
- Knapp 60 Prozent aller krankheitsbedingten IV-Renten gehen auf eine psychische Beeinträchtigung zurück.
- Unfälle sind lediglich in 7 Prozent der Fälle Ursache für eine IV-Rente.
- 13 Prozent der IV-Renten liegt ein Geburtsgebrechen zugrunde.
- Der Anteil der IV-Bezügerinnen und -Bezüger an der Wohnbevölkerung ist bei den 60- bis 64-Jährigen am höchsten.
- Frauen sind von Invalidität seltener betroffen als Männer.
- Insgesamt ist die Invaliditätsquote seit 2005 rückläufig, was insbesondere auf ein intensiveres Case Management zurückzuführen ist, das früh nach Auftreten einer Krankheit oder eines Unfalls einsetzt und die Integration der Betroffenen in den Arbeitsmarkt zum Ziel hat.

Quelle: IV-Statistik 2019

dasjenige, das am komplexesten ist. Das hat auch damit zu tun, dass es in der Invalidenversicherung (IV), in der Krankenversicherung, in der Unfallversicherung, in der beruflichen Vorsorge und bei den Ergänzungsleistungen abgedeckt ist (siehe Abbildung Seite 140). Erschwerend kommt hinzu, dass die versicherten Leistungen sehr divers sind, unterschiedlichen Bedingungen unterliegen und ausserdem unter den Institutionen koordiniert werden müssen. Das bringt einen entsprechend hohen Aufwand mit sich, der den Betroffenen oft einen langwierigen, nervenaufreibenden Papierkrieg beschert, bis sie zu den recht- und zweckmässigen Leistungen kommen.

Paradoxerweise decken zwar all diese Stellen in einer bestimmten Form das Risiko Invalidität ab und das auch vergleichsweise gut. Sie unternehmen aber gleichzeitig alles, um die Leistungen möglichst gering zu halten.

Ihr Ziel ist in allen Fällen, eine möglichst hohe Erwerbstätigkeit der Betroffenen zu wahren. Dies manifestiert sich auch in einem strengen Umgang mit Rentenanträgen aufgrund psychischer Erkrankungen, die häufiger abgelehnt werden.

Die Verhinderung, Verminderung oder Behebung von Invalidität fördern die Sozialversicherungen durch Früherfassung, Frühintervention sowie durch Umschulungs- und Berufseingliederungsmassnahmen. Im Fachjargon wird vom Case Management gesprochen. Wer sich dagegen wehrt,

HIER SIND SIE GEGEN INVALIDITÄT VERSICHERT

Versicherung	Versicherte Leistungen bei Invalidität
Krankenversicherung	■ Medizinische Behandlung der Krankheit ■ Krankentaggeld (nicht obligatorisch)
Unfallversicherung	■ Medizinische Behandlung bei Unfall (Berufsunfall, Nichtberufsunfall nur bei mindestens acht Wochenstunden beim selben Arbeitgeber) ■ Taggelder ■ Renten ■ Hilflosenentschädigung ■ Integritätsentschädigung ■ Hilfsmittel (nur wenige)
Invalidenversicherung	■ Früherfassung, Frühintervention, Integrationsmassnahmen ■ Berufliche Massnahmen ■ Taggeld während der Eingliederung ■ Hilflosenentschädigung ■ Renten ■ Hilfsmittel ■ Assistenzbeiträge
Berufliche Vorsorge	■ Invalidenrenten
Ergänzungsleistungen	■ Jährliche Ergänzungsleistungen ■ Nicht gedeckte Krankheits- und Behinderungskosten

Private Vorsorge durch individuelle Versicherungszusätze

Quelle: IV – Was steht mir zu? Beobachter-Edition, 2020 (siehe Buchtipp)

riskiert Leistungskürzungen. Der Erfolg der Massnahmen hängt allerdings nicht nur von der Motivation der Versicherten ab, sondern ebenso von der fachlichen Kompetenz der beteiligten Institutionen und Dienstleister sowie der Verfügbarkeit geeigneter Arbeitsstellen respektive der Bereitschaft der Wirtschaft, solche zu schaffen. Die IV unterstützt die Massnahmen mit Taggeldern für die Versicherten und durch die Übernahme von Mehrkosten bei der Betreuung von Nichterwerbstätigen.

Was Invalidität ist und was nicht

Angenommen, Sie brechen sich beim Skifahren das Bein, dann hindert Sie das zwar unmittelbar daran, Ihrer Arbeit nachzugehen. Treten keine Komplikationen ein, wird die Beeinträchtigung aber lediglich vorübergehender Natur sein. Die IV kommt erst ins Spiel, falls Sie teilweise oder dauerhaft nicht mehr in der Lage wären, erwerbstätig zu sein.

Die Versicherungen unterscheiden darum auch verschiedene Phasen. Im vorliegenden Fall gelten Sie als arbeitsunfähig. Der Unfalltag selbst gilt als Arbeitstag. An den beiden folgenden Tagen ist Ihr Arbeitgeber verpflichtet, Ihnen mindestens 80 Prozent Ihres Bruttolohns zu zahlen. Die meisten übernehmen den Lohnausfall zu 100 Prozent. Ab dem dritten Tag übernimmt die gesetzliche Unfallversicherung Ihres Arbeitgebers die Fortzahlung des Lohns. Sie richtet sogenannte Taggelder aus. Gedeckt sind 80 Prozent Ihres Bruttolohns bis zu einer Obergrenze von 148 200 Franken. Die Fortzahlung erfolgt so lange, bis Sie Ihre Arbeit wieder aufnehmen können. Bei Bruttolöhnen unter der erwähnten Obergrenze ist der Arbeitgeber verpflichtet, über eine gewisse Zeit die Differenz zum vollen Lohn zu übernehmen. Eventuell hat er für Löhne, die über der Obergrenze liegen, eine Zusatzversicherung abgeschlossen. Auskunft über die Leistungen gibt Ihr Arbeitsvertrag.

Sollte Ihr Skiunfall dagegen mit Komplikationen verbunden sein, die eine dauerhafte Reduktion Ihres Arbeitspensums zur Folge haben, kommt zunächst nochmals die Unfallversicherung zum Zug. Sie richtet Renten bereits ab einer Invalidität von 10 Prozent aus und kennt keine Rentenstufen, während eine IV-Rente eine Invalidität von mindestens 40 Prozent voraussetzt. Zur Bestimmung der Rente aus der Unfallversicherung wird ein Abgleich zwischen dem Lohn aus einer vollen Erwerbstätigkeit – un-

ARBEITSUNFÄHIGKEIT IST NICHT GLEICH ERWERBSUNFÄHIGKEIT

Als arbeitsunfähig gilt, wer aufgrund der gesundheitlichen Beeinträchtigung nicht mehr im bisherigen Beruf oder Aufgabenbereich tätig sein kann. In welchem Umfang dies der Fall ist, bestimmt ein Arzt. Dies bedingt je nachdem einen Stellenwechsel oder die Übernahme anderer Aufgaben beim bisherigen Arbeitgeber. Erwerbsunfähig ist, wem auf dem gesamten in Betracht kommenden Arbeitsmarkt keine Erwerbsarbeit mehr zugemutet werden kann. Für die Bestimmung des Invaliditätsgrads, den die IV-Stelle festlegt, ist ausschliesslich die Erwerbsunfähigkeit massgebend. ∎

abhängig vom effektiven Pensum – und dem Einkommen, das Sie aufgrund der Beeinträchtigung zumutbarerweise noch erzielen könnten, vorgenommen. Die Rente richtet sich demnach prozentgenau nach dem daraus resultierenden Invaliditätsgrad.

Gleichzeitig tritt im Sinne der Frühintervention auch die IV auf den Plan, um zusammen mit der Unfallversicherung allfällige Eingliederungsmassnahmen zu koordinieren respektive die Invalidität langfristig zu mindern oder zu beheben.

Sollten Sie durch Krankheit arbeitsunfähig werden, müssen Sie beachten, dass die Bestimmungen nicht dieselben sind wie bei der unfallbedingten Arbeitsunfähigkeit:

- Die Unfallversicherung übernimmt die Lohnfortzahlung ab dem dritten Arbeitstag, und das unabhängig davon, ob Ihr Arbeitsvertrag befristet oder unbefristet ist. Bei der Krankentaggeldversicherung besteht die Pflicht zur Fortzahlung bei unbefristeten Verträgen erst ab dem vierten Anstellungsmonat. Fortschrittliche Arbeitgeber haben zwar meist eine Zusatzversicherung zur Deckung des Risikos während der ersten drei Monate abgeschlossen. Sie sind aber gut beraten, in Ihrem Arbeitsvertrag zu prüfen, ob dies tatsächlich der Fall ist. Ansonsten haben Sie keinen Anspruch auf Lohnfortzahlung, falls Sie in den ersten drei Monaten krank oder arbeitsunfähig werden.

- Die Lohnfortzahlungspflicht ist auch bei der Krankenversicherung begrenzt. Sie ist aber nicht fix definiert wie bei der Unfallversicherung, sondern hängt vom Arbeitsvertrag und der Dauer der Anstellung ab. Regelt Ihr Arbeitsvertrag dies nicht, gelten die Bestimmungen des Obligationenrechts. Danach ist die Lohnfortzahlung im ersten Dienstjahr nach Ablauf der ersten drei Monate auf drei Wochen festgelegt. Für die weiteren Dienstjahre wird die Dauer anhand von drei kantonalen Skalen festgelegt (Zürcher, Berner, Basler Skala), die voneinander abweichen. Auskunft darüber gibt Ihr Arbeitsvertrag.

■ Im Rahmen der Lohnfortzahlungspflicht ist der Arbeitgeber verpflichtet, den Lohnausfall zu 100 Prozent zu kompensieren. Abgelöst wird die Lohnfortzahlung durch eine Krankentaggeldversicherung. Im Gegensatz zur Unfallversicherung ist der Abschluss einer solchen Versicherung für den Arbeitgeber aber nicht obligatorisch.

■ Verfügt Ihr Arbeitgeber über keine solche Versicherung, hat das bei einem längeren krankheitsbedingten Ausfall gravierende Folgen für Sie. Angenommen, eine Operation und die anschliessende Rekonvaleszenz zwingen Sie, Ihre Arbeit für ein halbes Jahr niederzulegen, endet die Lohnfortzahlung beispielsweise nach der Zürcher Skala bereits nach zwei Monaten, wenn Sie im 2. Dienstjahr sind. Die Lohneinbusse von vier Monaten kann Sie da ganz schön in die Klemme bringen. Schauen Sie also unbedingt nach, was Ihr Arbeitsvertrag dazu sagt.

■ Besteht eine Krankentaggeldversicherung, sollten Sie trotzdem die Konditionen prüfen. Gleichwertig mit der Lohnfortzahlung ist sie, wenn in einem Zeitraum von zweieinhalb Jahren (900 Tage) 720 Taggelder bezahlt werden und der Lohnausfall zu mindestens 80 Prozent gedeckt ist. Machen Sie sich auch ein Bild, ob Ihr Arbeitgeber die Differenz zum vollen Lohn ausgleicht und ob er die Karenztage (Wartefrist bis zum Beginn der Taggeldzahlungen) deckt. Die Hälfte der Prämien wird der Arbeitgeber übrigens an Sie überwälzen und von Ihrem Lohn in Abzug bringen.

> **BUCHTIPP**
> Friedauer, Susanne; Gehring, Kaspar: **IV – Was steht mir zu? Das müssen Sie über Rechte, Renten und Versicherungen wissen.** Beobachter-Edition, Zürich 2020
> www.beobachter.ch/buchshop

Die IV-Rente: Erst wenn keine Chance auf (volle) Wiedereingliederung besteht

Die IV unterscheidet abhängig vom Invaliditätsgrad vier Rentenstufen. Basis für die Ermittlung des Rentenanspruchs ist das Erwerbseinkommen, das ohne den Gesundheitsschaden erzielt werden könnte (Valideneinkommen). Davon zieht sie das Erwerbseinkommen ab, das sich angesichts des Gesundheitszustands und nach den Eingliederungsmassnahmen auf zumutbare Weise erreichen lässt. Der Invaliditätsgrad drückt die invaliditätsbedingte Erwerbseinbusse in Prozenten aus.

DIE IV-RENTENSTUFEN IM ÜBERBLICK

Invaliditätsgrad	Rentenanspruch (prozentualer Anteil Bezüger/ innen, Stand 2018)	Rentenhöhe (Stand 1.1.2021)
40–49 Prozent	Viertelsrente (5 Prozent)	299 bis 598 Franken
50–59 Prozent	Halbe Rente (14 Prozent)	598 bis 1195 Franken
60–69 Prozent	Dreiviertelsrente (6 Prozent)	897 bis 1793 Franken
70–100 Prozent	Ganze Rente (75 Prozent)	1195 bis 2390 Franken

Quelle: IV-Statistik 2019

Falls Sie Lücken bei den Beitragsjahren aufweisen und/oder aufgrund einer Teilzeitbeschäftigung eher unterdurchschnittliche Beitragszahlungen geleistet haben, müssen Sie mit einer Kürzung der Renten rechnen. Der Rentenanspruch erlischt, falls zum Beispiel im Laufe der Zeit ein höherer Beschäftigungsgrad möglich wird und damit der Invaliditätsgrad unter 40 Prozent fällt, wenn Sie das ordentliche Pensionsalter erreichen oder im Fall Ihres Todes vor diesem Termin. Ab dem Rentenalter tritt in der Regel die AHV-Rente an die Stelle der IV-Rente. Haben Sie bis dahin eine ganze IV-Rente bezogen, erhalten Sie denselben Betrag zukünftig als AHV-Rente (Besitzstandwahrung). Bei einem Invaliditätsgrad von beispielsweise 50 Prozent berechnet sich die AHV-Rente aufgrund Ihrer halben IV-Rente und den AHV-Beiträgen, die Sie im Rahmen Ihrer Erwerbstätigkeit einbezahlt haben.

Die IV-Stelle überprüft die einmal festgelegten Renten regelmässig, ob die Rechtmässigkeit noch gegeben ist und sich das Eingliederungspotenzial verbessert oder verschlechtert hat. Die Renten wird sie revidieren, wenn sich der Gesundheitszustand der Rentenbezügerin oder die Lebenssituation und damit die Bemessungsgrundlage verändert. Zudem sind Versicherte verpflichtet, wesentliche Änderungen umgehend zu melden, wenn diese auftreten bzw. festgestellt werden. Zu Unrecht bezogene Rentenbeträge kann die IV-Stelle zurückfordern oder mit einer weiterlaufenden Rente verrechnen.

INFO *Die berufliche Vorsorge bezweckt nicht nur im Alter, sondern ebenso bei einer Invalidität die Fortsetzung der gewohnten Lebenshaltung in angemessener Weise, auch in diesem Fall koordiniert mit den Leistungen aus der 1. Säule. Die grundlegenden Parameter bezüglich Invaliditätsgrades sind darum in den beiden Säulen identisch. Dies gilt allerdings nur für das BVG-Obligatorium. Im überobligatorischen Bereich ist die Pensionskasse im Festlegen der Bestimmungselemente frei. So muss sie beispielsweise auch Erhöhungen, die die IV bei der Rente aus der 1. Säule bestimmt, nicht zwingend übernehmen.*

Was Arbeitsunfähigkeit und Erwerbsunfähigkeit für Ihre Finanzsituation bedeuten

Die finanziellen Konsequenzen einer vorübergehenden Arbeitsunfähigkeit oder einer dauerhaften Erwerbsunfähigkeit haben viel mit der Familienkonstellation zu tun, in der Sie leben, also damit, ob Sie in einem Paarhaushalt mit oder ohne Kinder leben, ob Sie alleinstehend oder alleinerziehend sind. Das Schliessen von Lücken ist immer ein Abwägen zwischen Ihrer Risikobereitschaft und Ihren finanziellen Möglichkeiten, da die zusätzliche Deckung Privatsache und nicht kostenlos zu haben ist.

■ Wenn Sie bei einem fortschrittlichen Arbeitgeber angestellt sind und Sie sich vergewissert haben, dass Sie zweckmässig abgesichert sind, braucht Ihnen die Einkommenssituation während eines vorübergehenden krankheits- oder unfallbedingten Ausfalls finanziell keine allzu grossen Sorgen zu bereiten.

■ Dort, wo die Absicherung aber nicht so üppig ist oder Lücken aufweist und damit durch den vorübergehenden krankheits- und unfallbedingten Ausfall Lohneinbussen drohen, kann das persönliche oder das Familienbudget schnell einmal aus dem Gleichgewicht geraten, vor allem, wenn das Finanzpolster gerade nicht so bequem ausgestattet ist. Wenn Sie prophylaktisch verschiedene Budgetszenarien durchspielen, wissen Sie, ab welchem Punkt es kritisch wird.

- Empfindlicher trifft es Ihr Budget, wenn Sie dauerhaft erwerbsunfähig werden. Selbst eine Vollrente aus der 1. und 2. Säule deckt oftmals nur 50 bis 60 Prozent des aktuellen Einkommens. Die so entstehende Lücke sollten Sie gegebenenfalls durch eine Erwerbsunfähigkeitsrente im Rahmen der privaten Vorsorge decken.

- Empfehlenswert kann eine solche Versicherung insbesondere für Alleinstehende und Selbständige sein, also dort, wo kein weiteres Haushaltseinkommen die Einbusse auffangen kann.

- Für Selbständige und Frauen, die im Landwirtschaftsbetrieb ihres Partners mitarbeiten und keiner Pensionskasse angeschlossen sind, sind die finanziellen Folgen einer dauerhaften Erwerbsunfähigkeit gravierend, da sie sich nur auf die Leistungen der 1. Säule abstützen können. Dies wiegt umso schwerer, als bei Einkommen, die über dem BVG-Obligatorium liegen, die IV-Rente aus der 2. Säule höher ist als diejenige aus der 1. Säule.

- Die Statistik zeigt, dass das unfallbedingte Invaliditätsrisiko in jungen Jahren höher ist. Bei Jugendlichen und Studenten, die noch keine oder erst wenige Beiträge geleistet haben, beschränkt sich die Leistung meist auf die Minimal-IV-Rente aus der 1. Säule. Auch wenn Sie für Ihre Kinder Ergänzungsleistungen geltend machen können, ist die Deckung minimal. Verbessern können Sie die Deckung durch den Abschluss eines Invaliditätskapitals im Rahmen der Unfalldeckung. Da das Unfallrisiko statistisch gering ist, ist die Deckung vergleichsweise günstig.

- Schlecht präsentiert sich die Situation auch für nicht berufstätige Mütter, die vor der Geburt der Kinder nur wenige Jahre erwerbstätig waren. In diesem Fall haben Sie lediglich Anspruch auf eine IV-Rente aus der 1. Säule, die die entstehenden Kosten für die Haushaltsführung und die Kinderbetreuung kaum abzudecken vermag. Je nachdem kann hier der Abschluss eines Invaliditätskapitals im Rahmen der Krankenversicherung Sinn machen. Da aber das Risiko, durch Krankheit invalid zu werden, statistisch hoch ist, ist eine solche Lösung teuer und übersteigt das Budget mancher Familie.

- Die IV bezieht bei der Festlegung von Leistungen mit ein, dass sich durch die teilweise oder vollständige Erwerbsunfähigkeit auch Einbussen im Haushalt oder bei der Kindererziehung ergeben können. Sollten

Sie beispielsweise beim An- und Auskleiden, Aufstehen und Absitzen, beim Essen, der Körperpflege etc. auf Hilfe Dritter angewiesen sein und Ihr Partner dies nicht in vollem Umfang übernehmen können, haben Sie gegebenenfalls Anspruch auf sogenannte Hilflosenentschädigung. Dies im Gegensatz zur beruflichen Vorsorge, wo die Tätigkeit im eigenen Haushalt und die Kindererziehung nicht versichert sind.

Plötzlich allein: Wenn der Partner stirbt

Der Tod des geliebten Partners ist ein schwerer Schicksalsschlag – egal, ob dies unerwartet geschieht oder abzusehen war. Umso wichtiger ist es, zu wissen, wie es nach dem Tod Ihres Partners finanziell für Sie weitergeht, zumal die emotionale Belastung in dieser Situation enorm ist und Sie vor einem Berg von Formalitäten und Entscheidungen zur Bewältigung Ihres neuen Alltags stehen.

Alle Entscheidungen und Vorkehrungen, die Sie schon zu Lebzeiten Ihres Partners treffen konnten, machen Ihnen die sonst schon schwere Zeit nicht noch schwerer. Über das «Was ist, wenn …?» zu sprechen, ist in diesem Fall besonders schwer. Wenn Sie das aber bereits anlässlich anderer Lebensstationen praktiziert haben, haben Sie damit schon einige Übung und begreifen den Tod eher als das, was er ist: ein Teil des Lebens.

Je früher Sie sich damit auseinandersetzen, was der Tod Ihres Partners oder Ihr eigener Tod finanziell bedeutet, desto eher lassen sich Lücken erkennen und desto eher können Sie noch die notwendigen Weichen stellen. Das gibt Ihnen gegenseitig das gute Gefühl, dass es dem anderen so weit als möglich gut geht respektive jeder vom anderen weiss, in welcher Lage er ist, wenn man selbst nicht mehr da ist.

Haben Sie das Thema dagegen immer vor sich hergeschoben, gibt es nach dem Tod Ihres Partners unter Umständen eine böse Überraschung.

Und davon sind Frauen meist stärker betroffen als Männer. Die Erkenntnis «Hätten wir doch bloss ...!» kommt zu spät.

TIPP *Unmittelbare Handlungsfähigkeit sichern: Vermutlich haben Sie sich zu Lebzeiten gegenseitig Vollmachten auf Ihren Konten und allfälligen Wertschriftendepots erteilt. Oder Sie hatten ein gemeinsames Konto, ein sogenanntes Und/Oder-Konto. Die Formalitäten rund um den Tod Ihres Mannes verursachen Kosten. Die laufenden Rechnungen wollen auch bezahlt sein. Grundsätzlich enden Vollmachten mit dem Tod des Vollmachtgebers. Das gilt auch für das Konto auf beide Namen. Die Bank ist berechtigt, das Konto zu sperren, bis die Erbfolge rechtsgültig ist. Üblicherweise lässt sie aber zu, dass die gewohnten Rechnungen wie Miete und Strom weiterhin darüber abgerechnet werden können. Erkundigen Sie sich bei Ihrer Bank, welche Zahlungen sie konkret zulässt.*

Was der Tod Ihres Partners finanziell für die Familie und für Sie bedeutet, hängt stark davon ab, zu welchem Zeitpunkt in Ihrem Leben Sie davon betroffen sind, ob Sie verheiratet sind oder ohne Trauschein zusammenleben, ob Sie Kinder haben oder nicht und ob Sie beide erwerbstätig waren oder nur Ihr Mann. Je nachdem fühlen Sie sich auch wohler, wenn Sie dies mit einer Beraterin oder einem Berater Ihres Vertrauens näher anschauen können (siehe Seite 202).

Um sich ein umfassendes Bild zu machen, gilt es, sich zu informieren, auf welche Leistungen aus der 1. und 2. Säule Sie Anspruch haben und welche Vermögenswerte darüber hinaus bestehen. So wissen Sie, welche Mittel Ihnen zur Verfügung stehen, und können Ihr Budget danach ausrichten.

BUCHTIPP
Zeugin, Käthi; von Flüe Karin:
Im Todesfall. Der komplette Ratgeber. Beobachter-Edition, Zürich 2018
www.beobachter.ch/buchshop

Wenn Sie mit Ihren Kindern allein zurückbleiben

Die Sozialversicherungen richten Hinterlassenenrenten an Sie und Ihre
Kinder aus.

DIE LEISTUNGEN DER SOZIALVERSICHERUNGEN IM TODESFALL DES PARTNERS

Sozialversicherung	Renten	Berechnung	Bemerkung
AHV	Witwenrente	80 Prozent der AHV-Einzelrente von max. 2390 Franken	War der Partner jünger als 45, wird ein Karrierezuschlag gewährt.
AHV	Halbwaisenrente	40 Prozent der AHV-Einzelrente von max. 2390 Franken	Zeitlich befristet bis zum 18. Geburtstag oder bis zum Abschluss der Ausbildung, längstens bis zum 25. Geburtstag
BVG	Witwenrente	60 Prozent der vollen IV-Rente aus dem BVG	Gewisse Vorsorgepläne sehen höhere Hinterlassenenleistungen vor.
BVG	Halbwaisenrente	20 Prozent der vollen IV-Rente aus dem BVG	Zeitlich befristet bis zum 18. Geburtstag oder bis zum Abschluss der Ausbildung, längstens bis zum 25. Geburtstag

Die Nachlassteilung erfolgt grundsätzlich nach den gesetzlichen Regeln,
falls Sie keine anderweitige Verfügung getroffen haben (siehe Seite 186).
Haben Sie keinen anderen Güterstand vereinbart (siehe Seite 56), gehört
Ihnen Ihr Eigengut und eine Hälfte der Errungenschaft. Das Eigengut
Ihres Mannes und seine Hälfte der Errungenschaft fallen in den Nachlass,
der je zur Hälfte an Sie und Ihre Kinder geht. Wenn Sie verheiratet waren,
fällt dafür in den meisten Kantonen keine Erbschaftssteuer an.

Zum Nachlass gehören im Wesentlichen:

- **Lebensversicherungen mit einem Rückkaufswert:** Da die vorgenannten Hinterlassenenrenten das wegfallende Einkommen in den meisten Fällen nicht kompensieren können, haben Sie sich unter Umständen mit einer gemischten Lebensversicherung mit einem Sparanteil zusätzlich abgesichert. Reine Todesfallversicherungen weisen dagegen keinen Rückkaufswert aus und fallen darum nicht in den Nachlass. Die Todesfallsumme wird Ihnen direkt ausbezahlt.

- **Freizügigkeits-, Säule-3a- und sonstige Sparguthaben:** In den Verträgen zu den jeweiligen Guthaben können Sie explizit aufführen, dass die Guthaben an Sie übergehen sollen. Dies ist unabdingbar, wenn Sie ohne Trauschein zusammenleben, da Sie erbrechtlich benachteiligt sind.

- **Wohneigentum** zählt neben dem BVG-Guthaben in vielen Familien zum grössten Vermögen. Das Wohneigentum gehört in aller Regel zum Errungenschaftsvermögen. In diesem Fall kann es Sinn machen, dass Sie in einem Ehevertrag vereinbaren, dass Sie das gesamte Errungenschaftsvermögen erhalten. So können Sie vermeiden, dass Sie im Extremfall gezwungen sind, Ihr Haus oder Ihre Wohnung zu verkaufen,

---

KONKUBINATSPARTNER SIND KEINE GESETZLICHEN ERBEN

Haben Sie ohne Trauschein zusammengelebt, drohen Sie leer auszugehen, falls Sie keine schriftliche Nachlassregelung vereinbart haben. Denn das Erbrecht kennt keinen Pflichtteil für Konkubinatspartner, was Sie ohne entsprechende Regelung erheblich benachteiligt. Zum einen haben Sie unter Umständen bereits einige Dinge im Rahmen eines Konkubinatsvertrags festgehalten (siehe Seite 50). Zum anderen empfiehlt sich das Aufsetzen eines Testaments oder eines Erbvertrags, insbesondere auch hinsichtlich des Wohneigentums (siehe Seite 188). Darüber hinaus müssen Sie sich gegenseitig als Begünstigte für die Hinterlassenenrente aus der 2. Säule bei der jeweiligen Pensionskasse eintragen lassen. Sonst verwirkt Ihr Anspruch, da eine nachträgliche Anmeldung nicht akzeptiert wird, so gut Sie den Nachlass auch sonst geregelt haben mögen. Dies setzt voraus, dass die Pensionskasse eine Begünstigung des Konkubinatspartners kennt. Deckt der Vorsorgeplan lediglich das BVG-Obligatorium ab, ist dies oft nicht der Fall. Aus der 1. Säule bekommen nur Ihre Kinder eine Waisenrente, während Sie keinen Anspruch auf eine Witwenrente haben. Die Benachteiligung bei den Erbschaftssteuern können Sie nicht wegbedingen. Das bedeutet, dass Ihr Erbe je nach Kanton deutlich geschmälert wird. ■

um den Kindern Ihren Erbteil auszubezahlen. Je nachdem können die Kinder auch einen Erbverzicht ausüben, um Ihnen zu Lebzeiten die Nutzung des gemeinsamen Vermögens zu ermöglichen (siehe Seite 186). Allerdings setzt dies deren Einwilligung voraus.

■ **Spezialfall Landwirtschaftsbetrieb:** Unabhängig davon, ob Ihr Mann den elterlichen Betrieb vor oder während Ihrer Ehe übernommen hat, bleibt er sein Eigengut, weil eine wesentliche Erbkomponente im Spiel war (Ertragswert als gemischte Schenkung). Das bedeutet, dass der Betrieb in der Nachlassregelung zum tieferen Ertragswert (kapitalisierter Mietwert) und nicht zum Verkehrswert (Marktwert/Verkaufswert) angerechnet wird. Als Errungenschaft gilt Ihr Betrieb nur, wenn Sie ihn während der Ehe aus Errungenschaftsvermögen erworben haben.

Betreuung von Familienangehörigen und Verwandten

Viele ältere Menschen, vielleicht auch Ihre Eltern, Grosseltern, Tanten und Onkel, leben nicht im Alters- und Pflegeheim, sondern eher selbstbestimmt in den eigenen vier Wänden. Das Wahrnehmen der Betreuungsarbeit durch Dritte ist allerdings teuer und geht zu Lasten der Seniorinnen und Senioren. Darum wird die Arbeit vor allem durch Angehörige geleistet und immer noch überwiegend von Töchtern, Schwiegertöchtern, Enkelinnen und Nichten. Damit wird der finanzielle Nachteil aber lediglich verlagert, und zwar zuungunsten dieser weiblichen Familienmitglieder.

Viele leben heute länger, über etliche Jahre auch gesünder und ohne grosse körperliche Einschränkungen. Dies ermöglicht es, länger autonom zu sein. Mit abnehmender Selbständigkeit wächst aber der Bedarf an Betreuung. Mit der Zeit braucht es Unterstützung von aussen. Und die stammt immer noch zu einem überwiegenden Teil aus der Familie. Dies auch, weil die Kosten für externe Betreuung selbst übernommen werden müssen.

Was die Betreuung Ihrer Angehörigen für Sie bedeutet

«Das ist doch selbstverständlich, dass ich mich um meine Angehörigen kümmere», werden Sie vielleicht sagen. Angesichts des grossen Anteils an Freiwilligenarbeit in der Betreuung könnten Sie sich darin sogar bestätigt fühlen. Oder vielleicht entspricht es auch der Erwartungshaltung Ihrer Eltern oder Schwiegereltern. Fällen Sie aber den Entscheid, unbezahlte Betreuungsarbeit zu übernehmen, nicht leichtfertig. Stimmen Sie sich mit Ihrer eigenen Familie und Ihren Geschwistern bzw. Schwägerinnen und Schwägern ab, führen Sie sich die finanziellen Konsequenzen, die das konkret für Sie hat, vor Augen und prüfen Sie alternative Möglichkeiten. So können Sie vermeiden, sich persönlich und finanziell zu übernehmen.

Wenn Sie Angehörige pflegen, bedingt das unter Umständen, dass Sie Ihre eigene Erwerbstätigkeit reduzieren.

- **Ihr Familienbudget:** Prüfen Sie im Gespräch mit Ihrer eigenen Familie, ob und in welchem Umfang eine Reduktion des Budgets möglich ist.
- **Betreuungsgutschriften:** Die AHV rechnet bei der Rentenberechnung nicht nur Ihr Erwerbseinkommen und Gutschriften für die Kinderbetreuung an, sondern ebenso für die Betreuung von Angehörigen. Das tönt zunächst einmal positiv. Dabei gilt es allerdings einige Dinge zu beachten und keine allzu grosse Erwartungen damit zu verknüpfen.

Bedingung	Beschreibung
Nahe Verwandte	Als Verwandte gelten nur Ihre direkte Linie und die Ihres Mannes. Eltern, Kinder, Geschwister und Grosseltern sowie Ehegatten, Schwiegereltern und Stiefkinder. Wenn Sie Tanten und Onkel, Pateneltern und sonstige Verwandte pflegen, entsteht kein Anspruch auf Betreuungsgutschriften.
Pflegebedürftigkeit	Die Pflegebedürftigkeit ist gegeben, wenn Ihre Verwandten von der AHV, IV, Unfall- oder Militärversicherung eine Hilflosenentschädigung leichten, mittleren oder schweren Grades beziehen. Ist dies noch nicht der Fall, sollten Sie zunächst den entsprechenden Antrag stellen. Besteht bei Ihren Verwandten kein Anspruch darauf, wird Ihnen die AHV keine Betreuungsgutschriften anrechnen.

Bedingung	Beschreibung
Erreichbarkeit	Die Verwandten müssen leicht erreichbar sein, d. h. Sie dürfen nicht weiter als 30 km von ihnen entfernt wohnen und der Fahrtweg muss weniger als eine Stunde betragen.
Betreuungszeit	Sie müssen sich mindestens an 180 Tagen im Jahr im selben Haushalt mit den pflegebedürftigen Angehörigen aufhalten.
Erziehungs-/ Betreuungs- gutschriften	Betreuungsgutschriften generieren Sie nur einmal. Wenn Sie also parallel noch Gutschriften für die Kindererziehung bean- spruchen, haben Sie keinen Anspruch auf zusätzliche Gut- schriften, obwohl Sie an zwei Orten unbezahlte Arbeit leisten.
Nutzniesser	Bedenken Sie, dass die Erziehungs-/Betreuungsgutschriften je zur Hälfte Ihnen und Ihrem Ehemann angerechnet werden, also nicht allein Ihnen. Teilen Sie sich die Betreuung Ihrer Ver- wandten mit weiteren Familienangehörigen, z. B. mit Geschwis- tern, erhalten alle Beteiligten einen entsprechenden Anteil.
Gültigkeit	Im Gegensatz zu den Erziehungsgutschriften müssen Sie die Betreuungsgutschriften jedes Jahr neu beantragen.

Die Betreuungsgutschrift entspricht der dreifachen jährlichen Minimalrente zum Zeitpunkt Ihres Rentenanspruchs. Die Summe der Betreuungsgutschriften wird durch die Beitragsdauer geteilt und zum durchschnittlichen Erwerbseinkommen dazugezählt.

■ **Ihre Vorsorgesituation:** Seien Sie sich bewusst, dass Sie mit der Reduktion Ihrer Erwerbstätigkeit zwangsläufig Einbussen bei Ihrer eigenen Vorsorge in Kauf nehmen, da unser Vorsorgesystem von einer Vollbeschäftigung ausgeht. Wägen Sie vor allem gut ab, ob die Betreuungsgutschriften, solange Sie überhaupt Anspruch darauf haben, die Einbussen in der Vorsorge aufwiegen. Sollte beispielsweise Ihr AHV-Einkommen unter die BVG-Eintrittsschwelle fallen, dürfte dies kaum der Fall sein. Sorgen Sie entsprechend der finanziellen Situation Ihrer Familie dafür, dass Sie die Einbussen durch privates Vorsorgesparen ausgleichen können, gegebenenfalls auch durch einen finanziellen Zustupf der betreuten Angehörigen.

Ausserdem gibt es eine ganze Reihe von finanziellen und rechtlichen Aspekten bei der Betreuung und Pflege Ihrer Angehörigen, die Sie im Auge behalten sollten.

- **Krankenversicherung:** Erkundigen Sie sich, welche Leistungen die Krankenkasse Ihrer Angehörigen abdeckt. Insbesondere, welche Betreuungsunterstützung sie gewährt oder welche Zusatzversicherungen möglich bzw. sinnvoll sind.

- **Hilflosenentschädigung:** Als hilflos gilt, wer bei alltäglichen Lebensverrichtungen dauernd auf die Hilfe Dritter, auf dauernde Pflege oder persönliche Überwachung angewiesen ist. Der Anspruch besteht, unabhängig von der wirtschaftlichen Situation Ihrer Angehörigen, aufgrund des Unterstützungsbedarfs. Sofern ein leichter, mittlerer oder schwerer Grad von Hilflosigkeit vorliegt, entsteht der Anspruch nach Ablauf einer einjährigen Wartefrist. Die Entschädigung variiert abhängig vom Grad der Hilflosigkeit zwischen 239 und 956 Franken/Monat (Stand 2021).

- **Pflegevertrag:** Wenn Sie Betreuung durch Dritte in Anspruch nehmen, ist der Abschluss eines Pflegevertrags empfehlenswert.

- **Vorsorgeauftrag:** Solange Ihre Angehörigen noch urteilsfähig sind, sollten Sie unbedingt das Aufsetzen eines Vorsorgeauftrags ins Auge fassen (siehe Seite 52). Zum einen, um gegenüber der Kindes- und Erwachsenenschutzbehörde klare Verhältnisse zu schaffen, zum anderen aber auch gegenüber weiteren Familienangehörigen, um keine unnötigen Konflikte zu schüren.

«Wenn ich die Verantwortung für mein eigenes Geld trage, kann ich damit Verantwortung für eine bessere Welt übernehmen»

Ein Gespräch mit Antoinette Hunziker-Ebneter, CEO und Mitgründerin Forma Futura Invest AG, Zürich, und VR-Präsidentin Berner Kantonalbank, Bern.

Welche Bedeutung hat Geld für Sie persönlich?
Für mich bedeutet Geld Verantwortung, Freiheit und Unabhängigkeit. Geld bewegt die Welt. Indem ich entscheide, was ich kaufe, wo und wie ich es kaufe, übernehme ich Verantwortung dafür, wohin mein eigenes Geld fliesst. Geld zu haben, bedeutet für mich auch die Freiheit, eine Partnerschaft aus Liebe und auf der Basis gemeinsamer Werte und nicht wegen des Geldes einzugehen. Geld gibt mir ökonomische und persönliche Unabhängigkeit.

Frauen überlassen finanzielle Entscheidungen oft ihrem Partner. Was braucht es, damit Frauen mehr Verantwortung für ihre kleinen und grossen Vermögen übernehmen?
Wir müssen das Bewusstsein dafür fördern, wie wichtig es ist, für die eigenen Finanzen selbst die Verantwortung zu übernehmen. Medien spielen hier eine wesentliche Rolle, indem sie über Frauen, ihre Arbeit und ihr Einkommen in den verschiedensten Branchen berichten und damit Vorbilder schaffen. Aber eigentlich müsste die Bewusstseinsbildung schon im Elternhaus und in der Schule beginnen. Wenn ich die Verantwortung für mein eigenes Geld übernehme, kann ich damit Verantwortung für eine bessere Welt übernehmen, genauso wie ich die Verantwortung für mich selbst übernehme, für meine Familie und für alles, was ich tue.

Mittlerweile befinden sich 30 bis 40 Prozent des globalen privaten Gesamtvermögens in den Händen von Frauen. Wie erleben Sie das Verhältnis vermögender Frauen zum Geld?

Aufgrund der vielen Gespräche, die ich in den letzten 14 Jahren als Vermögensverwalterin geführt habe, kann ich sagen, dass Frauen in Sachen Geld dazulernen möchten – ob sie nun das Geld selbst erarbeitet oder geerbt haben. In den regelmässigen Gesprächen vermitteln wir ihnen Know-how zu ihren Finanzanlagen. Umgekehrt kommen sie mit guten Fragen in die Gespräche zu den ausführlichen Berichten, die wir ihnen zu ihren Finanzanlagen erstellen. Ich stelle fest, dass dies Frauen auch motiviert, die Wirtschaftsberichterstattung in den Medien zu verfolgen und uns entsprechende Fragen dazu zu stellen. Auch Witwen, in deren Beziehung sich zuvor der Mann um die Finanzen gekümmert hatte, arbeiten sich in das Thema ein, teilweise noch im hohen Alter. Das zeigt, dass es nie zu spät ist, Verantwortung für das eigene Geld zu übernehmen. Wichtig ist aber ebenso, dass Frauen in Verwaltungsräten Fragen zur Verwendung der eingesetzten Mittel stellen.

Es heisst gemeinhin, Frauen seien risikoaverser und weniger selbstsicher bei ihren Anlageentscheidungen. Können Sie diese Beobachtungen bestätigen?

Nein, ich erlebe Frauen nicht als risikoaverser. Gerade jetzt, wo die Zinsen tief sind, erhöhen einige den Aktienanteil in ihrem Portfolio. Beim Anlageprofil kann ich keine geschlechterspezifischen Unterschiede ausmachen. Ich stelle allerdings fest, dass Frauen oft einen längerfristigeren Anlagehorizont haben als Männer. Generell stellen sie mehr Fragen als Männer, wenn sie etwas nicht wissen. Und stehen dazu, dass sie mit ihren Anlagen auch mal Verluste gemacht haben. Sprechen Männer über ihre Anlegererfahrung, haben sie meistens nie Geld verloren...

Müssen Frauen in Vermögensfragen anders angesprochen werden als Männer?

Wer mit Frauen über das Geldanlegen sprechen will, sollte sie nicht zu einem Schminknachmittag einladen. Die Vermischung der Themen kommt bei Frauen schlecht an. Wichtig ist auch ein sinnvolles Timing. An Nachmittagen arbeiten sie oder kümmern sich um ihre Kinder. Ein Samstagvormittag, an dem der Partner die Kinderbetreuung übernehmen kann, ist da deutlich besser geeignet.

Es heisst, Banken und Vermögensverwalter seien schlecht auf vermögende Kundinnen vorbereitet, weil sie hinsichtlich Beraterinnen unterbesetzt seien. Kommt es auf die beratende Person oder auf die Beratung an?

Frauen schätzen, wenn man ihnen die Wahl lässt. Wenn sich Frauen lieber von Frauen beraten lassen, kann dies auch damit zu tun haben, dass sie schlechte Erfahrungen mit männlichen Beratern gemacht haben. Wichtig ist, dass die beratende Person – ob nun weiblich oder männlich – der Kundin authentisch und auf Augenhöhe begegnet, also nicht in Stereotype verfällt oder künstlich wirkt.

Was ist Frauen beim Anlegen wichtig?

Unabhängig vom Vermögen ist es mehrheitlich eine Kombination aus Sinnhaftigkeit der Kapitalanlage, dem Kapitalerhalt und der Rendite. Frauen wollen wissen, wie Firmen ihre Gewinne erwirtschaften, welche Risiken sie dabei eingehen, wie stabil sie sich entwickeln. Dementsprechend affin sind sie auch für nachhaltige Anlagen. Bei Männern steht dagegen überwiegend die Performance der Anlage im Vordergrund.

Welchen Rat würden Sie Frauen mit auf den Weg geben, die ihr Vermögen investieren möchten?

Vorzugsweise sprechen sie mit zwei oder drei Banken oder Vermögensverwaltern, bevor sie sich entscheiden, von wem sie ihr Geld verwalten lassen möchten. Wenn sie ihnen dieselbe Aufgabenstellung geben, können sie anhand der unterschiedlichen Herangehensweise und der vorgeschlagenen Lösungen einen Vergleich ziehen und ihren Entscheid darauf basieren. Es kann auch Sinn machen, das Vermögen auf zwei Anbieter zu verteilen, um so weiterhin Vergleiche ziehen zu können.

Berufliche Zielgerade und das neue Alter

4

Am Übergang zwischen Beruf und Pensionierung fühlt sich heute kaum noch jemand alt. Im Gegenteil: So manche verspürt den Drang, noch einmal Neues anzupacken. Die Grenzen zwischen Berufszeit und Rentenalter lösen sich zunehmend auf. Die einen wollen die Berufswelt so rasch als möglich hinter sich lassen. Für die anderen ist es o.k, so wie es ist. Und wieder andere gehen in die Verlängerung. Die Krux ist bloss, dass das zugrunde liegende System da noch nicht mithält. Darum braucht es etwas mehr Anlauf, um diese Etappe den eigenen Vorstellungen gemäss zu gestalten.

Die Frühpensionierung: Früh aussteigen heisst früh planen

Im Grundsatz gilt: Je früher Sie mit der Altersvorsorge beginnen, desto bessere Leistungen können Sie sich für das Alter sichern und desto eher können Sie eine Frühpensionierung ins Auge fassen. Da die Lebenserwartung weiter steigt, ist die Wegstrecke, die mit dem angesparten Vorsorgeguthaben finanziert werden muss, eine noch längere. Auf das Einkommen der letzten Berufsjahre zu verzichten, müssen Sie sich demzufolge leisten können.

Die Frühpensionierung steht auf der Wunschliste vieler weit oben. Wenn es dann aber um die konkrete Realisierung geht, klaffen Wunsch und Wirklichkeit oft weit auseinander. Hinzu kommt, dass rund jede fünfte Jungrentnerin bzw. jeder fünfte Jungrentner diesen Schritt nicht freiwillig macht, sondern im Rahmen eines Stellenabbaus vom Arbeitgeber dazu gezwungen wird. Weitere 16 Prozent werden aus gesundheitlichen Gründen zu einer frühzeitigen Aufgabe der Erwerbstätigkeit gezwungen. Eventuell tragen Sie sich auch mit dem Gedanken, früher auszusteigen, weil Ihre Pensionskasse eine Senkung des Umwandlungssatzes angekündigt hat und Sie sich die vermeintlich noch höhere BVG-Rente sichern möchten.

Egal, zu welchem Zeitpunkt die Pensionierung erfolgt: Sie markiert den Übergang vom Arbeits- zum Rentnerleben. Auch finanziell ist das eine wichtige Wegmarke. An die Stelle des Lohns, der bisher die Basis Ihres Einkommens bildete, treten die Leistungen aus der Altersvorsorge, die Sie in Ihrer beruflich aktiven Zeit aufgebaut haben. Etwas salopp ausgedrückt, könnte man auch sagen: «Nie mehr ackern, nur noch ernten.»

Im übertragenen Sinn geht es bei der Frühpensionierung um die Beantwortung zweier Fragen: Wie reich ist die Ernte ausgefallen? Und wie lange können Sie davon zehren? Oder anders ausgedrückt: Wie umfangreich ist die Altersvorsorge, die Sie in den 40 bis 45 Jahren Ihrer Berufszeit aufbauen konnten? Und reicht sie aus, solange Sie leben? Wenn Sie diese beiden Fragen für sich beantworten können, erhalten Sie ein klares Bild, ob Sie sich eine Pensionierung vor Erreichen des ordentlichen Rentenalters von aktuell 64 Jahren (Stand 2021) leisten können.

Ihr Lebensstandard im Alter bestimmt den Finanzbedarf

Dazu sollten Sie sich zunächst einmal Gedanken machen, wie Sie im Alter leben möchten. Das Gesetz besagt zwar, die Altersvorsorge aus der 1. und 2. Säule ermögliche Ihnen, nach der Pensionierung den «gewohnten Lebensstandard in angemessener Weise» weiterzuführen. Allerdings – woher soll der Gesetzgeber wissen, welchen Lebensstandard Sie gewohnt sind bzw. welchen Sie zukünftig führen möchten? Auch im Zeitalter der gläsernen Konsumentinnen und Konsumenten ist der Lebensstandard etwas höchst Individuelles, das sich nicht pauschalisieren oder standardisieren lässt. Die einen haben beispielsweise ihre grossen Reisepläne bereits während der Berufszeit realisiert und benötigen fürs Alter ein kleineres Reisebudget. Andere haben dagegen ihre Wunschreisen aufgeschoben und haben dafür nun einen grösseren Geldbedarf. Eventuell verändern Sie aufs Alter auch Ihre Wohnsituation mit entsprechenden Kosten. Hilfreich ist auch hier die Erstellung eines Budgets für die Zeit nach der Frühpensionierung. Mit welchen Lebenshaltungskosten rechnen Sie? Auslagen für Arbeitsbekleidung, auswärtige Verpflegung und das Pendeln zum Arbeitsplatz fallen weg. Dafür rechnen Sie eventuell Auslagen für vermehrte Freizeitaktivitäten ein. Welche Verpflichtungen bestehen über die Pensionierung hinaus? Welche Neu- oder Ersatzanschaffungen sind gegebenenfalls nötig?

In einem nächsten Schritt geht es darum, dass Sie sich einen Überblick über die Bedingungen für den vorgezogenen Leistungsbezug aus der AHV, der Pensionskasse und Ihrer privaten Vorsorge verschaffen. So können Sie abschätzen, mit welchen Leistungen Sie rechnen dürfen.

Der Rentenvorbezug in der AHV

Die AHV zahlt Ihnen ab dem Zeitpunkt Ihrer Pensionierung lebenslang eine monatliche Altersrente. Die Auszahlung erfolgt nicht automatisch.

Dazu müssen Sie sich bei der zuständigen Ausgleichskasse anmelden. Frühestens kann die AHV-Rente ab dem 62. Lebensjahr in Anspruch genommen werden. Bedenken Sie aber, dass Ihre Rente für jedes Jahr, das Sie früher in Pension gehen, um 6,8 Prozent gekürzt wird, und das lebenslang. Sollten Ihnen bis hierhin Beitragsjahre fehlen und/oder Sie vorübergehend oder über weite Strecken Teilzeit gearbeitet haben, wird Ihre AHV-Rente sowieso schon tiefer ausfallen und durch den Rentenvorbezug zusätzlich geschmälert. Durchschnittlich liegt die AHV-Rente von Frauen rund ein Drittel unter derjenigen von Männern.

AHV-RENTEN (STAND 2021)

Form der Auszahlung	Ausschliesslich als monatliche Rente	
Mindestrente	Einzelpersonen	1195 Franken
	Witwen	956 Franken + Witwenzuschlag von 20 Prozent
	Ehepaare	2390 Franken
Maximalrente	Einzelpersonen	2390 Franken
	Witwen	1912 Franken + Witwenzuschlag von 20 Prozent
	Ehepaare	3385 Franken

Voraussetzung für die angegebenen Mindest- und Maximalrenten ist die volle Beitragsdauer, fehlende Beitragsjahre reduzieren den Rentenanspruch um 2,6 Prozent p. a. Haben Sie bislang Ihr Erwerbseinkommen versteuert, bilden nun die AHV-Renten einen Teil Ihres steuerbaren Einkommens.

Gleichzeitig bleiben Sie bis zum Erreichen des ordentlichen Rentenalters AHV-pflichtig. Sollten Sie verheiratet sein und Ihr Mann mehr als 1006 Franken jährlich AHV-Beiträge leisten, ist Ihre AHV-Beitragspflicht damit abgegolten. Sind Sie dagegen alleinstehend, geschieden oder verwitwet, zahlen Sie abhängig von Ihrem Vermögen jährlich noch mindestens 503 Franken (Stand 2021), ohne dass dies Ihre Rente verbessern würde.

Bei der Eidgenössischen Ausgleichskasse können Sie online einen kostenlosen Auszug Ihres AHV-Kontos bestellen, der Ihnen Auskunft über Ihre Beiträge und deren Vollständigkeit sowie über Ihre Betreuungsgutschriften

gibt (siehe Seite 210). Diesen Auszug wird in aller Regel auch eine Finanzplanerin einfordern, wenn Sie sich bezüglich einer möglichen Frühpensionierung beraten lassen. Sollten in den letzten fünf Jahren Beitragslücken
entstanden sein, können Sie diese noch nachträglich schliessen. Früher
aufgetretene Lücken führen zwangsläufig zu einer Rentenkürzung.

Der Vorbezug in der beruflichen Vorsorge

Ausgangspunkt ist das Guthaben, das Sie über die Jahre in der 2. Säule
angespart haben. Wie viel das ist, sehen Sie auf dem Pensionskassenausweis, den Sie jedes Jahr bekommen. Wenn Sie sich nun vor Erreichen des
offiziellen Rentenalters pensionieren lassen möchten, stoppen Sie den Vermögensaufbau etwas früher, als es das System vorgesehen hat. Wann Sie
dies frühestens tun können, steht im Vorsorgereglement Ihrer Pensionskasse. Meist wird es mit 58 oder 59 Jahren sein, also etwas früher als bei
der AHV.

Im Gegensatz zur AHV, die Ihnen ausschliesslich als monatliche Rente
ausbezahlt wird, haben Sie bei der beruflichen Vorsorge die Wahl, in
welcher Form Sie das jahrelang aufgebaute Vorsorgevermögen nun ab-
bauen möchten. Massgebend für die Wahlmöglichkeiten ist das Reglement
Ihrer Pensionskasse respektive die gesetzlichen Bestimmungen. Sie können
sich für eine lebenslange monatliche Rente entscheiden. Sie können aber
auch beschliessen, das ganze Guthaben auf einmal zu beziehen (einmalige
Kapitalauszahlung). Oder Sie wählen eine Mischform, indem Sie einen
Teil des Guthabens als Kapital beziehen und sich aus dem anderen Teil
eine monatliche Rente zahlen lassen. Beachten Sie dabei die Vorgaben,
bis wann Sie der Pensionskasse mitteilen müssen, für welche Bezugsform
Sie sich entscheiden.

 ACHTUNG *Verpassen Sie den Anmeldetermin, geht die Pensionskasse davon aus, dass Sie eine Rente beziehen möchten.*

Wie aus Ihrem Vorsorgeguthaben eine Rente wird

Fällt Ihre Wahl auf den Rentenbezug, bedeutet das, dass Ihr BVG-Altersguthaben zum Zeitpunkt der Pensionierung einmalig «portioniert» und
Ihnen die «Portionen» lebenslang in Form gleichbleibender monatlicher

BUCHTIPP

Brot, Iwan; Schiesser, Fritz:
**Frühpensionierung planen.
Die persönlichen Finanzen
analysieren und rechtzeitig
vorsorgen.** Beobachter-
Edition, Zürich 2019

www.beobachter.ch/buchshop

Renten ausbezahlt werden. Jetzt werden Sie fragen, wie denn die Pensionskasse überhaupt bestimmt, wie gross die monatliche Rente ist, und woher sie weiss, wie lange die Portionen reichen müssen. Um den Anteil zu ermitteln, den sie Ihnen von Ihrem BVG-Gesamtvermögen jährlich ausbezahlt, wendet sie den sogenannten **Umwandlungssatz** an.

Bei der Festlegung des prozentualen Satzes, mit dem das Vermögen bei Ihrer Pensionierung in Renten umgewandelt wird, sind wiederum zwei Faktoren massgebend. Zum einen die erwartete durchschnittliche Lebenserwartung der Bevölkerung und zum anderen der Erfolg, den die Pensionskassen mit der Anlage Ihres Vorsorgevermögens an den Finanzmärkten erzielen kann, um die Mindestverzinsung beim Vermögensaufbau zu garantieren.

In diesen beiden Parametern liegt genau die Herausforderung. Als 1985 das Gesetz über die berufliche Vorsorge eingeführt wurde, war zum einen die Lebenserwartung von Frauen mit 80,3 Jahren noch einiges tiefer. Und zum anderen überwogen bei der Anlage der Vorsorgegelder die Zinserträge. Seither ist die Lebenserwartung stetig gestiegen und die Zinsen sind praktisch auf null gesunken.

Den Umwandlungssatz, mit dem der obligatorische Teil Ihres BVG-Vermögens in eine Rente umgewandelt wird, hat der Gesetzgeber in dieser Zeit allerdings nur einmal von 7,2 Prozent auf 6,8 Prozent gesenkt. Angewendet wird er auf das BVG-Guthaben, das Sie mit Ihrem Einkommen zwischen 21 510 und 86 040 Franken erwirtschaftet haben. So sind zehn Jahre nach Ihrer Pensionierung bereits 68 Prozent Ihres Vorsorgevermögens aus dem BVG-Obligatorium ausbezahlt. Ihre durchschnittliche Lebenserwartung beträgt inzwischen 85,6 Jahre. Damit muss Ihre Rente noch mindestens zehn Jahre weiter ausbezahlt werden, obwohl das Vermögen aus dem obligatorischen BVG-Vermögen längst aufgebraucht sein wird. Wie das geht?

Zum einen wendet Ihre Pensionskasse auf Ihrem überobligatorischen Vorsorgevermögen einen tieferen Umwandlungssatz an bzw. einen beide Vermögensteile umhüllenden Umwandlungssatz, der in der Summe unter dem gesetzlichen Umwandlungssatz liegt. Das BVG-Überobligatorium entspricht dem Guthaben, das aus Ihrem Einkommen über 86 040 Franken stammt. Zum anderen behält sie einen Teil des Anlageerfolgs zurück und bildet Rückstellungen, um dannzumal Ihre Renten bezahlen zu können, obwohl Ihr Vorsorgevermögen aufgebraucht sein wird. Eigentlich müsste aber der gesetzliche Umwandlungssatz gesenkt werden. In der laufenden BVG-Revision ist genau das geplant. Allerdings reicht die vorgesehene Senkung auf 6 Prozent noch nicht aus, um der gestiegenen und weiter steigenden Lebenserwartung gerecht zu werden.

Entscheiden Sie sich dafür, Ihr BVG-Guthaben ganz oder teilweise in Kapitalform zu beziehen, wird die Auszahlung zu einem reduzierten Ansatz besteuert. Die BVG-Rente gilt wie die AHV-Rente als Einkommen und ist als solches zu versteuern.

Was Sie in Sachen Frühpensionierung wissen müssen

Im Grundsatz gilt: Je früher Sie gerade auch im Bereich der 3. Säule mit der Altersvorsorge begonnen haben, je weniger Vorsorgelücken Sie aufweisen und je grösser Ihr Arbeitspensum war, desto bessere Leistungen haben Sie sich sichern können und desto eher werden Sie sich eine Frühpensionierung leisten können. Vorsorgelücken lassen sich rückwirkend meist nur in der 2. Säule schliessen.

■ **Die letzte Gelegenheit für den Einkauf in die Pensionskasse nicht verpassen.** Wenn Sie den Bezug eines Teils des Kapitals oder des gesamten Kapitals planen, ist ein Einkauf letztmals drei Jahre vor Ihrer Pensionierung möglich. Massgebend dafür sind nicht die Pensionskassen, sondern die Steuerbehörden, die auf diese Weise einen geballten Verzicht auf Steuersubstrat vermeiden wollen. Denn Einkäufe können Sie in Ihrer Steuererklärung zum Abzug bringen, und eine Kapitalauszahlung wird zu einem reduzierten Satz besteuert. Liegen zwischen dem letzten Einkauf und dem Kapitalbezug nicht mindestens drei Jahre, müssen Sie den durch den Einkauf erwirkten Steuervorteil zurückzahlen (Nachsteuerverfahren). Der Einkauf ist vor allem dann sinnvoll, wenn Sie einen Rentenvorbezug beabsichtigen und noch Lücken durch einen früheren Vorbezug für den Erwerb von Wohneigentum haben. Damit verbessern Sie die Basis für die Rentenberechnung. In diesem Fall sind Einzahlungen in der Regel bis unmittelbar vor Ihrer Frühpensionierung möglich.

■ **Ihre Pensionskasse hat eine Senkung des Umwandlungssatzes für das Überobligatorium angekündigt.** Vor diesem Hintergrund könnten Sie eine Frühpensionierung ins Auge fassen wollen, weil Sie sich den noch geltenden Umwandlungssatz sichern möchten. Hüten Sie sich aber vor einem vorschnellen Entscheid. Denn ebenso wie bei der AHV fehlen Ihnen durch einen früheren Ausstieg aus dem Berufsleben auch hier wichtige Beitragsjahre, die das BVG-Altersguthaben schmälern. Die fehlenden Beitragsjahre wirken sich umso nachteiliger aus, als die Vorsorgereglemente in der Schlussetappe in der Regel den höchsten Beitragssatz vorsehen. Im BVG-Obligatorium sind das ab dem 55. Lebensjahr 18 Prozent des versicherten Lohns. Wägen Sie also gut ab, ob der höhere Umwandlungssatz die Einbusse der fehlenden Beitragsjahre aufzuwiegen vermag.

- **Freiwillige Weiterversicherung nach einem Stellenverlust.** Im Fall eines Stellenabbaus trifft es oftmals ältere Mitarbeitende, die wenige Jahre vor der ordentlichen Pensionierung stehen. Das bedeutete bislang, dass die Pensionskassen das Freizügigkeitskapital auf ein entsprechendes Konto überwiesen haben. Da die Chancen, eine neue Anstellung und damit den Anschluss an eine neue Pensionskasse zu finden, in diesem Alter schlecht stehen, blieb den Betroffenen nur noch der Kapitalbezug oder Kapitalvorbezug. Oder sie wurden vom letzten Arbeitgeber bei der Stellenkündigung in Frühpension gezwungen. Wenn die Kündigung mit 58, dem frühest möglichen Zeitpunkt für eine Frühpension, erfolgte, fehlten so wichtige Beitragsjahre. In der Konsequenz mussten Betroffene in der Vergangenheit überdurchschnittlich oft Ergänzungsleistungen (EL) beantragen (siehe Seite 174). Im Rahmen der kürzlich erfolgten Reform des EL-Gesetzes nimmt der Gesetzgeber nun die Pensionskassen in Pflicht. Ab 2021 müssen sie Arbeitnehmenden, denen nach Vollendung des 58. Altersjahrs gekündigt wird, die Möglichkeit einer freiwilligen Weiterversicherung anbieten.

- **Das Unfallrisiko nicht vergessen.** Mit dem frühzeitigen Austritt aus dem Erwerbsleben sind Sie nicht mehr gegen Unfälle versichert. Vergessen Sie darum nicht, das Unfallrisiko in Ihrer Krankenversicherung einschliessen zu lassen.

Vorbezug private Vorsorge

Wenn Sie über ein Säule-3a-Konto bei einer Bank verfügen, können Sie das Guthaben frühestens ab einem Alten von 59 Jahren beziehen, danach jederzeit bis zum Erreichen des ordentlichen Rentenalters von 64. Bei weiterer Erwerbstätigkeit bis maximal 69 Jahre. Der Bezug ist ausschliesslich in Kapitalform möglich. Sollten Sie eine Säule-3a-Lösung bei einer Versicherung abgeschlossen haben, sind Sie an die fixe Vertragsdauer gebunden, die Sie beim Abschluss vereinbart haben. Über weitere Vermögenswerte wie Fondssparpläne oder Wertschriftendepots können Sie unabhängig vom Alter verfügen.

Zwischen Rentenbezug und Vermögensverzehr: Vernünftig planen

Wenn Sie nun Ihren Finanzbedarf im Alter dem verfügbaren Altersguthaben gegenüberstellen, können Sie beurteilen, ob die Voraussetzungen für eine Frühpensionierung im Grundsatz gegeben sind. Wenn Sie allerdings feststellen, dass Ihr Vorsorgevermögen nicht ausreicht, um Ihren Finanzbedarf über die kommenden 20 Jahre zu decken, werden Sie Ihren Traum von der Frühpensionierung wohl oder übel begraben müssen.

Kommt ein frühzeitiger Übertritt ins Rentenalter infrage, können Sie die konkrete Umsetzung anpacken. Dabei gilt es im Wesentlichen zwei Aspekte zu beachten:

■ **Staffeln Sie den Abbau des Vorsorgevermögens** im Hinblick darauf, dass es Ihren Finanzbedarf während der nächsten 20 Jahre sinnvoll deckt. Eine wesentliche Frage ist, in welcher Form Sie das BVG-Altersguthaben beziehen. Entscheidend dabei ist, wie hoch Ihr Finanzbedarf über die AHV-Rente hinaus ist, um Ihren Lebensunterhalt zu finanzieren. Sollten Sie den über eine erste Etappe mit einem geordneten Vermögensverzehr des Kapitals aus Ihrer privaten Vorsorge decken können, können Sie einen Kapitalbezug ins Auge fassen und das Vermögen von einer Bank oder einem unabhängigen Vermögensverwalter anlegen lassen, um Ertragschancen der Finanzmärkte zu nutzen. Im Vordergrund steht hier der Vermögenserhalt oder die Vermehrung des eingesetzten Kapitals. Eventuell macht es aber auch Sinn, nur einen Teil des BVG-Guthabens in Kapitalform zu beziehen und auch aus der 2. Säule eine Rente zu beziehen.

- **Insbesondere Alleinstehende** sollten einen möglichst grossen Kapitalbezug ins Auge fassen. Ansonsten fällt ihr BVG-Guthaben im Todesfall der Pensionskasse zu.
- **Verteilen Sie die Steuerlast von Kapitalbezügen.** Sobald Sie Kapitalbezüge aus der 2. Säule – einschliesslich allfälliger Freizügigkeitsguthaben – und der Säule 3a tätigen, werden diese separat von Ihrem Einkommen zu einem reduzierten Satz besteuert. Um die so entstehende Steuerlast zu mindern, empfiehlt sich ein über mehrere Jahre gestaffelter Bezug.

Finanzlösungen im Rentenalter

- **Fondsentnahmepläne:** Verschiedene Banken und Versicherungen bieten die Möglichkeit, einen einmaligen Anlagebetrag in ein Fondsdepot zu leisten. Sie bestimmen, in welchem Rhythmus und über welche Dauer hinweg daraus in der Folge Teilbeträge an Sie ausbezahlt werden sollen. Es ist aber auch jederzeit eine Aufstockung möglich. Dabei können Sie je nach Anbieter entweder in ein fertiges Produkt mit einer vorgegebenen Anlagestrategie investieren oder eine individuelle Auswahl von Fonds treffen. Während der Kapitalstock investiert bleibt und im Idealfall Zusatzerträge generiert, vereinbaren Sie Ratenzahlungen, zum Abbau des Vermögens über die Zeit. Die Ratenzahlung endet, wenn der Anlagebetrag aufgebraucht ist (Vermögensverzehr). Sollte nach Ihrem Tod ein Kapitalstock bleiben, fällt dieser in Ihren Nachlass. Mit dieser Lösung können Sie Kapital aus der beruflichen und der gebundenen privaten Vorsorge de facto in eine Rentenlösung umwandeln. Ein Fondsentnahmeplan kann insbesondere für Selbständige Sinn machen, die oftmals nur die AHV in Rentenform beziehen und ansonsten Kapitalbezüge aus einem Freizügigkeitskonto oder der Säule 3a machen müssen.
- **Aufgeschobene Leibrentenversicherung:** Das Prinzip ist im Wesentlichen dasselbe wie beim Fondsentnahmeplan. Im Gegensatz dazu garantiert die Versicherung aber eine lebenslange Rentenzahlung, also auch über den Zeitpunkt hinaus, wo das einbezahlte Kapital aufge-

braucht ist. Ab welchem Zeitpunkt die Rentenzahlungen einsetzen sollen, bestimmen Sie. Allerdings ist diese Garantie nicht gratis zu haben. Die entsprechende Prämie und die Verwaltungskosten schmälern dementsprechend die ausbezahlte Leibrente. Sollten Sie früh sterben, fällt das einbezahlte Kapital oder Restkapital an die Versicherung zurück, es sei denn, Sie haben die Leibrente mit sogenannter Rückgewähr abgeschlossen. In einem solchen Fall erhalten die Erben einen Teil des Restkapitals, oder Sie haben bestimmt, dass die Leibrente ab diesem Zeitpunkt beispielsweise an Ihren Partner ausbezahlt werden soll. Allerdings fallen dann die Rentenzahlungen tiefer aus. Eine Leibrentenversicherung sollten Sie darum nur wählen, wenn Sie erwarten dürfen, lange zu leben, und Ihnen die Vorteile der lebenslang garantierten Rente wichtiger sind als die finanziellen Nachteile (Versicherungsprämie, Verwaltungskosten).

Insgesamt ist die Frühpensionierung und die damit verbundene Finanzplanung ein komplexes Unterfangen. Es gilt, wichtige Weichen für die finanzielle Gestaltung Ihres Lebensabends zu stellen. Sich im Hinblick darauf professionell beraten zu lassen, ist sinnvoll, damit Sie alle wichtigen Aspekte berücksichtigen, klären und lösen können (siehe Seite 204).

Ordentlich pensioniert: Vom Lohn zur Rente

Frauen erreichen das gesetzliche Rentenalter ein Jahr vor Männern. Der Übergang vom Lohn zur Rente will im Wesentlichen ebenso sorgfältig geplant werden wie eine Frühpensionierung. Auch wenn ordentlich Pensionierte im Gegensatz zu den Frührentnern ihr Altersguthaben noch weiter aufgebaut haben, sind die anstehenden Entscheidungen weitgehend dieselben. Unter Umständen beschliessen Sie aber nach der Bestandsaufnahme auch, Ihre Pensionierung noch etwas aufzuschieben.

BUCHTIPP

Brot, Iwan; Schiesser, Fritz; Müller, Martin: **Mit der Pensionierung rechnen.** Die finanzielle Vorsorge umfassend planen. Beobachter-Edition, Zürich 2021

www.beobachter.ch/buchshop

Analog zur Frühpensionierung gilt es auch beim Übertritt vom Erwerbsleben zur ordentlichen Pensionierung, den Finanzbedarf zu ermitteln, sich einen Überblick über die bestehenden Vorsorgeguthaben zu verschaffen und zu planen, wie Sie den Vermögensabbau über die folgenden zwei Jahrzehnte gestalten wollen (siehe Seite 162). Es empfiehlt sich, mit der Planung spätestens vier bis fünf Jahre vorher zu beginnen, um genügend Zeit zu haben, noch gewisse Weichenstellungen vornehmen zu können. Dazu eine professionelle Beratung in Anspruch zu nehmen, ist auch in diesem Fall sinnvoll.

Denken Sie insbesondere daran,

- dass ein Einkauf in Ihre Pensionskasse letztmals drei Jahre vor Ihrer Pensionierung möglich ist, wenn Sie einen Kapitalbezug planen.
- zu prüfen, ob Sie in der AHV Beitragslücken haben. Sollten sich solche in den letzten fünf Jahren ergeben haben, haben Sie so noch Zeit, diese nach Möglichkeit zu decken.
- dass Sie sich bei der für Sie zuständigen Ausgleichskasse für den Bezug der AHV-Rente anmelden (Abruf der Altersrente). Falls Sie verheiratet sind, erhalten Sie eine Einzelrente, bis Ihr Partner in Pension geht.

- Ihre Pensionskasse zu informieren, ob Sie eine Rente beziehen möchten oder einen Kapitalbezug bevorzugen oder eine Mischform wählen, je nachdem, was das Reglement Ihrer Pensionskasse zulässt.
- das Unfallrisiko in Ihrer Krankenversicherung einschliessen zu lassen und bei der Gelegenheit Ihren Versicherungsschutz überprüfen zu lassen.

FINANZ-FRAUENPOWER

Wohneigentum als Teil der Altersvorsorge. Mindestens in der ersten Etappe Ihres Rentenalters dürfen Sie Wohneigentum durchaus als Teil Ihres Vorsorgevermögens betrachten. Zum einen wohnen Sie darin meist günstiger als in einer Mietwohnung. Zum anderen stellt das Wohneigentum einen Vermögenswert dar, den Sie zu einem späteren Zeitpunkt verkaufen können, womit Sie zusätzliches Kapital zur Verfügung haben. Bedenken Sie aber, dass Sie bis zu Ihrer Pensionierung die 2. Hypothek zurückbezahlt haben müssen (siehe Seite 73). Ausserdem wird Ihre Bank die finanzielle Tragbarkeit neu berechnen. Übersteigen die Wohnkosten ein Drittel des Renteneinkommens, kann sie zusätzlich eine Teilamortisation der 1. Hypothek verlangen. Sollten Sie die dafür nötigen Mittel nicht aufbringen können, kann dies zum Zwangsverkauf des Wohneigentums führen.

Kritisch ist dies insbesondere, falls Sie für den Erwerb des Wohneigentums Gelder aus der Pensionskasse vorbezogen haben (Wohneigentumsförderung) oder Säule-3a-Guthaben eingesetzt haben und seither die dadurch entstandene Vorsorgelücke nicht mehr füllen konnten. Denn dann fällt die Rente aus der 2. Säule tiefer aus.

Beachten Sie auch, dass Sie allfällige Erneuerungen am Wohneigentum möglichst noch während Ihrer Berufszeit vornehmen und finanzieren können. Denn in aller Regel wird Ihnen die Bank nach Ihrer Pensionierung wegen der finanziellen Tragbarkeit keine Erhöhung der Hypothek mehr gewähren, um beispielsweise den Ersatz der bestehenden

ERGÄNZUNGSLEISTUNGEN ZUR AHV-RENTE

Sie helfen dort, wo Renten und sonstige Einkommen nicht reichen, um Ihr Existenzminimum zu decken. Die Leistungen entsprechen der Differenz zwischen den anerkannten Ausgaben (im Wesentlichen der allgemeine Lebensbedarf, die Miete sowie Krankheitskosten) und den anrechenbaren Einnahmen (im Wesentlichen Renten und Einkünfte aus Vermögen, der Eigenmietwert von Wohneigentum). Mit dem Inkrafttreten des neuen Ergänzungsleistungsgesetzes per 2021 gewichtet der Gesetzgeber zusätzlich das Vermögen stärker bei der Ermittlung des Leistungsanspruchs.

	Vermögen[1]	Vermögensfreibetrag[2]
Alleinstehende	weniger als 100 000 Franken	30 000 Franken [3]
Ehepaare	weniger als 200 000 Franken	50 000 Franken [3, 4]

Ausserdem wird bei der Berechnung das Vermögen angerechnet, auf das jemand freiwillig verzichtet. Das trifft insbesondere auf Schenkungen, Erbvorbezüge und übermässigen Vermögensverbrauch zu.

Ihr Vermögen	Ihr Vermögensverzicht
mehr als 100 000 Franken	Beträge von mehr als 10% des Vermögens/Jahr
weniger als 100 000 Franken	Beträge von mehr als 10 000 Franken/Jahr

Ihr Wunsch, Ihren Kindern mit einem Erbvorbezug oder einer Schenkung unter die Arme zu greifen, wenn sie es gerade gut brauchen können, ist nachvollziehbar. Wenn Sie ihnen zum Beispiel eine Ausbildung ermöglichen, sie beim Hausbau für die Familie unterstützen oder ihnen Startkapital für eine Firmengründung geben möchten, kann es aber ratsamer sein, wenn Sie ihnen stattdessen ein langfristiges Darlehen gewähren. So reicht Ihr Vermögen im Alter länger, um Ihre Pflegekosten selbst zu finanzieren (siehe Seite 180), und Sie setzen nicht Ihren Anspruch auf Ergänzungsleistungen aufs Spiel, falls Sie diese denn benötigen.

[1] Eintrittsschwelle, exkl. selbst bewohntes Wohneigentum
[2] Dieser Teil des Vermögens bleibt bei der Berechnung des Anspruchs bzw. der EL unberücksichtigt.
[3] Plus Freibetrag für selbst bewohntes Wohneigentum 112 500 Franken
[4] Wenn ein Partner im Heim lebt, beträgt der Freibetrag für selbst bewohntes Wohneigentum 300 000 Franken

Ölheizung durch ein umweltfreundlicheres Heizsystem zu finanzieren. Je nachdem, wie sich Ihre Vorsorgesituation präsentiert, können Sie prüfen, ob Sie dazu einen Kapitalvorbezug Ihrer Pensionskasse tätigen. Da dies eine Reduktion Ihres BVG-Altersguthabens bedeutet, müssen Sie im Auge behalten, dass das Wohneigentum im Alter finanziell tragbar bleibt.

Sollte Ihre Bestandsaufnahme bezüglich der vorhandenen Vorsorgeguthaben ergeben, dass Sie Ihren Finanzbedarf im Alter knapp decken können, und sollten Sie sich nicht unverhältnismässig einschränken wollen, ist eventuell eine Weiterbeschäftigung ins Auge zu fassen. Klären Sie beispielsweise ab, ob Ihr bisheriger Arbeitgeber Ihnen diese Möglichkeit eventuell auch in reduziertem Umfang bietet. Andernfalls sollten Sie frühzeitig andere Erwerbsmöglichkeiten prüfen. So können Sie vermeiden, nach der Pensionierung Ergänzungsleistungen beantragen zu müssen.

Im Alter beruflich aktiv: Geht das?

Ob aus Freude an der Arbeit oder aus finanzieller Notwendigkeit: Ein wachsender Anteil von Frauen ist über das ordentliche Rentenalter hinaus erwerbstätig. So oder so verbessern Sie dadurch Ihre Vorsorgesituation. Die Sozialversicherungen bieten zwar die Möglichkeit, weiterhin Beiträge zu zahlen und den Rentenbezug aufzuschieben, tragen aber dem Bedürfnis, das Alter mindestens in der ersten Etappe beruflich aktiv zu gestalten, noch zu wenig Rechnung.

Für immer mehr Frauen ist das gesetzliche Rentenalter eine künstliche Grenze. So sind mit 64 Jahren heute immer noch drei von zehn Frauen erwerbstätig. Bis zum Alter von 74 sinkt der Anteil auf 6 Prozent. Rund 54 Prozent der Frauen zwischen 64 und 69, die weiterhin beruflich aktiv waren, gaben an, dies aus Freude an der Arbeit zu tun, ermittelte das Bundesamt für Statistik (Neurentenstatistik 2018). 20 Prozent der befragten Personen hielten die Erwerbsarbeit aus finanziellen Gründen aufrecht.

Unabhängig davon, was die Gründe sind, wenn Sie über das gesetzliche Rentenalter hinaus beruflich aktiv sind, gilt es einige Dinge zu beachten.

Die AHV-Rente aufschieben

- Ein Rentenaufschub bietet sich an, wenn Sie zum Zeitpunkt, zu dem Sie das ordentliche Rentenalter erreichen, noch nicht die Maximalrente als Alleinstehende oder Ehepaar bekommen würden. Auskunft darüber erhalten Sie bei der für Sie zuständigen AHV-Ausgleichskasse.
- In der 1. Säule können Sie den Rentenbezug gesetzlich um ein bis maximal fünf Jahre aufschieben. Dazu ist eine sogenannte Aufschubserklärung bei der für Sie zuständigen Ausgleichskasse erforderlich. Sie brauchen sich zu dem Zeitpunkt noch nicht zu entscheiden, wie viele Jahre Sie über das Rentenalter hinaus berufstätig bleiben möchten. Sie müssen einfach daran denken, die Aufschuberklärung jedes Jahr zu erneuern. Nach Ablauf des ersten Aufschubjahrs können Sie jederzeit entscheiden, nun doch die AHV-Rente zu beziehen (Abruf der AHV-Ren-

PROZENTUALER ZUSCHLAG NACH EINER AUFSCHUBDAUER VON ...

Jahren ...	... und Monaten			
	0–2	3–5	6–8	9–12
1	5,2	6,6	8,0	9,4
2	10,8	12,3	13,9	15,5
3	17,1	18,8	20,5	22,2
4	24,0	25,8	27,7	29,6
5	31,5			

Quelle: AHV

te). Sollten Sie Ihre Pläne allerdings vor Abschluss des ersten Aufschubjahrs ändern, erhöht sich Ihre AHV-Rente nicht. Die bereits bezahlten AHV-Beträge erhalten Sie zurückerstattet.

■ Mit dem Aufschub generieren Sie einen monatlichen prozentualen Zuschlag auf die Rente, die Sie mit Erreichen des gesetzlichen Rentenalters bekommen hätten.

■ Falls Sie im Laufe der Aufschubphase die Maximalrente erreichen, ist es sinnvoll, den Bezug der AHV-Rente anzumelden. Das sollten Sie auch im Auge behalten, wenn Sie verheiratet sind, da die Summe Ihrer beiden Einzelrenten nicht grösser sein darf als 3555 Franken (150 Prozent der Maximalrente von 2390 Franken, Stand 2021).

■ Für die Dauer des Rentenaufschubs bleiben Sie AHV-pflichtig für den Erwerbsanteil, der den Freibetrag von 16 800 Franken pro Jahr übersteigt.

TIPP *Wenn Sie als Rentenbezügerin erwerbstätig sind, zahlen Sie weiterhin Beiträge an die AHV, IV und EO, wenn Sie mehr als 1400 Franken monatlich respektive mehr als 16 800 Franken jährlich verdienen. Sind Sie gleichzeitig für mehrere Arbeit- oder Auftraggeber tätig, gilt der Freibetrag für jedes Arbeits- bzw. Auftragsverhältnis. Dies ist auch der Fall, wenn Sie beim selben Arbeitgeber von mehreren Abteilungen beschäftigt werden, allerdings muss die Abrechnung separat erfolgen. Die AHV-Beiträge, die Sie leisten, sind allerdings reine Solidaritätsbeiträge und verbessern nicht Ihre laufende AHV-Rente.*

Die BVG-Rente aufschieben

■ Ob Sie bei der Pensionskasse über das gesetzliche Rentenalter hinaus versichert sein können, hängt vom Vorsorgereglement Ihrer Pensionskasse ab. Die meisten sehen allerdings heute ein flexibles Rentenalter bzw. die beitragspflichtige Aufschubmöglichkeit vor.

■ Falls Sie Ihr Arbeitspensum reduzieren wollen, sollte Ihr Einkommen nicht unter die Eintrittsschwelle von 21 510 Franken (Stand 2021) sinken, ausser Ihre Pensionskasse versichert auch tiefere Löhne. Nur so können Sie weiterhin BVG-versichert bleiben.

- Durch die Sparbeiträge wächst Ihr BVG-Guthaben weiter. Dementsprechend erhöhen sich die Leistungen. Erkundigen Sie sich, in welchem Umfang dies der Fall ist und ob sich das Längerarbeiten für Sie lohnt.
- Während der Aufschubphase können Sie auch weitere Einkäufe in die Pensionskasse tätigen. Es gilt aber weiterhin, dass der letzte Einkauf spätestens drei Jahre vor dem Rückzug aus dem Erwerbsleben erfolgen darf, wenn Sie einen Kapitalbezug in Betracht ziehen. Sollten Sie trotzdem früher zu arbeiten aufhören, müssen Sie den steuerlichen Vorteil zurückbezahlen.
- Was nicht mehr möglich ist, ist eine Weiterversicherung der Risiken Tod und Invalidität. Gegebenenfalls müssen Sie allerdings weiterhin die entsprechenden Risikoprämien zahlen, was Ihre Sparbeiträge dementsprechend schmälert.

Die private Vorsorge weiterführen

Wenn es Ihre finanziellen Mittel zulassen, sollten Sie in Betracht ziehen, im Rahmen der privaten Vorsorge (3. Säule) weiter zu sparen. Solange Sie erwerbstätig sind, können Sie das auch im Rahmen der Säule 3a tun und von der steuerlichen Abzugsfähigkeit der Beiträge profitieren. Eventuell macht es aber aus steuerlichen Überlegungen (siehe Seite 169) auch Sinn, das Kapital aus der Säule 3a bereits zu beziehen und es in einen Fondssparplan zu investieren. Solange Sie es nicht zur Finanzierung Ihres Lebensunterhalts brauchen, wächst es durch den Anlageerfolg oder allfällige zusätzliche Einzahlungen weiter. Jeder Franken mehr zählt und bietet Ihnen nach dem Rückzug aus dem Erwerbsleben mehr finanziellen Spielraum.

Von der Rentnerin zur Unternehmerin

60- bis 70-Jährige fühlen sich heute laut der Studie «Digital Ageing» des Gottlieb-Duttweiler-Institus (GDI, 2018) über ein Jahrzehnt jünger, als sie tatsächlich sind. Dementsprechend starten die meisten voller Tatendrang ins dritte Lebensalter. Immer mehr Seniorinnen wollen ihre berufliche Lebenserfahrung und ihr Fachwissen noch in geeigneter Form weitergeben. Nicht immer ist eine Weiterbeschäftigung beim angestammten Arbeitgeber möglich. Wer plant, sich nach der Pensionierung beispielsweise mit einer Beratungsfirma selbständig zu machen, stösst oft auf Bürokratiehürden und überholte Denkmuster.

■ Am unkompliziertesten ist es, wenn Sie finanziell unabhängig sind und nicht auf eine Fortführung der Altersvorsorge im Rahmen der staatlichen und beruflichen Vorsorge angewiesen sind.

■ In diesem Fall gründen Sie vorzugsweise eine GmbH oder AG. Dann sind Sie Angestellte Ihrer eigenen Firma, womit aus Sicht der Sozialversicherungen die entsprechenden Bedingungen gelten. So vermeiden Sie die Bürokratiehürde, die sich mit der Gründung einer Einzelfirma ergibt, denn dazu müssten Sie von der Ausgleichskasse Ihres Wohnkantons die Anerkennung als Selbständige bekommen. Ihr Gegenüber dort kann sich unter Umständen nicht vorstellen, dass Sie im Rentenalter noch Unternehmerin werden möchten, und kann Ihnen die Anerkennung glatt verweigern.

■ Für Jahreseinkommen über dem Freibetrag von 16 800 Franken bleiben Sie bis zum 69. Lebensjahr AHV-pflichtig, unabhängig davon, ob Sie Ihre AHV-Rente bereits beziehen oder aufschieben möchten. Falls Sie die AHV-Maximalrente bereits erreicht haben, macht ein Aufschub des Rentenbeginns nur noch aus steuerlichen Überlegungen Sinn, um unter Umständen die Steuerprogression zu brechen.

■ Sollten Sie Verwaltungsrats- oder Stiftungsratsmandate wahrnehmen, sind Honorare AHV-pflichtig, wenn diese an Ihre Firma bezahlt werden und Sie sich das Honorar auszahlen. Werden die Honorare direkt ausbezahlt, muss das Unternehmen bzw. die Institution, die das Honorar ausrichtet, den AHV-Beitrag für Sie abrechnen.

■ Dem BVG-Obligatorium unterstehen Sie im Rentenalter nicht mehr. Mit einem Einkommen über 126 900 Franken haben Sie aber die Möglichkeit, bis zum 69. Lebensjahr im Rahmen einer 1e-Lösung vorzusorgen (siehe Seite 111).

■ Im Rahmen der Säule 3a können Sie bis dahin als Angestellte ohne Anschluss an eine Pensionskasse im Rahmen des BVG-Obligatoriums 20 Prozent Ihres Jahreseinkommens respektive maximal 34 416 Franken (Stand 2021) einzahlen.

■ Empfehlenswert ist, dass Sie sich ein Bild über die Veränderungen der steuerlichen Situation machen und sich dementsprechend beraten lassen.

Als Rentnerin ehrenamtlich tätig sein

Gemeinnützige Stiftungen und Hilfsorganisationen sind auf ehrenamtliche Unterstützung angewiesen und dankbar, wenn sich erfahrene Berufsleute nach ihrer Pensionierung bei ihnen engagieren.

Auch wenn Sie Ihre Arbeit dort grundsätzlich ohne Entgelt zur Verfügung stellen, kann es doch sein, dass Sie beispielsweise eine feste Spesenentschädigung erhalten. Macht sie weniger als 500 Franken aus, gilt sie als Unkostenersatz und ist damit nicht AHV-pflichtig. Für höhere Entschädigungen sind Sie bis zu einem Betrag von 16 800 Franken von der AHV-Pflicht befreit.

Für Vereine oder gemeinnützige Stiftungen ohne Angestellte, die ehrenamtlich Tätigen lediglich geringfügige Entschädigungen zahlen (institutionelle Freiwilligenarbeit), besteht keine Anschluss- oder Prämienpflicht für Unfälle oder Haftpflichtfälle. Erkundigen Sie sich, ob die Institution freiwillig entsprechende Versicherungen abgeschlossen hat. Schadenfälle (Unfall, Haftpflicht) bei informeller Freiwilligenarbeit (Nachbarschaftshilfe, Kinderhüten etc.) sind über Ihre Krankenkasse bzw. Haftpflichtversicherung gedeckt.

Pflege- oder hilfsbedürftig: Daheim oder Heim?

Mit dem Gedanken, einmal gebrechlich zu werden und auf Hilfe und Pflege angewiesen zu sein, befasst sich wohl niemand gerne. Wollen Sie Ihre Autonomie und Selbstbestimmtheit möglichst lange wahren, kommen Sie aber nicht umhin, sich frühzeitig über Möglichkeiten der Unterstützung zu informieren, insbesondere auch unter finanziellen Gesichtspunkten.

Als noch drei Generationen unter einem Dach lebten, wurden Hilfe und Pflege in der Regel innerfamiliär wahrgenommen. Institutionen, die familienexterne Unterstützung boten, gab es aber bereits im Spätmittelalter. Aus den einstigen «Spittel» hat sich über die Jahrhunderte ein breit gefächertes Unterstützungsangebot entwickelt. Wie sich dieses System im Hinblick auf die Babyboomer, von denen jetzt die ersten pensioniert sind und die aktuell die geburtenstärkste Generation repräsentieren, weiterentwickeln lässt, wird uns in den nächsten Jahren noch stark beschäftigen, vor allem auch hinsichtlich dessen Finanzierung und finanzieller Tragbarkeit.

INFO *Auf Hilfe angewiesen zu sein, heisst noch lange nicht, pflegebedürftig zu sein. Die grosse Mehrheit der über 85-Jährigen lebt heute im eigenen Haushalt und bewältigt Alltagsverrichtungen wie Essen, An- und Ausziehen, Zubettgehen und Körperpflege nach wie vor selbständig. Auf Hilfe sind sie deutlich häufiger bei Aktivitäten wie Einkaufen, Hausarbeit, Kochen oder administrativen Aufgaben angewiesen. Diese Unterstützung wird mehrheitlich von Haushaltsmitgliedern, meist dem eigenen Partner, oder durch Familienmitglieder, vor allem die Töchter, gewährleistet. Die informelle Unterstützung durch Freunde und Nachbarn ist noch vergleichsweise gering, hätte aber enormes Potenzial. Erfordern gesundheitliche Probleme Pflegeleistungen, werden diese so lange als möglich ambulant erbracht, was auch dem Wunsch der Betroffenen entspricht. Der Übertritt in eine Alters- oder Pflegeinstitution erfolgt in der Regel erst, wenn eine starke gesundheitliche Pflege notwendig wird und/oder wesentliche Alltagsverrichtungen nicht mehr selbständig wahrgenommen werden können und keine Unterstützung durch Partner oder Kinder möglich ist.*

Unbezahlte informelle Unterstützung ist unbezahlbar

Wenn Sie im Alltag und bei eher instrumentellen Aktivitäten auf die Unterstützung durch Ihren Partner und/oder Ihre Kinder zählen können, dürfen Sie sich glücklich schätzen. Ja, diese Arbeit ist unbezahlt. Was beim Partner im selben Haushalt ein Akt der Nächstenliebe und Fürsorge ist, kann aber beispielsweise Ihre Tochter in eine finanzielle Bredouille bringen, wenn sie dazu ihr Arbeitspensum reduziert. Immerhin kann Ihre Tochter unter Umständen im Rahmen der AHV Betreuungsgutschriften geltend machen (siehe Seite 151), auch wenn diese ihre Lohneinbusse und die damit verbundenen Nachteile für ihre Vorsorge nur teilweise wettmachen.

Ohne die unbezahlte informelle Hilfe käme allerdings unser Gesundheitssystem schon längst an seine Grenzen. Müsste die unbezahlte Hilfe und Pflege vollumfänglich durch spezialisierte Fachkräfte erfolgen, würde dies die öffentliche Hand mit einem mittleren einstelligen Milliardenbetrag belasten und die aktuellen Kosten für die formelle ambulante Betreuung und Pflege bei Weitem übertreffen.

Formelle ambulante Hilfe und Pflege in Anspruch nehmen

Dort, wo die informelle Hilfe nicht ausreicht oder nicht besteht, übernimmt die professionelle ambulante Betreuung und Pflege, wie sie durch die Spitex oder ähnliche Organisationen erbracht wird.

Sind diese Pflegeleistungen ärztlich verordnet, übernimmt Ihre Krankenversicherung Kosten zwischen 54.60 und 79.80 Franken pro Stunde. Als Pflegebedürftige beteiligen Sie sich zusätzlich zum normalen Selbstbehalt und der Franchise je nach Kanton bzw. Gemeinde mit maximal 15.35 Franken pro Tag bzw. 5613.70 Franken pro Jahr. Die Restfinanzierung stellt Ihr Wohnkanton bzw. Ihre Wohngemeinde sicher. Nicht durch die Krankenversicherung gedeckt sind die Kosten für Hilfeleistungen bei Alltagsverrichtungen. Diese Kosten müssen Sie grundsätzlich selbst bezahlen. Reicht die punktuelle ambulante Pflege nicht aus und ist eine ganztägige Betreuung durch eine Pflegefachperson erforderlich, kann es schnell teuer werden und die eigenen finanziellen Möglichkeiten übersteigen.

INFO *Die Ergänzungsleistungen übernehmen im Rahmen eines bereits bestehenden Anspruchs (siehe Seite 174) Ihre Kostenbeteiligung für die Pflegeleistungen sowie unter Umständen die Kosten für Hilfeleistungen bei Alltagsverrichtungen. Sollten Sie bislang keine Ergänzungsleistungen beziehen, die vorliegenden Kosten aber Ihre Einnahmen übersteigen, können Sie gegebenenfalls ein Gesuch um Rückerstattung stellen. Melden Sie sich dazu bei der zuständigen Stelle Ihrer Ausgleichskasse. Hier bekommen Sie auch Auskunft, ob*

*Ihnen zusätzlich eine Hilflosenentschädigung zusteht. Im Rahmen
der 2021 in Kraft getretenen Reform der Ergänzungsleistungen
wurde allerdings die Anspruchsberechtigung eingeschränkt. Nun
besteht ein Anspruch nur noch, wenn Ihr Vermögen weniger als
100 000 Franken (Einzelpersonen) bzw. 200 000 Franken (Ehepaare)
beträgt – ohne selbst bewohntes Wohneigentum (siehe Seite 174).*

Zu stationärer Pflege wechseln

Eine stationäre Pflege in einer entsprechenden Einrichtung wird meist dann notwendig, wenn die bestehende Wohnsituation keine Anpassung an eine starke Pflegebedürftigkeit erlaubt, was in der Regel auf Mietwohnungen zutrifft.

> **BUCHTIPP**
> Bräunlich Keller, Irmtraud:
> **Betreuung und Pflege im
> Alter. Was ist möglich?**
> Beobachter Edition,
> Zürich 2020
> **www.beobachter.ch/buchshop**

Gemäss einer Erhebung des Bundesamts für Statistik belaufen sich die durchschnittlichen Kosten des Heimaufenthalts in der Schweiz auf rund 300 Franken pro Tag bzw. knapp 9000 Franken pro Monat. Die Kosten setzen sich praktisch je hälftig aus dem Aufenthalt (Hotellerie/Pension, Betreuung) und der Pflege zusammen. Analog zur ambulanten Pflege übernimmt auch hier die Krankenversicherung einen bestimmten Teil der Pflegekosten (9 Franken pro Pflegestufe, max. 108 Franken pro Tag). Als Patientin beteiligen Sie sich mit maximal 108 Franken an den Kosten und müssen die Kosten für die Hotellerie/Pension bezahlen. Die Restfinanzierung übernimmt wiederum der Wohnkanton bzw. die Wohngemeinde.

Angesichts dieser Kosten erstaunt es nicht, dass rund 60 Prozent der pflegebedürftigen Personen für die Finanzierung Ihres Anteils auf Ergänzungsleistungen angewiesen sind. Der Bezug von Ergänzungsleistungen hat aber neuerdings Spätfolgen. Denn mit der 2021 in Kraft getretenen Reform der Ergänzungsleistungen sind Ihre Erben verpflichtet, die von Ihnen bezogenen Leistungen der letzten zehn Jahre zurückzuzahlen. Geschuldet sind sie auf dem Nachlass, der 40 000 Franken übersteigt.

 INFO *Bewahren Sie Ihre Selbstbestimmung. Unbedingt ins
Auge fassen sollten Sie das Ausstellen eines Vorsorgeauftrags*

(siehe Seite 52) und einer Patientenverfügung, sofern dies nicht schon zu einem früheren Zeitpunkt geschehen ist. So sorgen Sie für Situationen vor, in denen Sie nicht mehr in der Lage sind, eigene Entscheidungen zu treffen. Wichtig ist, dass Sie insbesondere den Vorsorgeauftrag erstellen, solange Sie noch urteilsfähig sind. So schaffen Sie gegenüber Ihren Angehörigen, aber auch gegenüber dem Pflegepersonal und Pflegeeinrichtungen klare Verhältnisse. Vorbildliche Pflegeheime setzen dies bei ihren Patientinnen und Patienten voraus bzw. unterstützen Sie bei der Erstellung der beiden Dokumente.

Zukunftsmodell Pflegeversicherung?

Eine obligatorische Pflegeversicherung, wie sie beispielsweise Deutschland oder Japan kennen, besteht in der Schweiz nicht. Einzelne Krankenversicherer bieten freiwillige Lösungen an. Angesichts der 2011 eingeführten Pflegefinanzierung, wonach sich die Krankenkassen, die Pflegebedürftigen und die Kantone bzw. Gemeinden in bestimmtem Umfang an den Pflegekosten beteiligen, besteht allerdings bislang wenig Anreiz, eine solche abzuschliessen. Da allerdings bis 2030 aufgrund der Babyboomer-Dominanz mit einer Verdoppelung der Kosten zu rechnen ist, werden in politischen Kreisen immer wieder Stimmen laut, die eine solche fordern. Denn trotz heute geteilter Last wird es für die Beteiligten längerfristig immer weniger tragbar sein und insbesondere das System der Ergänzungsleistungen an seine Grenzen bringen.

Die Unterstützungspflicht Ihrer Angehörigen

Wenn Sie Ihren Lebensunterhalt nicht mehr selbst bestreiten können, sind im Grundsatz Ihre Angehörigen gesetzlich verpflichtet, Sie finanziell zu unterstützen.

- Die im Familiengesetz verankerte Unterstützungspflicht besteht ausschliesslich unter Verwandten in gerader Linie, also zwischen Grosseltern, Eltern und Kindern. Ihre Geschwister oder deren Kinder sind demnach nicht unterstützungspflichtig.

■ Wenn Sie Sozialhilfe beziehen (siehe Seite 118), kann die Fürsorge-
behörde Ihrer Wohngemeinde die Unterstützungspflicht prüfen. Ob sie
davon effektiv Gebrauch machen will, liegt in ihrem Ermessen.

■ Voraussetzung für die Unterstützung durch Ihre Kinder ist, dass diese
in sogenannt günstigen Verhältnissen leben, also über ein überdurch-
schnittliches Einkommen und Vermögen verfügen (beispielsweise Einkommen über 180 000 Franken bzw. Vermögen über 500 000 Franken
bei Verheirateten). Die Verwandten müssen Sie ohne wesentliche Beeinträchtigung ihrer Lebensführung unterstützen können.

■ Ist keine gütliche Einigung möglich, muss das Gericht entscheiden. Die
Auswirkungen der Unterstützungspflicht müssen im Einzelfall genau
geprüft werden. Berücksichtigt werden dabei auch das persönliche Verhältnis zu Ihnen als Unterstützungsbedürftiger sowie bisher erbrachte
Betreuungsleistungen.

■ Insgesamt spielt die Unterstützungspflicht eine immer kleinere Rolle,
da sie in ihrer Bedeutung erheblich eingeschränkt ist und mit einem
langwierigen Verfahren verbunden ist. Einzelne Kantone, wie Basel-
Landschaft, haben sie darum inzwischen aufgehoben.

■ Anstelle der Unterstützungspflicht dürfte zukünftig deutlich stärker die
Rückerstattungspflicht der Erben treten, falls Sie Ergänzungsleistungen
bezogen haben (siehe Seite 174).

Vermögen weitergeben

Das Gesetz regelt die Erbfolge zwar klar. Insofern könnte es Ihnen auch egal sein, was nach Ihrem Ableben mit Ihrem Erbe passiert. Ihren Angehörigen erleichtern Sie es jedoch enorm, wenn Sie Ihren Nachlass bereits zu Lebzeiten regeln. Trotz einer solchen Regelung bleibt im Todesfall noch vieles zu tun. Idealerweise ist die Formulierung des letzten Willens nicht eine Handlung der letzten Minute.

In den Hochglanzbroschüren von Banken heisst es gerne, dass Ihr Erbe Ihr Lebenswerk repräsentiere. Angesichts der hohen Lebenserwartung, der wir uns heute erfreuen dürfen, kann es aber gut sein, dass Sie als Erblasserin unter Umständen selbst schon zu einem guten Teil von Ihrem «Lebenswerk» gezehrt haben, um Ihren eigenen Lebensabend zu bestreiten. Das ist Ihr gutes Recht. Ausserdem verschlingen die Pflegekosten im hohen Alter in kurzer Zeit Unsummen (siehe Seite 180).

Meist erfolgt der Übergang des Vermögens inzwischen zu einem Zeitpunkt, wo die Erben oft selbst schon im Rentenalter sind und längst ihr eigenes Auskommen haben. Die ursprüngliche Idee, mit dem Erbe seine Nächsten abzusichern, verliert daher zunehmend an Bedeutung. Eventuell haben Sie auch bereits zu Lebzeiten Ihren Nachkommen einen Erbvorbezug gewährt oder eine Schenkung gemacht, als diese selbst noch nicht über ausreichende Mittel verfügt haben, um sich beispielsweise, den Bau eines Eigenheims zu ermöglichen.

Auf diese Entwicklung deutet auch die Statistik hin. Zwar werden in der Schweiz insgesamt hohe zweistellige Milliardenbeträge vererbt. Die enorme Summe darf allerdings nicht darüber hinwegtäuschen, dass die Verteilung sehr ungleich ist, so ungleich wie die Vermögensverteilung eben auch. Der Medianwert der Erbschaften in der Schweiz von 170 000 Franken zeigt denn auch an, dass die Hälfte der Erbschaften unter dieser Grenze liegt. In gut einem Drittel der Fälle betragen die Erbschaften weniger als 50 000 Franken und verteilen sich dazu noch auf mehrere Erben. Rund ein Drittel der Erben geht leer aus, oder es werden gar Schulden vererbt.

Trotzdem macht es Sinn, auch den Nachlass kleinerer Vermögen zu regeln. Familiäre Streitereien um Ihr Erbe können Sie damit nicht völlig ausschliessen. Aber zum einen bringen Sie damit Ihren eigenen Wunsch, was mit Ihrem Nachlass passieren soll, zum Ausdruck. Und zum anderen erleichtert es den Nachkommen den Umgang mit den Behörden und beschleunigt den gesamten Prozess.

Wer Vermögen richtig weitergeben will, sollte zunächst die gesetzliche Erbfolge kennen. Denn wo immer Sie vom Gesetz abweichen, provozieren Sie möglicherweise Erbstreitigkeiten.

Was gilt, wenn Sie verheiratet sind

In diesem Fall sind Ihr Partner und Ihre Kinder die Haupterben. Das Gesetz schreibt nicht nur die Erbfolge vor, sondern auch die Verteilung. Verzichten Sie auf ein Testament, erhalten Ihr Partner und Ihre Kinder je die Hälfte Ihres Erbes.

Wenn Sie diese Verteilung testamentarisch anders regeln möchten, müssen Sie aber die gesetzlichen Pflichtteile berücksichtigen. Die sprechen Ihren Kindern 37,5 Prozent Ihres Erbes zu und Ihrem Partner 25 Prozent. Über 37,5 Prozent Ihres Vermögens können Sie nach Ihren Wünschen verfügen und können die freie Quote ebenfalls Ihrem Partner zuteilen.

Vor der Erbteilung wird die sogenannte güterrechtliche Auseinandersetzung vorgenommen, die Ihrem Partner den Teil des ehelichen Vermögens zuweist, der ihm allein gehört.

Mit wenigen Ausnahmen sind Kinder heute in den allermeisten Kantonen von der Erbschaftssteuer befreit. Etwas häufiger besteuert werden Ehegatten, allerdings zu einem reduzierten Tarif.

> **BUCHTIPPS**
>
> von Flüe, Karin: **Letzte Dinge regeln. Fürs Lebensende vorsorgen – mit Todesfällen umgehen.** Beobachter-Edition, Zürich 2018
>
> Studer, Benno: **Testament, Erbschaft. Wie Sie klare und faire Verhältnisse schaffen.** Beobachter-Edition, Zürich 2017
>
> www.beobachter.ch/buchshop

TIPP *Sollten Ihre Nachkommen nicht auf Ihr Erbe angewiesen sein, kann es sinnvoll sein, einen Erbvertrag aufzusetzen, in dem Ihre Kinder einvernehmlich in einen bedingten oder unbedingten Erbverzicht einwilligen. Bedingter Verzicht bedeutet beispielsweise, dass die Kinder ein Recht haben, ihren Pflichtteil einzufordern, sollte ihr Vater nochmals heiraten oder in ein Pflegeheim kommen. Unbe-*

dingter Verzicht bedeutet, einen dieser oder beide Aspekte auszu-
bedingen. Dies ermöglicht Ihrem Partner, nach Ihrem Ableben frei
über das gesamte Erbe zu verfügen.

So lässt sich auch vermeiden, dass beispielsweise das gemeinsame
Wohneigentum veräussert werden muss, um den Pflichtteil der
Kinder ausbezahlen zu können. Einen solchen Erbvertrag lassen Sie
von einem Notar aufsetzen bzw. notariell beglaubigen. Es empfiehlt
sich auch, ihn beim Familiengericht und bei der Hausbank zu hinter-
legen. Nach dem Ableben Ihres Partners erfolgt die Erbteilung auf
der Basis des dannzumal vorhandenen Vermögens. Wenn allerdings
das Verhältnis zu Ihren Kindern oder das Verhältnis der Kinder
untereinander angespannt ist, könnte es schwierig sein, Zustimmung
für einen solchen Vertrag zu finden.

Was gilt, wenn Sie ohne Trauschein zusammenleben

Dem Erbrecht liegt immer noch das klassische Familienbild zugrunde. Es kennt keine anderen Formen von Lebensgemeinschaften, was bedeutet, dass es Konkubinatspartner aktuell noch nicht als gesetzliche Erben anerkennt. Wenn Sie also Ihren Nachlass nicht regeln, gehen Sie und Ihr Partner zwangsläufig leer aus.

Darum haben Sie hoffentlich schon früh in Ihrer Beziehung entsprechende Regelungen getroffen, das heisst, einen Konkubinatsvertrag abgeschlossen, einen Vorsorgeauftrag errichtet, einen Erbvertrag aufgesetzt und später um einen Erbverzichtsvertrag Ihrer gemeinsamen Kinder sowie möglicher Kinder aus früheren Beziehungen ergänzt (siehe Seite 49). Sonst ist es jetzt höchste Zeit, dies nachzuholen.

Sie sollten sich dessen bewusst sein, dass Ihr Konkubinatspartner hinsichtlich des Erbes steuerlich massiv benachteiligt ist. Gewisse Kantone wenden zwar einen reduzierten Tarif bei der Besteuerung der Erbschaft an, wenn Ihr Partner belegen kann, dass Ihr Konkubinat seit fünf oder zehn Jahren bestand hatte. Die Erbschaftssteuer macht aber meist immer noch gut ein Zehntel des Erbes aus. Ansonsten gilt der für die Kantone besonders lukrative Nichtverwandtentarif, der bis zu 50 Prozent der Erbschaft ausmachen kann. Nur wenige Kantone (v. a. in der Innerschweiz) stellen Konkubinatspartner Ehegatten gleich und verzichten auf eine Besteuerung.

Was gilt, wenn Sie alleinstehend sind

Alleinstehend sind Sie, weil Sie entweder nie geheiratet haben, weil Sie geschieden oder verwitwet sind. Haben Sie Kinder und treffen Sie keine Regelung, geht Ihr Erbe zu 100 Prozent an diese über. Treffen Sie testamentarisch eine andere Regelung, müssen Sie den Pflichtteil der Kinder von 75 Prozent berücksichtigen. Wie Sie die freie Quote von 25 Prozent verwenden wollen, liegt in Ihrem Ermessen.

Wenn Sie keine Kinder, aber noch Geschwister haben, erben diese oder deren Nachkommen zu gleichen Teilen, wenn Sie nichts regeln. Da diese nicht pflichtteilsgeschützt sind, können Sie mit einem Testament 100 Prozent Ihres Erbes anderweitig verteilen.

Wenn Sie weder Kinder noch Geschwister haben und Ihren Nachlass nicht regeln, muss Ihre Wohngemeinde nach Ihrem Tod klären, ob Ihre Eltern Geschwister hatten, wo noch Nachkommen leben (Cousinen und Cousins bzw. deren Nachkommen). Darum müssen Sie bei Einwohnerbehörden jeweils bis ins hohe Alter Angaben zu Ihren Eltern machen. Wenn Sie keinerlei Erben haben und nichts geregelt haben, fällt Ihr Erbe zu 100 Prozent an den Kanton, in dem Sie zuletzt Ihren Wohnsitz hatten. Dieser teilt den Betrag meist mit Ihrer Wohngemeinde.

Mit einem Testament können Sie selbst bestimmen, wer Ihr Erbe bekommen soll. Dabei sind Sie völlig frei, ob es wohltätige Institutionen sein sollen (Legate) oder ob Sie Personen aus Ihrem näheren oder weiteren Umfeld mit einer Erbschaft bedenken wollen. Beachten sollten Sie aber, dass diese die Erbschaft zum teuren Nichtverwandtentarif versteuern müssen.

Ihr Testament – eine höchst persönliche Sache

Das Testament ist Ihre persönliche Willenserklärung. Darin legen Sie fest, was mit Ihrem Nachlass passieren soll. Seine Gültigkeit erlangt es, in dem Sie es von A bis Z handschriftlich verfassen, mit dem Erstellungsdatum versehen und unterschreiben. Auch wenn es Ihnen leichter fallen würde und unter Umständen für die Adressaten einfacher zu entziffern wäre: Eine PC-Version ist ungültig, auch wenn Sie sie eigenhändig unterzeichnen.

WAS SIE IN IHREM TESTAMENT FESTHALTEN:

- Damit das Testament eindeutig Ihnen zugeordnet werden kann, empfiehlt es sich, dass Sie nicht nur Ihren Vornamen und Namen angeben, sondern auch die übrigen Personalien (Geburtsdatum, Heimatort/Nationalität, Adresse).

- Bezeichnen Sie die Personen, die Sie begünstigen möchten, genau. Schreiben Sie also nicht «Meine Tochter», «Meine Nichte» oder «Meine Nachbarin», sondern nennen Sie die Personen namentlich. Idealerweise legen Sie dem Testament eine Adressliste mit den vollständigen Personalien bei.

- Falls Sie Institutionen begünstigen möchten, achten Sie darauf, dass Sie die offiziellen Bezeichnungen verwenden, um Verwechslungen auszuschliessen. Es empfiehlt sich, dass Sie die Institutionen auf einer separaten Liste mit Namen und Adresse aufführen und als sogenannte Vermächtnisnehmer bezeichnen. So bringen Sie klar zum Ausdruck, dass Sie die Institutionen zwar an Ihrem Nachlass teilhaben lassen wollen, dass diese aber nicht Teil der Erbengemeinschaft sind.

- Halten Sie gegebenenfalls fest, wer erben soll, falls begünstigte Personen vor Ihnen sterben sollten (Ersatzerben).

- Weisen Sie den begünstigten Personen und Institutionen die gewünschten Quoten zu, die repräsentieren, welchen Anteil Ihres Vermögens sie erben sollen. Wenn Sie stattdessen Beträge definieren, riskieren Sie, dass entweder das Vermögen nicht reicht, um die Zahlungen vorzunehmen, oder dass ein Restvermögen bleibt, das nachträglich entsprechend der Erbfolge verteilt werden muss.

- Beachten Sie die Pflichtteile gesetzlicher Erben. Weichen Sie davon ab, kann Ihr Testament angefochten werden. Enterbungen sind nur in schwerwiegenden Fällen möglich (strafrechtliche Vergehen, Vorliegen von Verlustscheinen).

- Wenn Sie bestimmten Personen ausgewählte Wertgegenstände, beispielsweise ein bestimmtes Bild oder ein persönliches Schmuckstück, vererben wollen, erstellen Sie eine separate Liste mit möglichst genauer Bezeichnung des Gegenstands und den Personalien der jeweiligen Personen und verweisen im Testament lediglich darauf.

- Halten Sie fest, ob Sie einen Willensvollstrecker bestimmt haben, der den Nachlass entsprechend Ihrem Willen verteilt. Nennen Sie die Person oder Institution (z. B. Ihre Hausbank) namentlich.

Es empfiehlt sich, dass Sie den Inhalt des Testaments von einer Fachperson überprüfen lassen (siehe Seite 204). Je komplexer Ihr Nachlass ist, desto sinnvoller kann es sein, es notariell erstellen und beglaubigen zu lassen. Unklarheiten und Widersprüche in einem Testament können sonst zu einer Ungültigerklärung oder Anfechtung führen.

Bewahren Sie das Testament so auf, dass es leicht zugänglich ist, und informieren Sie Ihnen nahestehende Personen darüber. Eventuell empfiehlt sich auch das Hinterlegen bei einer zentralen Aufbewahrungsstelle, die jeder Kanton definiert hat.

Sonderfall: Wohneigentum vererben

Leben Sie bis zum Schluss in einer Eigentumswohnung oder einem eigenen Haus, ist dies vielfach der wertvollste Besitz, den Sie zu vererben haben. Da sich Wohneigentum ja schlecht teilen lässt, sollten Sie frühzeitig bestimmen, was nach Ihrem Ableben damit passieren soll. So können Sie klare Verhältnisse schaffen und einem Zwangsverkauf vorbeugen, der meist einen starken Abschlag zum eigentlichen Wert bedeutet und das zu verteilende Erbe unnötig schmälert.

Angenommen, Sie haben eine Tochter und zwei Söhne. Die Tochter möchte Ihr Eigenheim gerne übernehmen. Der eine Sohn hat kein Interesse daran und der andere hat selbst gebaut. Dann weisen Sie Ihrer Tochter das Wohneigentum in Ihrem Testament im Alleineigentum zu. Ihre Tochter ist nun verpflichtet, mit ihren Brüdern einen Erbteilungsvertrag aufzusetzen, der regelt, wie sie die beiden im Rahmen des Pflichtteils auszahlt (Ausgleichungspflicht). Dies kann beispielsweise über einen Schuldbrief, eine Erhöhung der Hypothek und/oder aus dem eigenen Ersparten erfolgen. Der Erbverteilungsvertrag und der Erbschein sind nach der Testamentseröffnung dem Grundbuchamt einzureichen.

Unbedingt zu beachten sind die Grundstücksteuern und Schenkungsbzw. Erbschaftssteuern, die mit der Übertragung des Wohneigentums verbunden sind. Die Gesetze und die damit verknüpften Bedingungen variieren von Kanton zu Kanton.

Schenkung und Pflegebedürftigkeit vertragen sich schlecht

Konkret würde Ihre Tochter in diesem Fall die bestehende Hypothek übernehmen. Im Gegenzug räumt sie Ihnen ein lebenslanges Wohnrecht oder die Nutzniessung ein.

Das bedeutet, dass Sie entweder selbst dort wohnen bleiben können oder das Wohneigentum vermieten und die Mietzinseinnahmen beziehen können. Im Fall der Nutzniessung würden Sie weiterhin die Kosten übernehmen, also beispielsweise die Hypothekarzinsen zahlen. Um die spätere Ausgleichspflicht zu dokumentieren, empfiehlt es sich, einen beurkundeten Erbvertrag aufzusetzen, der den aktuellen Verkehrswert festhält, den Umgang mit einer allfälligen Wertsteigerung und die später vorgesehene Erbteilung regelt.

Sollten Sie jedoch pflegebedürftig werden und ein Übertritt in ein Pflegeheim notwendig sein, und sollte Ihr sonstiges Vermögen nicht ausreichen, um die Pflegekosten zu finanzieren, dürfen Sie unter Umständen nicht damit rechnen, Ergänzungsleistungen beanspruchen zu können. Denn der Wert Ihres Wohneigentums wird bei der Berechnung der Ergänzungsleistung als fiktiver jährlicher Vermögensverzehr seit dem Jahr des Übertrags aufgerechnet (siehe Seite 182). Vom amtlichen Wert des Wohneigentums werden die Hypotheken, die Ihre Tochter übernommen hat, und der Kapitalwert eines Wohnrechts oder einer Nutzniessung abgezogen. Der verbleibende Betrag verringert sich jedes Jahr um 10 000 Franken. Je länger der Übertrag zurückliegt, desto eher könnte ein Anspruch auf Ergänzungsleistungen bestehen.

Die Sache hat aber noch einen weiteren Haken: Ihre Erben sind nämlich mit dem Inkrafttreten des neuen Ergänzungsleistungsgesetz ab Anfang 2021 verpflichtet, die von Ihnen während der letzten zehn Jahre bezogenen Leistungen an den Staat zurückzubezahlen, wenn Ihr Nachlass 40 000 Franken übersteigt. Das schmälert nicht nur das Erbe, sondern könnte unter Umständen Ihre Tochter zwingen, das Wohneigentum, das sie eigentlich übernehmen wollte, zu veräussern, um die Leistungen zurückzuerstatten und die Ausgleichszahlungen an ihre Brüder bestreiten zu können. De facto verhindert das neue Ergänzungsleistungsgesetz damit ein Vererben von Wohneigentum, wenn darüber hinaus kein weiteres Vermögen besteht, mit dem sich die Rückerstattung decken lässt.

«Verantwortung für meine Vorsorge kann ich nur übernehmen, wenn ich weiss, was mir alles passieren kann»

Ein Gespräch mit Prof. Dr. Kerstin Windhövel, Leiterin Kompetenzfeld Alters-vorsorge am SIF, Schweizerisches Institut für Finanzausbildung, an der Kalaidos-Fachhochschule, Zürich, und Inhaberin Wincon GmbH, Pensionskassen- und Vorsorgeberatung, Bern.

Was fällt Ihnen spontan ein, wenn Sie an Frauen und ihre Vorsorge denken?
Altersarmut und Desinteresse. Frauen kümmern sich nach meiner Erfahrung noch viel zu wenig um ihre Vorsorge. Erst bezeichnen sie sich als zu jung oder sagen, Vorsorge sei nicht ihr Ding. Dann sind sie verheiratet und überlassen das Vorsorgen ihrem Partner. Folgt die Trennung, ist ihr Weg in die Altersarmut oftmals vor-gezeichnet.

Der weitaus grösste Teil unserer Vorsorge hängt direkt von einem Erwerbs-einkommen ab. Dementsprechend schlecht präsentiert sich die Vorsorgebilanz für Frauen. Stichwort: unbezahlte Betreuungs- und Haushaltsarbeit, Teilzeit und tiefere Einkommen. Wie müsste ein frauenfreundlicheres Vorsorgemodell aussehen?
Die Frage müsste eher lauten, wie eine frauenfreundlichere Kinderbetreuung aus-sehen sollte. Hier sehe ich grossen Veränderungsbedarf. Es darf nicht sein, dass weiterhin ein nicht unwesentlicher Teil gut ausgebildeter Frauen dem Arbeits-markt fernbleibt und sich vollumfänglich der Kinderbetreuung widmet, weil dies spätestens ab dem zweiten Kind für sie finanziell günstiger ist. Hier braucht es

zum einen bezahlbare Betreuungsplätze, zum anderen aber auch eine Veränderung bei den Frauen. Die Konsequenzen eines langfristigen Fernbleibens vom Arbeitsmarkt denken viele Frauen oft nicht zu Ende und handeln sich entsprechende Rentenverluste ein. Hier braucht es gebetsmühlenartig Aufklärung, dass auch eine familienexterne Kinderbetreuung sinnvoll und bezahlbar ist.

Spielen bei einer solchen Haltung nicht auch noch traditionelle Rollenbilder mit hinein?

Meiner Meinung nach hierzulande sogar zu einem ganz erheblichen Teil. Frauen, die Familie und Beruf verbinden, setzen sich oft selbst unnötig unter Druck, weil sie in ihrem Umfeld nicht als Rabenmutter gelten wollen, und zerreissen sich so unweigerlich zwischen Job und Familie. Das hat viel mit fehlgeleiteter Wertschätzung von Familienarbeit, mangelnder Anerkennung von Care-Arbeit und dem in vielen Köpfen immer noch stark verankerten Bild vom «Heimchen am Herd» zu tun. Solange hier kein Ruck durch die Gesellschaft geht und ein Umdenken stattfindet, bleibt Frauen weiterhin bloss die Wahl zwischen dem Prädikat «Rabenmutter» und der späteren Altersarmut.

Inwieweit verträgt sich unser bestehendes Vorsorgesystem überhaupt mit den Arbeitsmodellen der Zukunft?

Ganz schlecht. Zwischen der Vorsorge 1.0 und der Arbeitswelt 4.0 tut sich ein tiefer Graben auf. Unser Vorsorgesystem ist nicht dafür gemacht, dass wir alle drei bis vier Jahre die Stelle wechseln. Diese Wechsel verursachen bei den Kassen enorme Kosten. Abhilfe könnte bei der Grundversicherung eine freie Pensionskassenwahl schaffen. Dann können Versicherte unabhängig von ihrem Arbeitgeber die Vorsorgeeinrichtung und den Vorsorgeplan wählen, die zu ihrem Leben passen. Freie Wahl ist aber nicht gleichbedeutend mit einer Einheitskasse. Es braucht auch weiterhin eine Auswahl an Vorsorgeeinrichtungen mit verschiedenen Angeboten. Im Hinblick auf die neuen, flexiblen Arbeitsformen müsste das BVG überdies Einkommen ab dem ersten Franken versichern, was insbesondere Frauen in Teilzeitpensen zugute käme.

Welchen Beitrag können Frauen im bestehenden Modell selbst leisten, damit ihre Altersvorsorge weniger zur Sorge wird?

Sie dürfen ihren Job nicht für längere Zeit aufgeben. Denn nach einem längeren Unterbruch können sie kaum in den gleichen Job zurückkehren, sondern sind häufig gezwungen, einen Job anzunehmen, der ihren Qualifikationen nicht gerecht wird. Wenn sie ihr Pensum reduzieren, dann in moderatem Umfang, also lieber auf 60 bis 80 Prozent und auf keinen Fall darunter. Wenn Vater und Mutter drei Tage pro Woche die Kinder selbst betreuen, ist so auch eine externe Betreuung zahlbar. Die daraus entstehenden Nachteile in der Vorsorge lassen sich leider auch so nicht ganz vermeiden.

Für viele Versicherte ist ihre Vorsorge ein Buch mit sieben Siegeln. Was braucht es, um sie zu Vorsorgefans zu machen?

Es braucht eine kontinuierliche Sensibilisierung. Und die sollte idealerweise in der Schule mit 13, 14 Jahren beginnen. Setzt sie erst zwischen 35 und 40 Jahren ein, kommt sie oft zu spät, um seinen eigenen Vorsorgebedarf erkennen und auch noch voll decken zu können. Ein Beispiel: Ich würde mir wünschen, dass jede Berufseinsteigerin weiss, wie sie vom Brutto- zum Nettolohn herunterrechnet, sprich, welche Abzüge vom Einkommen wofür abgezogen werden und was sie dafür im Falle des Falles zurückerhält. Um das verständlich zu machen, muss ich ihr nicht das gesamte System im Detail erklären, sondern vielmehr, was es für sie unter welchen Umständen leistet. Nachdem die Schulen dies heute noch nicht ausreichend tun, übernehmen diese Rolle insbesondere Banken und Versicherungen. Hier fehlt jedoch in der Regel die Gesamtschau, da die Banken und Versicherungen ja zuerst einmal die potenzielle Kundin für ihre Produkte im Auge haben. Und sie gehen damit meist vom Produkt statt vom Budget für die jeweilige Lebenssituation aus. Verantwortung für meine Vorsorge kann ich nur übernehmen, wenn ich weiss, was mir alles passieren kann.

Bei Angestellten werden die AHV- und BVG-Beiträge automatisch vom Lohn abgezogen. So realisieren viele Versicherte nicht, dass ihr weitaus grösstes Vermögen in der 2. Säule ruht. Braucht es mehr Mitwirkung und Mitbestimmung bzw. mehr Eigenverantwortung, um das zu ändern?

Unbedingt. Die erwähnte freie Pensionskassenwahl würde dies unweigerlich fördern. Solange die jedoch nicht besteht, sind Arbeitnehmende gut beraten, einen Job nicht nur zu wählen, weil er spannend ist. Das nützt ihnen wenig, wenn sie sich mit der BVG-Lösung ihres neuen Arbeitgebers mitunter grosse Nachteile bei der Absicherung der Risiken Invalidität, Tod oder Alter einhandeln können, ohne dies zu wissen oder gar zu realisieren. Im Zweifelsfall sollten sie in ihrem eigenen Interesse dann den Job ablehnen. Ausserdem sollten sich Versicherte in bestehenden Arbeitsverhältnissen über die Gestaltungsspielräume in ihrer beruflichen Vorsorge informieren und sie entsprechend ihrer Lebenssituation nutzen.

Unsere Langlebigkeit bei gleich gebliebener Anzahl Beitragsjahre macht unserem Vorsorgesystem schwer zu schaffen. Wenn Sie Bundesrätin für Sozialversicherung wären: Würden Sie die Beiträge oder die Beitragsjahre erhöhen? Oder würden Sie den Versicherten die Wahl lassen?
Ich würde den Versicherten die Wahl lassen. Das bedingt zunächst einmal, sie über die beiden Varianten aufzuklären. Um dem beruflichen Vorsorgegesetz gerecht zu werden, bräuchte es die Verpflichtung zu einer Mindestversorgung. Beim Überobligatorium können die Versicherten frei entscheiden, ob sie höhere Beiträge zahlen oder länger arbeiten möchten.

Blogs, Studien, Beratung – nächste Schritte zur Finanz-Powerfrau

Durch die Geldbrille betrachtet, stellen sich auf dem Lebensweg unzählige Fragen. Der vorliegende Ratgeber gibt einige Antworten und ermuntert Sie hoffentlich, sich vertiefter mit der eigenen Finanzsituation in den jeweiligen Lebenslagen auseinanderzusetzen. Sie müssen dazu nicht selbst zur Finanzexpertin werden. Wichtig ist für Sie zu wissen, wo Sie Unterstützung in Form von weiterführenden Informationen und Beratung bekommen.

Finanzwissen für Einsteigerinnen und Fortgeschrittene

Es ist gar nicht so leicht, sich aus der Flut von Informationen das für die eigenen Bedürfnisse Passende herauszupicken. Was bislang noch weitgehend fehlt, sind Angebote für den systematischen Aufbau von Geldkompetenz und Finanzwissen – vor allem bezogen auf die Perspektive der unterschiedlichen Lebensstationen. Nachfolgend einige Anregungen.

Geld- und Finanzblogs für Frauen

Die Blogs werden meistens nicht von Finanzprofis betrieben, sondern von Frauen, denen sich selbst diverse Finanzfragen gestellt haben und die ihr Wissen und ihre eigenen Erfahrungen über diese Kanäle mit ihrer Community teilen. Genau weil die Themen aus dem Leben gegriffen und damit authentisch sind, können sie sich gut eignen, den Einstieg ins Geldthema zu finden. Meist sind sie auch in einer Sprache geschrieben, die für Einsteigerinnen leicht verständlich ist.

In der Schweiz ist das Angebot leider noch nicht sehr gross. An dieser Stelle sei insbesondere auf den Blog «Frauen und Geld» von Olga Miler auf dem Newsportal *watson* hingewiesen:
www.watson.ch/Frauen und Geld

In Deutschland ist das Angebot um einiges breiter. Hier gilt es allerdings zu beachten, dass das Vorsorgesystem ein anderes ist und teilweise auch andere Finanzinstrumente angeboten werden als in der Schweiz. Die frauenspezifischen Fragestellungen sind jedoch weitgehend dieselben:
www.geldfrau.de
www.fortunalista.de
www.madamemoneypenny.de

Ratgeber rund ums Thema Geld

Die Auswahl an Geldratgebern für Frauen wird laufend grösser. Wie bei den Finanzblogs fällt aber auch hier auf, dass sie sich vorwiegend auf die Situation in Deutschland beziehen.

Ausserdem geht es vorwiegend um das Thema Anlegen und seltener darum, wie Frauen aus eigenen Mitteln zu dem Geld kommen, das sie anlegen können. Oder die Ratgeber beschäftigen sich mit der Einstellung und dem Verhältnis zu Geld, was schon mal ein guter Anfang ist.

Es ist durchaus sinnvoll, zusätzlich zum vorliegenden Ratgeber zu den einzelnen Lebensstationen weitere Bücher zuzuziehen, die das jeweilige Thema vertiefter angehen. Darum finden Sie in den einzelnen Kapiteln jeweils entsprechende Buchtipps aus der Beobachter-Edition.

FINANZLITERATUR EINMAL ANDERS

Birgit ungeschminkt – Vom Leben gelernt
Schrowange, Birgit / ZS Verlag (2020) / ISBN 978-3-96584-018-8

Frauen sollten in Sachen Umgang mit Geld viel mehr weibliche Vorbilder haben. Die frühere Fernsehmoderatorin Birgit Schrowange ist eines. In ihrem neuesten Buch nimmt das Thema Finanzen einen grossen Platz ein. In ihrer erfrischenden Art gibt sie ihre eigenen Erfahrungen mit Finanzen weiter und fordert Frauen auf, sich finanzielle Intelligenz anzueignen.

Geld und Lebensgeschichte – eine biografieanalytische Untersuchung
Happel, Birgit / Campus Verlag (2020) / ISBN 978-3-593-50718-7

Auch Birgit Happel will die Leserinnen bestärken, Verantwortung für ihre finanzielle Zukunft zu übernehmen. Die promovierte Soziologin hat in ihrer Doktorarbeit anhand der Biografieanalyse den lebensgeschichtlichen Umgang mit Geld untersucht. Wenn sich das wissenschaftliche Werk auch nicht ganz leichtfüssig liest, so bietet es doch spannende Überlegungen und Erkenntnisse, welche Erlebnisse und Erfahrungen den Umgang mit Geld prägen und welche Geldtypologie sich daraus ergibt. Die Autorin ist heute selbständig im Bereich Wirtschaftsbildung und Finanz- und Lebensbiografien tätig.
www.geldbiografien.de   ■

Finanzwissen live oder filmisch vermittelt

Kurse, die den Umgang mit dem eigenen Geld ganzheitlich vermitteln, sind bislang äusserst rar. Bei den allermeisten Einzelangeboten stehen das Anlegen von Vermögen und die verschiedenen Anlageinstrumente oder Einzelthemen wie Steuern, der Erwerb von Wohneigentum oder das (Ver-) Erben im Vordergrund. Meist geht es darum, Frauen über die dazugehörigen Finanzprodukte oder Beratungsleistungen zu informieren. Grundlegende, produktunabhängige Geldkompetenz zu vermitteln, ist eher zweitrangig. Aber auch an produktorientierten Anlässen können Sie immer die eine oder andere Information für sich mitnehmen und vor allem Erfahrungen mit Gleichgesinnten austauschen.

Einige Banken richten sich spezifisch an Frauen. Dazu gehört unter anderem die UBS mit ihrem Women's-Wealth-Programm. Der Name sagt es: Hier geht es insbesondere um die Vermögens- und Vorsorgeplanung im Rahmen der 3. Säule. Die dort propagierte «Women's Wealth Academy» besteht aber nicht etwa aus einem systematischen Seminarangebot, sondern aus Onlinefachbeiträgen. Erwähnenswert ist, dass der Weg zu den Finanzprodukten und dem Beratungsangebot über ein einfaches Lebensphasenmodell führt.
www.ubs.com/ch/de/microsites/womens-wealth.html

Wer sich vertiefter und systematischer mit dem Thema Geldanlegen beschäftigen möchte, kann beim **Smart Ladies' Investment Club** fündig werden. Das Finanzportal für Frauen bietet seit bald einem Vierteljahrhundert nicht nur Onlineinformationen, sondern vermittelt Finanzwissen und Erfahrungsaustausch auch an regelmässigen Treffen in Bern und Zürich.
www.slic-connect.ch

Unabhängiges Geldwissen für alle, also nicht nur für Frauen, vermittelt **Fintool** mit Lernvideos. Die Videothek umfasst inzwischen über 500 Einzelvideos zu ausgewählten Themen, von Aktien über Anlegerrisiken bis Wirtschaftswissen. Wahlweise können Sie sich täglich eine Videosequenz über einen kostenlosen Newsletter schicken lassen oder gegen einen bescheidenen Monatsbeitrag auf die gesamte Videothek zugreifen.
www.fintool.ch

Studien zum Thema Frauen und ihr Geld

Die Finanzsituation von Frauen ist regelmässig Gegenstand von allgemeinen oder spezifischen Befragungen und Studien. Die Ergebnisse sensibilisieren ganz allgemein für das Thema und zeigen deutlich auf, wo die Herausforderungen liegen. Ebenso helfen sie, sich selbst in der Geldthematik zu verorten und daraus Erkenntnisse für die eigene Situation zu ziehen. Hier eine Auswahl aktueller Auswertungen:

- Die Studie «Gender Pension Gap» untersucht die Geschlechterdifferenz bei der Altersrente (siehe Seite 21). Herausgeberin: Swiss Life (2019). www.swisslife.ch/de/private/blog/studie-gender-pension-gap.html
- Die repräsentative Studie «Pensionskassenwissen» von AXA Investment Managers untersucht seit 2011 jährlich, wie es um das Vorsorgewissen von Frau und Herrn Schweizer bestellt ist. Jedes Jahr wird die Schweizer Bevölkerung zudem zu einem Schwerpunktthema befragt. In der 10. Ausgabe (November 2020) war es die Rentenreform in der 2. Säule. Aus den Ergebnissen lassen sich auch die verschiedenen Haltungen und der unterschiedliche Wissensstand von Frauen und Männern herauslesen. www.axa-im.ch → Privatanleger → AXA IM Studien
- Nachdem AXA Investment Managers ausserdem von 2007 bis 2017 im Zwei-Jahres-Rhythmus eine Studie zum Fondswissen der Schweizer Bevölkerung publiziert hatte, erschien 2020 erstmals eine Studie zum Anlageverhalten von Privatpersonen, die unter anderem Aufschluss darüber gibt, wie Anlegerinnen und Anleger für ihren Ruhestand sparen und welche Anlagen sie bevorzugen. Die aktuelle Studie untersucht zudem, welchen Einfluss der Umgang mit Geld in der Familie auf das spätere Anlageverhalten und das Interesse an Geldthemen hat. www.axa-im.ch → Privatanleger → AXA IM Studien
- Seit drei Jahren publiziert die Raiffeisenbank zusammen mit der Zürcher Hochschule für Angewandte Wissenschaften die Studie Vorsorgebarometer, die ebenfalls das Vorsorgewissen der Schweizer Bevölkerung abfragt, überdies auch das eigene Engagement beim Vorsorgesparen, das Vertrauen in das Vorsorgesystem und Präferenzen bei Vorsorgeprodukten (siehe Seite 23) www.raiffeisen.ch → Über uns → Publikationen → Studien

Finanzberatung für Frauen

Lassen Sie sich helfen, wenn es darum geht, sich für die jeweiligen Lebenssituationen finanzfit zu machen. Das Angebot an Beraterinnen und Beratern ist vielfältig, die Auswahl also nicht ganz einfach. Wichtig ist, die beiden wesentlichen Beratungsmodelle zu kennen respektive sich die Intention der Beratung bewusst zu machen. Und manchmal kann es sich auch lohnen, eine Zweitmeinung einzuholen.

Beratung durch Geldprofis ist ratsam. Mit jeder der Lebensstationen sind wichtige und teilweise komplexe Geldfragen verbunden, und die notwendigen Entscheidungen haben oft weitreichende finanzielle Konsequenzen. Expertinnen und Experten können Sie dabei unterstützen, Ihre persönliche Situation zu analysieren, sie beantworten Ihre Fragen, zeigen Handlungsoptionen auf und liefern Ihnen so die nötige Grundlage für Ihre Entscheide.

Beratung zahlen Sie immer – direkt oder indirekt

Beratung wird durch ausgewiesene Fachleute erbracht, die thematisch spezialisiert sind, über viel praktische Erfahrung verfügen und sich zu den Themen kontinuierlich weiterbilden. Ihr umfangreiches Wissen und ihre Erfahrung haben einen Wert und damit verständlicherweise ein Preisschild.

Nun stellen Ihnen aber die Beraterinnen und Berater von Banken und Versicherungen keine Rechnung für ihre Beratung. Gratis ist sie aber deswegen trotzdem nicht zu haben. Banken und Versicherungen finanzieren die Beratung, indem sie Ihnen ihre eigenen Produkte und Dienstleistungen verkaufen. Der Verdienst der Beraterinnen und Berater hängt grossmehrheitlich immer noch vom Erreichen von Verkaufszielen ab, auch wenn mit Kundenorientierung geworben wird. Sprechen Sie das Thema im Beratungsgespräch aktiv an und erkundigen Sie sich auch nach einem Vergleich mit Produkten anderer Anbieter.

Unabhängige Beraterinnen und Berater arbeiten dagegen auf Honorarbasis. Sie stellen Ihnen also die Beratungsstunden in Rechnung und weisen die Beratungskosten transparent aus. Sie sind keinem Anbieter von Bank-

oder Versicherungsprodukten verpflichtet und haben dementsprechend keinen Verkaufsdruck. In der Regel verpflichten sie sich auch, auf Provisionen von Produkt- und Dienstleistungsanbietern zu verzichten oder diese mit den Beratungskosten zu verrechnen. Die unabhängige Beratung ist ausserdem eher auf Lebenssituationen ausgerichtet. Einige Banken haben inzwischen ähnliche Modelle eingeführt und bieten ebenfalls kostenpflichtige Finanzplanungen an.

Der Entscheid, von wem Sie sich beraten lassen, ist Ihnen überlassen. Aber fühlen Sie Ihrer Beraterin oder Ihrem Berater ruhig auf den Zahn, und machen Sie sich ein Bild, ob Ihre Interessen im Vordergrund stehen oder doch eher die Provision.

Wie Sie Ihre Beraterin oder Ihren Berater finden

Beratung in Finanzfragen ist Vertrauenssache. Doch wie können Sie beurteilen, ob eine Beraterin oder ein Berater vertrauenswürdig ist? Woran können Sie eine seriöse Beratung erkennen? Und wie finden Sie überhaupt die entsprechenden Ansprechpersonen? Bezogen auf Banken und Versicherungen ist es vergleichsweise einfach. Da haben Sie vielleicht auch schon feste Ansprechpartner oder persönliche Präferenzen bezüglich der Anbieter.

Wenn Sie allerdings eine unabhängige Beratung suchen, erweist sich dies als gar nicht so einfach. Bislang gibt es in der Schweiz keine Plattform, wo Sie passend zur jeweiligen Lebensstation nach Finanzberater/innen in Ihrer Nähe suchen können. Fragen Sie darum am besten in Ihrem Familien- und Freundeskreis oder Ihrem beruflichen Netzwerk nach möglichen Kontakten. Persönliche Empfehlungen können sehr nützlich sein. Eventuell präsentieren sich Finanzberaterinnen und -berater auch in regionalen Medien mit Fachbeiträgen oder Inseraten oder treten mit Referaten an öffentlichen Anlässen auf und wecken so Ihre Aufmerksamkeit. Oder googeln Sie und machen Sie sich ein erstes Bild anhand der Onlinepräsenz der Beraterinnen und Berater.

Eine professionelle Beratung beginnt mit der umfassenden Ermittlung Ihrer aktuellen persönlichen und finanziellen Situation, Ihrer unmittelbaren Zukunftspläne und Ihrer Fragestellungen. Das Erstgespräch ist in der Regel kostenlos. Auf dieser Basis wird ein schriftlicher Vertrag erstellt, der den Beratungsumfang und die damit verbundenen Kosten festhält. In einem Zweitgespräch erhalten Sie dann eine detaillierte Analyse Ihrer finanziellen Situation und Aussichten und konkrete Handlungs- bzw. Verbesserungsvorschläge. Je nach Komplexität der Fragestellung oder Thematik können auch noch Folgegespräche nötig sein. Die Honorarkosten variieren je nach Umfang und Komplexität der Beratung. Grundsätzlich sollten Sie mit einem Stundenansatz zwischen 150 und 250 Franken rechnen.

FINANZ-FRAUENPOWER

Wie Sie die Seriosität des/der Berater/in beurteilen können
- Wählen Sie den/die Berater/in gemäss Ihrer jeweiligen Fragestellung aus. Gehen Sie zur Budgetberatung, wenn es um Budgetfragen geht, und nicht zur Spezialistin für Vermögensanlage. Wählen Sie eine Spezialistin für Wohneigentum, wenn Sie sich den Traum der eigenen vier Wände erfüllen wollen, und nicht einen Vorsorgeberater.
- Finanzplaner oder Finanzberaterin sind keine geschützten Berufsbezeichnungen. Schauen Sie sich darum genau an, was den/die Berater/in beruflich qualifiziert. Idealerweise bringen sie mehrjährige praktische Erfahrung aus der Beratung in der Bank- oder Versicherungsbranche mit bestimmten Beratungsschwerpunkten mit, bilden sich an anerkannten Seminaren und Fachhochschulen laufend weiter und weisen anerkannte Abschlüsse vor. Ein Gütesiegel ist auch, wenn sie einem Berufsverband angehören und sich deren Standesregeln verpflichten (beispielsweise FinanzPlaner Verband Schweiz). Oder sie sind in einem offiziellen Berater- oder Vermittlerregister eingetragen, das der Finanzmarktaufsicht (FINMA) untersteht.
- Erkundigen Sie sich, ob der/die Berater/in die Tätigkeit hauptberuflich und in welchem prozentualen Umfang ausübt. Ein Zeichen für Seriosität ist auch der Firmeneintrag im Handelsregister.
- Hören Sie auf Ihr Bauchgefühl. Wenn Sie unsicher sind, ob Sie an der richtigen Adresse sind, sich nicht verstanden fühlen oder die Ausführungen des/der Berater/in für Sie unverständlich sind, ziehen Sie besser einen Wechsel in Betracht.

Anhang

Links

Beobachter-Beratungszentrum

Das Wissen und der Rat der Expertinnen und Experten in acht Fachbereichen steht den Mitgliedern des Beobachters im Internet und am Telefon zur Verfügung. Wer kein Abonnement der Zeitschrift oder von Guider hat, kann online oder am Telefon eines bestellen und erhält sofort Zugang zu den Dienstleistungen.

- www.guider.ch: Guider ist der digitale Berater des Beobachters mit vielen hilfreichen Antworten bei Rechtsfragen.
- Beratung am Telefon: Montag bis Freitag von 9 bis 13 Uhr. Direktnummern der Fachbereiche unter www.beobachter.ch/ beratung (→ Telefonische Beratung)
- Kurzberatung per E-Mail: Link unter www.beobachter.ch/beratung (→ E-Mail-Beratung)

Nachfolgend sind einige Links zusammengestellt, die entweder themenspezifisch oder bezogen auf ausgewählte Lebensstationen weiterführende Informationen bieten zu Aspekten, auf die im Ratgeber eingegangen wird.

Altersrente/Ergänzungsleistungen

www.ahv-iv.ch → **Merkblätter & Formulare** → **Online Rentenschätzung (ESCAL)**

www.ahv-iv.ch → **Sozialversicherungen** → **Ergänzungsleistungen (EL)** → **Anspruch auf Ergänzungsleistungen ermitteln** Anspruch auf Ergänzungsleistungen berechnen

Berufliche Vorsorge für Selbständige

www.chaeis.net → **Einzelpersonen** → **Berufliche Vorsorge** → **Freiwillige Versicherung für Einzelpersonen** › **1. Sie sind selbständig erwerbend** BVG-Lösung der Stiftung Auffangeinrichtung

Berufliche Vorsorge für Arbeitnehmerinnen mit mehreren Arbeitgebern

www.chaeis.net → **Einzelpersonen** → **Berufliche Vorsorge** → **Freiwillige Versicherung für Einzelpersonen** → **2. Sie arbeiten für mehrere Arbeitgeber** BVG-Lösung der Stiftung Auffangeinrichtung

Budgetberatung/Schuldenberatung

www.budgetberatung.ch → **Kontakt** → **Budgetberatungsstelle in Ihrer Nähe** Beratungsstellen des Dachverbands Budgetberatung Schweiz

www.schulden.ch → **Adressen Beratungsstellen deutsche Schweiz**

Erwerb Wohneigentum

www.moneyland.ch → **Kredite & Hypotheken** → **Hypotheken** → **Alle Hypothekenrechner** → **Hypotheken: Tragbarkeit** Onlinerechner finanzielle Tragbarkeit *Tipp: Einen solchen Onlinerechner finden Sie i. d. R. auch auf der Website Ihrer Hausbank.*

Familiengründung

www.ahv-iv.ch → **Sozialversicherungen**
→ **Erwerbsersatz/Mutterschaft/Vaterschaft**
(EO/MSE/VSE) → **Berechnung MSE**
Onlinerechner Mutterschaftsentschädigung

Firmengründung

www.gruenden.ch

www.ifj.ch
Unterstützung für Gründerinnen bietet das
Institut für Jungunternehmen.

www.mikrokredite.ch
Der Verein GO! fördert von Frauen ge-
gründete Unternehmen mit Fachwissen und
Mikrokrediten.

www.saffa.ch
SAFFA erleichtert Unternehmerinnen mit
Bürgschaften den Zugang zu einem Kredit.

www.startups.ch

Krankenkasse/Franchiserechner

www.moneyland.ch → **Versicherungen**
→ **Gesundheit & Leben** → **Krankenkasse**
→ **Franchisen-Rechner**
Franchisen-Varianten berechnen

Krankenkasse/Prämienverbilligung

**Die Onlinerechner finden Sie auf der
Website der für Sie zuständigen AHV-Stel-
le/Sozialversicherungsanstalt**
Onlinerechner zum Berechnen des Anspruchs
auf Prämienverbilligungen

Scheidung

www.chaeis.net → **Einzelpersonen**
→ **Berufliche Vorsorge** → **Teilung bei
Scheidung**
Freizügigkeitskonto bei der Stiftung Auffang-
einrichtung für Überweisung des Vorsorgeaus-
gleichs und spätere Umwandlung in Altersrente

Sparen

www.moneyland.ch → **Konten & Karten**
→ **Zins- und Sparrechner** → **Zinsrechner**
Zinseszinsrechner
*Tipp: Zinsen werden zwar auf Sparguthaben
momentan kaum gezahlt. Wenn Sie sich
aber für das Wertschriftensparen entscheiden,
können Sie anstelle des Zinssatzes für
Sparguthaben mit einem durchschnittlichen
jährlichen Wertzuwachs von 4% rechnen.*

www.moneyland.ch → **Konten & Karten**
→ **Zins- und Sparrechner** → **Sparrechner**
Onlinerechner zum Ermitteln von Sparbei-
trägen zum Erreichen von Sparzielen

Steuern

www.swisstaxcalculator.estv.admin.ch
→ **Steuerrechner**
Der Onlinerechner der Eidg. Steuerverwaltung
zum Berechnen von Einkommens-/Vermögens-
steuer, Kapitalauszahlung aus Vorsorge,
Erbschafts- und Schenkungssteuer

Studium/Berufseinstieg

www.budgetberatung.ch → **Budget
für Kinder/Jugendliche** → **Studierende**
→ **Budgetvorlage Studierende**
Online-Budgettool der Budgetberatung Schweiz
*Tipp: Lässt sich dort auch als App downloaden.
www.budgetberatung.ch* → *App/FAQ App*

www.caritas.ch → **Hilfe finden**
→ **Finanzielle Bildung** → **App**
My Money App – das Budgettool
der Caritas

www.splitwise.com
Splitwise – zum Aufzeichnen von Ausgaben
in WGs

www.stipendium.ch
Alle Stipendienmöglichkeiten auf einen Blick

www.steuern-easy.ch
Steuerwissen für Jugendliche

**Kostgeldvorschläge der Budget-
beratung Schweiz, für alle, die
noch bei den Eltern wohnen**

www.budgetberatung.ch → **Budget für
Kinder/Jugendliche** → **Kostgeld**

Vorsorge allgemein

www.ahv-iv.ch → **Merkblätter & Formulare**
→ **Merkblätter**
Die Merkblätter der AHV/IV zu Beiträgen und
Leistungen

Vorsorge Beitragslücken

www.ahv-iv.ch → **Merkblätter & Formulare**
→ **Kontoauszug**
Onlinebestellung des AHV-Kontoauszugs

Wohnungsmiete vs. Kauf Wohneigentum

www.moneyland.ch → **Kredite & Hypotheken** → **Hypotheken** → **Alle Hypothekenrechner** → **Mieten oder Kaufen**
Onlinerechner zum Ermitteln, ob für Sie
mieten oder kaufen günstiger ist

Literatur

Beobachter-Ratgeber

Baumgartner, Gabriela: **Clever mit Geld
umgehen.** Budget, Sparen, Wege aus
der Schuldenfalle. Beobachter-Edition,
Zürich 2019

Birrer, Matthias: **Stockwerkeigentum.** Kauf,
Finanzierung, Regelungen der Eigentümer-
schaft. Beobachter-Edition, Zürich 2016

Bräunlich Keller, Irmtraud: **Betreuung
und Pflege im Alter.** Was ist möglich?
Beobachter-Edition, Zürich 2020

Bräunlich Keller, Irmtraud: **Job weg.** Wie
weiter bei Kündigung und Arbeitslosigkeit?
Beobachter-Edition, Zürich 2018

Bräunlich Keller, Irmtraud: **Mutter werden
– berufstätig bleiben.** Möglichkeiten –
Rechte – Lösungen. Beobachter-Edition,
Zürich 2019

Brot, Iwan; Schiesser, Fritz: **Frühpensionierung planen.** Die persönlichen
Finanzen analysieren und rechtzeitig
vorsorgen. Beobachter-Edition, Zürich 2019

Brot, Iwan; Schiesser, Fritz; Müller, Martin: **Mit der Pensionierung rechnen.** Die finanzielle Vorsorge umfassend planen. Beobachter-Edition, Zürich 2021

Bucher, Michael; Mettler, Simon: **Faire Scheidung.** Gute Lösungen für alle Beteiligten. Beobachter-Edition, Zürich 2021

Büsser, Harry: **Plötzlich Geld – so legen Sie richtig an.** Möglichkeiten zur souveränen Vermögensverwaltung. Beobachter-Edition, Zürich 2019

Döbeli, Cornelia: **Familienbudget richtig planen.** Die Finanzen im Überblick – in allen Familienphasen. Beobachter-Edition, Zürich 2017

Friedauer, Susanne; Gehring, Kaspar: **IV – Was steht mir zu?** Das müssen Sie über Rechte, Renten und Versicherungen wissen. Beobachter-Edition, Zürich 2020

Hubert, Anita: **Ergänzungsleistungen.** Wenn die AHV oder IV nicht reicht. Beobachter-Edition, Zürich 2021

Meyer, Üse; Westermann, Reto: **Der Weg zum Eigenheim.** Finanzierung, Kauf, Bau und Unterhalt, Beobachter-Edition, Zürich 2020

Müller, Nicole: **Betreibung.** Was kann ich tun? Beobachter-Edition, Zürich 2019

Siegrist, Katharina: **Mehr Lohn.** Das Einmaleins der Lohnverhandlung. Beobachter-Edition, Zürich 2020

Strebel Schlatter, Corinne: **Wenn das Geld nicht reicht.** So funktionieren die Sozialversicherungen und die Sozialhilfe. Beobachter-Edition, Zürich 2020

Studer, Benno: **Testament, Erbschaft.** Wie Sie klare und faire Verhältnisse schaffen. Beobachter-Edition, Zürich 2017

Trachsel, Daniel: **Trennung.** Was Paare in der Krise regeln müssen. Beobachter-Edition, Zürich 2018

von Flüe, Karin: **Eherecht.** Was wir beim Heiraten wissen müssen. Beobachter-Edition, Zürich 2015

von Flüe, Karin: **Letzte Dinge regeln.** Fürs Lebensende vorsorgen – mit Todesfällen umgehen. Beobachter-Edition, Zürich 2018

von Flüe, Karin: **Paare ohne Trauschein.** Was sie beim Zusammenleben regeln müssen. Beobachter-Edition, Zürich 2019

Winistörfer, Norbert: **Ich mache mich selbständig.** Von der Geschäftsidee zur erfolgreichen Firmengründung. Beobachter-Edition/Handelszeitung, Zürich 2020

Zeugin, Käthi: **Ich bestimme.** Mein komplettes Vorsorgedossier. Beobachter-Edition, Zürich 2020

Zeugin, Käthi; von Flüe, Karin: **Im Todesfall.** Der komplette Ratgeber. Beobachter-Edition, Zürich 2018

Weitere Bücher

Happel, Birgit: **Geld und Lebensgeschichte – eine biografieanalytische Untersuchung.** Campus Verlag 2020

Schrowange, Birgit: **Birgit ungeschminkt – Vom Leben gelernt.** ZS Verlag 2020

Stichwortverzeichnis